山区岩溶隧道
涌水分析与防控

张斌　叶飞　向波　吕庆◎著

中国建筑工业出版社

图书在版编目（CIP）数据

山区岩溶隧道涌水分析与防控 / 张斌等著. -- 北京：
中国建筑工业出版社, 2025. 7. -- ISBN 978-7-112
-31174-3

Ⅰ. U453.6

中国国家版本馆 CIP 数据核字第 20254AU401 号

本书围绕岩体中广泛分布的管道、裂缝对岩体渗流场的影响以及隧道涌水量预测问题，提出了含贯通管缝岩体渗流描述理论架构，构建了管道自由流-岩石基质渗流耦合非线性理论模型，推求了流体流速表达式，揭示了含贯通管缝岩体流场分布特征。此外，将提出的流速解析表达式嵌入数值分析软件，开展了模型尺度的隧道涌水仿真分析，并得到试验结果的一致性检验，最后将本书方法应用于五指山隧道和香坪山隧道涌突水评价中，为隧道工程涌突水灾害防控和涌水量预测提供了条件。

本书是对富水地层隧道涌水量预测与评价的全面研究，适合作为工程技术人员、科研人员及相关专业本科生、研究生的参考用书。

责任编辑：辛海丽

文字编辑：王　磊

责任校对：张惠雯

山区岩溶隧道涌水分析与防控

张斌　叶飞　向波　吕庆◎著

*

中国建筑工业出版社出版、发行（北京海淀三里河路 9 号）

各地新华书店、建筑书店经销

国排高科（北京）人工智能科技有限公司制版

建工社（河北）印刷有限公司印刷

*

开本：787 毫米×1092 毫米　1/16　印张：14½　字数：353 千字

2025 年 6 月第一版　　2025 年 6 月第一次印刷

定价：**68.00** 元

ISBN 978-7-112-31174-3

（44862）

序
PREFACE

隧道涌突水灾害是富水构造环境下隧道工程建设面临的重大地质灾害。我国西南地区近十年建设的深埋长大隧道中，据不完全统计 60%以上遭遇过不同等级的涌突水灾害，岩溶隧道更为突出。如：成兰铁路跃龙门隧道、成贵铁路玉京山隧道、贵南高铁朝阳隧道、绵九高速药王山隧道、乐西大凉山 1 号隧道等。由于岩溶的复杂性，隧道涌突水问题为世界性难题。传统渗流理论往往将岩体裂隙网络简化为等效连续介质，或采用离散裂隙网络模型进行分段处理，难以真实反映贯通管缝与基质孔隙之间的渗流传导机制，从而因渗流机理不清导致涌水量预测产生较大偏差。为此，构建管道自由流-岩石基质渗流的非线性耦合理论，准确表征复杂渗流通道耦合作用具有重要的理论意义和工程应用价值。

本书作者及其团队结合近十年来在地下水渗流理论和隧道涌突水量预测方面的研究成果。提出了贯通管缝岩体渗流理论架构，建立了管道自由流-岩石基质渗流的非线性耦合模型，揭示了管缝结构对渗流场分布的非线性调控规律；将理论成果嵌入数值分析软件，开展了模型尺度的隧道涌水仿真分析，得到了试验结果的一致性检验。这些成果成功应用在五指山隧道和香坪山隧道涌突水评价中，为隧道工程涌突水灾害防控和涌水量预测提供了依据。

随着西部山区公路、铁路、引水、水电开发等巨型工程的推进，地下工程建设面临的复杂渗流理论分析与涌突水量预测挑战将愈加严峻。相信本书将为相应工程勘察、设计、研究等提供借鉴参考。

四川省工程勘察设计大师
2025 年 4 月 6 日

前　言

FOREWORD

　　根据国家交通路网规划以及省市地方规划，我国西南地区公路、铁路建设进入快速发展阶段，山区隧道建设将呈现密集型发展态势。然而，西南地区地质条件复杂，溶洞、暗河、褶皱、断层破碎带等富水构造大量赋存，导致西南地区隧道建设涌突水灾害频发，严重威胁隧道工程建设与人员安全。

　　本书针对地下水渗流复杂难以有效描述与隧道涌水量预测难以保证精度等难题，旨在提出精确描述复杂管缝岩体地下水渗流描述方法，优化含复杂管缝岩体隧道涌水量预测技术。本书第 2 章系统性总结了地下水运动描述的基本理论；第 3 章提出了含贯通管缝岩体渗流描述理论架构，构建了管道自由流-岩石基质渗流耦合非线性理论模型，并求解了管道自由流和岩石基质渗流的解析解；第 4 章总结了隧道涌水量评价的方法；第 5 章开展了含贯通管缝岩体等效渗透试验以及含贯通管缝岩体隧道涌水模型试验，揭示了隧道开挖引起的含贯通管缝岩体渗流场演化特征；第 6 章围绕岩溶发育特征对隧道涌水量的影响，开展了不同溶腔位置、不同溶腔大小、不同断层组合条件下隧道涌水量预测，揭示了上述因素对隧道涌水量的影响机制；第 7 章和第 8 章分别依托五指山隧道和香坪山隧道，应用了上述涌水量预测评价方法，为隧道工程防灾减灾与优化设计提供了理论依据。本书在地下水渗流理论和隧道涌水量预测模型方面实现了突破，得到了工程实践检验，希望能对地下工程、交通工程、岩土工程等方向的工程技术人员以及相关专业的本科生、研究生提供有益的借鉴。

　　本书编写由张斌完成统稿，张斌主要完成本书第 1 章、第 4 章、第 6 章和第 7 章的撰写，叶飞主要完成本书第 3 章和第 5 章的撰写，向波主要完成本书第 7 章的撰写，吕庆主要完成本书第 2 章和第 8 章的撰写。此外，本书撰写和出版得到了四川省公路规划勘察设计研究院有限公司、四川大学水利水电学院、浙江大学建筑工程学院的支持，在此一并表示感谢。

　　囿于作者水平，书中错误之处在所难免，敬请读者指正！

目　录
CONTENTS

第 4 章　岩溶隧道涌水量评估方法　　57

第 5 章　含管缝岩体渗透与隧道涌水模型试验　　67

第 6 章　隧道开挖涌水敏感性分析　　107

第 1 章

绪　论

山区岩溶隧道
涌水分析与防控

1.1

工程背景与挑战

自然界中,岩土体广泛存在着孔隙、裂隙、溶隙等空隙结构。这些空隙结构之间互相关联,形成复杂的水力网络通道,进而将地下水与地表水联系起来,使水循环体系更加丰富。对于交通运输、水利水电、城市市政等基础设施工程,常伴随有大体量的地下工程(如铁路公路隧道)施工修建。在地下工程开挖卸荷的同时,原有的地下水平衡遭到破坏,进而引发一系列工程安全和环境灾变连锁问题:发生地下水涌突水灾害,触发失稳塌方乃至地表陷落,破坏植被生态服务功能,诱发天然生态环境出现不可逆的灾变,有时甚至使当地百姓面临严峻的生存危机。

我国西南地区具有地质复杂、生态脆弱、环境敏感等特点,基础设施建设中涉及的地下工程一旦揭穿地下水体,导致地表水系破坏,所面临的工程安全和环境灾变问题更严峻。如四川省南大梁(南充—大竹—梁平)高速公路华蓥山隧道穿越岩溶地层时,隧址区地下水位持续下降,地表水系出现断流,给寡人谷4A级风景区生态环境和周边百姓用水带来了极大的不利影响;成都至兰州铁路线路横穿地形地质条件复杂、生态环境脆弱的岷江流域上游,其中20km长的跃龙门隧道直接穿越"5·12"汶川地震的发震断裂(龙门山主中央断裂),该隧道修建时不仅面临严峻的施工安全与隧道稳定问题,还面临揭露岩溶地下水后严重的生态环境保护问题,严重影响环境敏感区及有动植物保护要求的区域(大熊猫主要的食竹和栖息地、千佛山国家森林公园、四川安县生物礁国家地质公园等)。

地下工程修建诱导的地质生态环境各要素内在的水力联系与环境水响应机理、地下水疏干预测与控制、植被生态功能需水评价与生态健康保障等问题,是当前极具挑战的前沿性课题,学术界和工程界均十分关注。

1.2

地下水基本分类

地下水赋存于各种自然环境,其聚集、运动的过程各不相同,因而在埋藏条件、分布规律、水动力特征、物理性质、化学成分、动态变化等方面具有不同特点。相应地,地下水的分类方法很多。在此,简要介绍按埋藏条件和按赋存介质这两种基本分类。

1)按埋藏条件分类

地下水按埋藏条件分为上层滞水、潜水和承压水三种类型,基本特征介绍如下。

上层滞水是存在于包气带局部隔水层之上的重力水,如图1.1所示,主要特点是:①分布范围有限,补给区与分布区一致;②直接接受当地大气降水或地表水补给,以蒸发或逐渐向下渗透的形式排泄;③水量不大且随季节变化显著,雨季出现,旱季消失,极不稳定;④水质变化较大,一般较易污染;⑤水量小且极不稳定。

潜水是埋藏在饱水带中地表以下第一个具有自由水面的含水层中的重力水,如图1.2所示,主要特点是:①潜水埋藏深度随所处的时间和空间的不同而变化;②影响潜水埋藏深度的因素包括气候、地形、地质构造以及人类活动（如开采、开挖、回补）；③分布较为广泛，一般储存在第四系松散沉积物中，也可形成于裂隙性或可溶性基岩中；④与大气圈和地表水联系密切，主要由大气降水或地表水入渗进行补给，积极参与水循环；⑤补给来源充沛，水量较为丰富；⑥水质变化大，在居民区、矿场等区域附近易被污染。

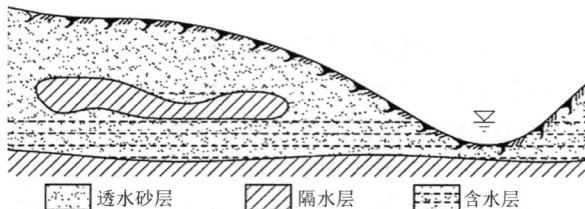

图 1.1　上层滞水示意图

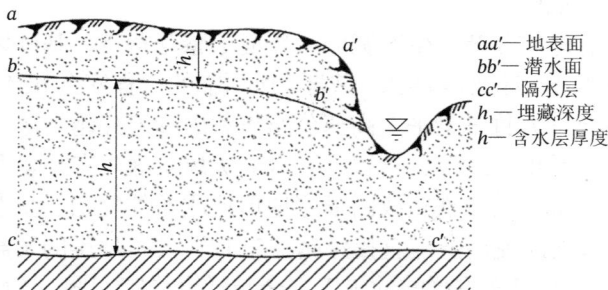

图 1.2　潜水特征示意图

承压水是指充满在两个隔水层之间的含水层中具有承压性质的地下水。由于存在隔水顶板，承压水可明显地分出补给区、承压区和排泄区三部分（图 1.3）。承压区中，地下水承受静水压力。当钻孔打穿隔水顶板时，所见的水位称为初见水位。随后，地下水上升到含水层顶板以上某一高度保持不变，这时的水位（即稳定水面的高程）称为承压水水位。在四川省自贡市，自古传下来的打自流井取卤水制食盐工艺就是利用了承压水特性的典型实例。承压水水位若高出地面，则地下水可以溢出或喷出地表，这种情况也可称承压水为自流水。与潜水相比，承压水具有的特点是：①具有静水压力；②补给区和承压区不一致；③水位、水量、水质及水温等受气象水文因素的影响较小；④承压含水层的厚度稳定不变，不受季节变化的影响；⑤水质不易受污染。

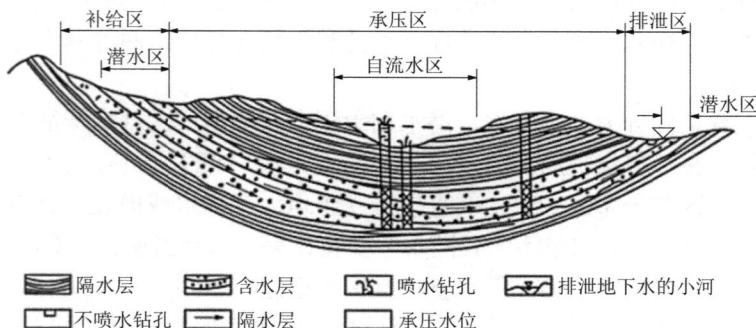

图 1.3　承压水示意图

2）按赋存介质分类

地下水按赋存介质，分为孔隙水、裂隙水和岩溶水三种类型，基本特征介绍如下。

孔隙水主要储存于松散沉积物孔隙中。由于颗粒间孔隙分布均匀密集、相互连通孔隙水的基本特征是分布均匀连续，多呈层状，具有统一水力联系。

裂隙水是指贮存于基岩裂隙中的地下水。岩体中裂隙的发育程度和力学性质影响着地下水的分布和富集。在裂隙发育地区，裂隙水含量丰富；反之则含量甚少。因此，在同一构造单元或地段内，裂隙水的分布存在显著的不均匀性。根据埋藏情况，裂隙水可被划分为成岩裂隙水、构造裂隙水、风化裂隙水和岩溶裂隙水四个亚类。

储存和运动于可溶性岩层溶隙中的地下水称为岩溶水。按埋藏条件，岩溶水可以是潜水，也可以是承压水。岩溶水在空间的分布变化很大，甚至比裂隙水更不均匀。有的汇集于溶洞孔道中，形成富水区；有的可沿溶洞孔隙流走，造成一定范围严重缺水。岩溶水的运动特征是，孤立水流与具有统一地下水面的水流并存，无压流与有压流并存，层流与紊流并存，明流与伏流交替出现，径流条件一般是良好的，但是随着深度增加而减弱，在垂直方向显示明显分带性。

1.3

地下水运动描述研究进展

1856 年，法国工程师 Darcy 通过对垂直圆管中的沙土进行渗透试验，研究发现层流状态下渗流量与水头差成正比、与渗流路径成反比，进而提出了能很好地描述单一均匀孔隙介质中雷诺数 Re 上限为[1,10]时层流运动的线性 Darcy 定律（Vadlamudi，1964）。1889 年，俄国数学力学家 Николай Егорович Жуковский 首次推导出多孔介质渗流微分方程（孙婉，2013）。当孔隙介质中流体处于非线性层流、混流状态时，一些学者认为线性 Darcy 方程需修正为 Darcy-Forchheimer 方程（师文豪等，2016；Deseri 和 Zingales，2015）；Elíasson 指出，Darcy-Forchheimer 方程不再适用于描述由松散颗粒组成的孔隙介质渗流，并给出考虑边界层影响的 Darcy-Lapwood-Forchheimer-Brinkman 方程（Elíasson，2014）。然而 Sinha 和 Sharma 指出，Darcy-Lapwood-Forchheimer-Brinkman 渗流运动方程忽略了阻力项和惯性项，并推求出适用于描述 non-Darcy 渗流的 Brinkman-extended Darcy 微分方程（Sinha 和 Sharma，2013）。

尽管线性 Darcy 定律在学术界和工程界被广泛采用，甚至用它来描述裂隙岩体的裂隙流和岩溶地层的溶孔流。不过，Darcy 试验中的砂土毕竟属于均匀多孔介质。随着研究的深入，人们也逐渐发现当岩土体中含有贯通裂隙、管道时，裂隙流和溶孔流的渗透特性不是与均匀多孔介质的渗透特性有相当明显的差异，岩体中的裂隙对岩体渗流具有显著的控制作用。因此，越来越多的学者致力于地下水在岩土体的渗流理论研究（He 等，1998；Su 等，1999；Min 等，2004；Tsang 和 Neretnieks，1998；Greenkorn，1996）。

历经漫长地质历史演变并遭受各种内外动力地质作用的岩土体多孔介质，往往分布有大量的裂隙和洞穴，有些甚至是长大贯通裂缝。若直接用孔隙介质渗流理论来描述地下水运动，难以客观反映实际含贯通裂缝岩土体多孔介质的渗流特质，并产生显著误差（Liang

等，2009；Chami 等，2012）。早期研究中往往直接引入流体力学基本方程——Navier-Stokes 公式（Novo 等，2016），将裂缝壁面视为光滑、不透水，并将裂缝中的流体假定为黏性不可压缩层流，从而推导得到开口立方定律（Lomize，1951）：

$$q = \frac{gb^3}{12\mu}J \tag{1.1}$$

$$k_{\mathrm{f}} = \frac{gb^2}{12\mu} \tag{1.2}$$

式中：q——通过裂隙的单宽流量（m/s）；

$\quad\quad k_{\mathrm{f}}$——岩体的渗透系数（m/s）；

$\quad\quad b$——裂隙宽度（m）；

$\quad\quad g$——重力加速度（m/s²）；

$\quad\quad \mu$——水流运动黏滞系数（Pa·s）；

$\quad\quad J$——水力比降（无量纲）。

式(1.1)表明裂隙面的单宽流量与裂隙宽度（简称隙宽）的 3 次方成正比。当然，用同样的处理方式和假设条件也可求得圆形管道流公式（Ben-Reuven，2015）。由于推导开口立方定律时的假设条件较多且与天然裂隙具有较大差距，学者们又开展了大量研究。

由于开口立方定律是基于理想"平行板模型"而建立，要求隙宽为常数。然而，天然裂隙表面并不光滑，隙宽分布也不均匀。为了利用开口立方定律进行计算，研究中又提出平均隙宽b_0、机械隙宽b_{m}和等效水力隙宽b_{h}三种隙宽，它们之间可以进行转化。其中，平均隙宽b_0是指岩体裂隙各测点裂隙宽度的平均值；机械隙宽b_{m}是指岩体裂隙最大的机械闭合量，即裂隙在受压情况下达到完全闭合的位移量；等效水力隙宽b_{h}是通过渗流试验得到渗流量，然后再利用开口立方定律反算求得。

Romm（1966）通过对微裂隙和极微裂隙的研究，提出只要隙宽大于 0.2μm，开口立方定律总是成立的。在天然状态下，岩体裂隙均为粗糙裂隙，很难满足平行板裂隙的假定。在解决裂隙岩体渗流问题时，目前对裂隙水流运动描述普遍基于开口立方定律。需注意的是，该定律主要针对完全张开的平行板裂隙。实际工程中的岩体裂隙往往具有复杂的几何特征，立方定律的应用范围受到了限制或者不能正确描述某些条件下的裂隙水流规律。许多学者进行了仿天然裂隙的试验研究，对开口立方定律提出了各种各样的修正，见表 1.1。

修正等效水力隙宽表达式 表 1.1

修正方法	等效水力隙宽表达式	符号意义
Lomize（1951）	$b_{\mathrm{h}}^3 = \dfrac{b_0^3}{1+6\left(\frac{\Delta}{b_0}\right)^{1.5}}$	Δ——裂隙面的绝对凸起高度
Louis（1974）	$b_{\mathrm{h}}^3 = \dfrac{b_0^3}{1+8.8\left(\frac{\Delta}{2b_0}\right)^{1.5}}$	符号同上
Amadei 和 Illangasekare（1994）	$b_{\mathrm{h}}^3 = \dfrac{b_0^3}{1+0.6\left(\frac{\sigma_{\mathrm{e}}}{b_0}\right)^{1.2}}$	σ_{e}——隙宽的均方差；其余符号同上
Witherspoon 等（1980）	$b_{\mathrm{h}}^3 = \dfrac{\int_0^{b_{\max}} b_{\mathrm{m}}^3 f(b)\,\mathrm{d}b}{\int_0^{b_{\max}} f(b)\,\mathrm{d}b}$	$b_{\max}$——最大隙宽；$f(b)$——隙宽频率分布函数；其余符号同上

修正方法	等效水力隙宽表达式	符号意义
Brown（1987）	$b_h = b_0\sqrt{1 - 0.9\exp\left(-\dfrac{0.56}{C_r}\right)}$	C_r——隙宽变异系数；其余符号同上
Barton 和 Bandis（1985）	$b_h = \dfrac{b_m^2}{JRC^{2.5}}$	JRC——粗糙系数；其余符号同上
Walsh 和 Grosenbaugh（1979）；Walsh（1981）	$b_h = \left(\dfrac{1-\omega}{1+\omega}\right)b_m$	ω——接触面积与总面积的比值；其余符号同上

张文杰等（2005）基于单裂隙渗流试验结果，对开口立方定律进行了修正；李新平等（2006）、Yang 等（2013）分析了渗流对单裂缝岩体的力学作用，以及含单裂缝岩体的渗透特性，求解出裂缝渗透系数与其受到的三维应力之间的关系式，得到了粗糙单裂缝分形等效渗透系数表达式，在实际工程中可测量岩石裂缝的平均隙宽和粗糙度，并采用修正公式转换为水力隙宽，再进行计算。

除了隙宽以外，学者们还针对温度、粗糙度和应力等开展其对裂隙岩体渗透特性影响的相关研究：Catherine（2000）、王如宾等（2006）、徐维生和周创兵（2014）、许增光等（2014）考虑温度单一因素对裂隙岩体渗透特性的影响，通过渗流场与温度场耦合，进而量化考虑温度的裂隙岩体渗透模型。

单一裂隙（组）渗流与应力关系的建立，是裂隙岩体渗流场与应力场耦合分析研究的基础和关键环节（盛金昌和速宝玉，1998）。许多学者对岩体渗透系数k_f与所受应力的关系进行了研究，Louis（1974）根据一些钻孔压力试验结果建立了岩体渗透系数k_f与正应力的经验关系式，见式(1.3)。从式(1.3)可以看出，渗透系数k_f随正应力σ的增大而变小，两者之间成负指数关系。

$$k_f = k_0 e^{-a\sigma} \tag{1.3}$$

式中：k_f——岩体渗透系数（m/s）；

k_0——初始渗透系数（m/s）；

σ——正应力（kPa）；

a——参数（无量纲）。

Kranz 等（1979）通过对完整及裂隙花岗岩的室内试验，提出用下式预测渗透系数的改变量Δk：

$$\Delta k = -\left(\sigma_c - \frac{b}{a}p\right) \tag{1.4}$$

式中：σ_c——侧压力（kPa）；

p——空隙压力（kPa）；

a、b——均为常数，建议裂隙岩体取$b/a < 1$。

Jones（1975）提出碳酸盐类岩石的渗透系数与正应力的关系为：

$$k_f A = Q_0(p_c - p_f)^{-m} \tag{1.5}$$

式中：A——过水面积（m²）；

p_c——总压力（kPa）；

p_f——内部孔隙压力（kPa）；

m——常数（无量纲）。

Nelson（1975）提出了砂岩裂隙渗透系数经验公式：

$$k_f = A + Bp^{-m} \tag{1.6}$$

式中：p——有效压力（kPa）；

A、B、m——均为常数（无量纲）。

谢妮等（2011）引入法向压力因素进一步修正 Barton 等给出的等效水力隙宽公式：

$$b_h = \frac{(b_0 - u_n)^2}{JRC^{2.5}} \tag{1.7}$$

且：

$$u_n = b_0 \left[1 - \frac{1}{\ln(\sigma_n/K_{n0} + 1) + 1} \right] \tag{1.8}$$

式中：b_h——等效水力隙宽（m）；

b_0——平均隙宽（m）；

u_n——裂隙的法向位移（m）；

K_{n0}——法向应力为 0 时裂隙的初始法向刚度（kPa）；

σ_n——正应力（kPa）。

郑少河等（1999）通过大量天然裂隙渗流试验，揭示了三维应力裂隙渗流规律，提出了裂隙闭合量与岩体三维应力、岩体渗透系数的关系式：

$$k_f = k_0[\sigma_2 - \nu(\sigma_1 - \sigma_3) - p]^{-a} \tag{1.9}$$

式中：k_f——单裂隙渗透系数（m/s）；

k_0——单裂隙初始渗透系数（m/s）；

σ_1、σ_2、σ_3——三向主应力（kPa），其中σ_2垂直裂隙面，σ_1、σ_3平行于裂隙面；

ν——泊松比（无量纲）；

p——裂隙水压力（kPa）；

a——系数（无量纲），取决于裂隙面的粗糙度。

刘才华等（2002）通过对规则、均匀、粗糙裂隙的渗流剪切试验，研究了岩体裂隙在剪切荷载作用下的渗流特性。试验结果表明，剪切荷载作用下裂隙在剪动前渗透性随剪应力的增加而降低，且渗透系数与剪应力有十分明显的线性关系。

$$k_f = k_0 - ad \cdot \tau \tag{1.10}$$

式中：k_f——裂隙渗透系数（m/s）；

k_0——单裂隙初始渗透系数（m/s）；

τ——剪应力（kPa）；

a——与裂隙面形态有关的常量（无量纲）；

d——隙宽减小量（m）。

裂隙岩体在不同环境下，可能受到不同因素耦合作用影响。如裂隙岩体赋存地下水中，带有酸性或其他腐蚀性物质，就应考虑与应力、化学的耦合（申林方等，2010；许孝臣和盛金昌，2009）；面对深部地下岩体面临的高温高压问题，应当考虑渗流−应力−温度三场耦合作用（黄涛，2002；杨立中和黄涛，2000；黄涛和陈一立，1999）。赵延林等（2007）在建立双重介质渗流-应力-温度耦合微分控制方程基础上，提出三场耦合的双重介质模型。

　　实际上，天然岩体裂隙中一般都有充填介质，且裂隙中的充填物多为孔隙介质。虽然对孔隙介质的研究已经形成了系统的理论，但是充填裂隙渗流与多孔介质渗流有很大的差异。充填裂隙与平行板裂隙不同，速宝玉等（1994）采用两平行玻璃板模拟裂隙，以河砂作为充填材料，通过试验研究和数学推导，提出了充填裂隙渗透系数的计算公式，见式(1.11)。由式(1.11)可以看出，充填裂隙渗流特性不仅和裂隙宽度 b 直接相关，而且还与充填物的材料性质有关，如充填材料的颗粒级配、组成、孔隙率、颗粒直径等。

$$k_f = \frac{gb^2}{12\mu} \cdot \frac{12n^3}{20.4[1 + 3(1 + n)(b/d)]^2} \tag{1.11}$$

式中：b——裂隙宽度（m）；

　　　　n——填充料的孔隙率（无量纲）；

　　　　d——填充料的颗粒直径（m）；

　　　　g——重力加速度（m/s²）；

　　　　μ——水流运动黏滞系数（Pa·s）。

　　于龙和陶同康（1997）通过有机玻璃平板制成可任意调节隙宽的充填裂隙试验研究表明，当 $b_1/d_e > 10$ 时，其裂缝边壁的影响可以忽略，视同无限大的多孔介质水流特性，反之，则不可忽略，得出渗透系数的经验公式见式(1.12)。从式(1.12)可以看出，开口立方定律仍然适用充填裂隙渗流，其修正系数与充填材料的性质密切相关。

$$k_f = \frac{gb_1^2}{12\mu} \frac{3n^3}{A[1 + 3a(1 - n)(b_1/d_e)]^2} \tag{1.12}$$

式中：b_1——裂隙宽度（m）；

　　　　a——常数（无量纲）；

　　　　d_e——边壁凸起高度（m）；

　　　　n——填充料的孔隙率（无量纲）；

　　　　g——重力加速度（m/s²）；

　　　　μ——水流运动黏滞系数（Pa·s）；

　　　　A——过水断面面积（m²）。

　　国内外对影响裂隙岩体渗透特性的各种因素进行了试验研究、理论分析和数值计算，主要集中在隙宽、粗糙度和应力上。对充填情况的研究相对较少，而且充填裂缝岩体在实际工程中普遍存在。因此，对充填裂缝岩体渗透特性的理论分析和试验有重要的意义。

　　岩体由于受不同尺度各种不连续面影响，呈现出明显的不连续性、非均匀性和各向异性，力学特性尤其是渗流特性相当复杂。其渗流的概念模型主要有：等效连续介质模型、离散裂隙网络渗流模型和双重介质模型。下面，对这三种模型作介绍。

　　1）等效连续介质模型

　　把岩块和裂隙两个系统等效成连续介质，该模型以经典的多孔介质以及岩体渗透张量理论（Pommrich 等，1965；Pommé 等，1966）为基础而建立，然后利用经典的连续理论进行分析。该模型假设裂隙岩体具有足够多、产状随机、相互连通而成的裂隙，使其能够在统计角度和平均意义上定义每个点的平均性质。Louis 和 Maini（1970）、Neuman 等（2010）、Oda（1985）、田开铭和万力（1989）、周志芳（1993）对裂隙岩体的张量理论确定做了大量研究工作。

王媛等（1998）采用四自由度全耦合法，将该方法运用于等效连续介质模型中，进行了等效连续裂隙岩体渗流与应力的全耦合分析；伍美华等（2010）在等效连续介质模型基础上，对裂隙岩体进行非稳定渗流场与应力场耦合的有限元分析，分析对比研究非耦合与耦合作用条件下三维非稳定渗流场和应力场变化规律。

在等效连续介质模型中，表征单元体（Representative Element Volume，REV）是一个重要的概念（Bear，1972）。它是一个尺度，大于该尺度则裂隙岩体的等效连续性质（包括力学性质和水力学性质）的参数可视为常数。肖裕行等（1999）建立了半理论–半数值模拟试验方法用以判别裂隙岩体是否存在 REV 及其取值问题。

从等效连续介质模型的假定内容、适用条件来说，其具有强大的理论基础和丰富的经验，它可以在各向异性连续介质研究的基础上进行拓展，等效连续介质模型理论特别对于需要预测裂隙密度大的、大范围、大体积隧址区域的宏观渗流行为时，可以忽略单个裂隙的水力特性和具体位置，并建立区域范围内的裂隙介质渗流模型。但是等效连续介质模型没有考虑具体裂隙的几何形态和物理结构，把裂隙岩体等效为连续介质，不能很好地刻画裂隙的特殊导水作用，因而在使用时需要进行等效连续介质模型的适用性和有效性判定。对于岩体渗流，只要岩体渗流的 REV 存在且不是太大（小于研究域的 1/50），应尽量采用等效连续介质模型作渗流分析。

2）离散裂隙网络渗流模型

离散裂隙网络渗流模型假设岩体基质（即被裂隙切割形成的岩块）不透水，地下水只在裂隙中流动。认为地下水由一个裂隙流向与之相交的另一个裂隙，同一裂隙面水流传导系数是各向异性的，裂隙面呈面状分布且无限延伸，裂隙面相互穿切连通，裂隙交叉部位因水流流向的变化形成局部水头损失，以各裂隙交叉点处的流体质量平衡为基础，以流入和流出各裂隙交叉点水量相等为准则建立方程。

在众多裂隙网络系统的三维模型中，最能应用于实际的有两种。一种是 Long（1985）提出的三维圆盘裂隙网络模型（刘建军等，2007；徐轩等，2010），认为裂隙边界是闭合的圆，裂隙面相互交叉连通，各个裂隙中的地下水通过连通处流动交换。另一种是 Dershowitz 提出的多边形裂隙网络模型，其假定裂隙在岩体中相互切割成多边形（Dershowitz，1985）。基于此类模型，众多学者将其运用于渗流计算中，如万力等（1994）、王洪涛和李永祥（1997）、王恩志等（2002）。离散裂隙网络模型的优势在于能够较为精确地表征小尺度的裂隙岩体耦合特征。在大尺度研究中，离散裂隙网络模型需要大量的裂隙统计数据；而在实际工程中，只能从有限的地表露头和观测硐中获得少量的资料，由此生成的随机模型具有很大的不确定性。

3）双重介质模型

双重介质模型理论首次由苏联学者 Barenblatt 等（1960）提出，其属于连续介质模型的一种。由裂隙（如节理、断层）和其间的孔隙岩块构成的空隙结构，裂隙导水（渗流具有定向性）、岩块孔隙储水（渗流具有均质各向同性），这种含水介质称为双重介质。裂隙以导水为主，孔隙以贮水为主，两种连续介质中的渗流场都是建立在 Darcy 定律的理论基础上，并依据两种介质间的水交换来求解各自的渗流场。黎水泉和徐秉业（2000）提出了一种考虑介质参数随压力变化的双重孔隙介质非线性渗流模型；杨栋等（2000）将裂隙岩体看作是由离散介质和拟连续介质组成的广义双重介质岩体，提出了广义双重介质岩体水力学模型。

在裂隙面的边界处理上，目前主要有三类边界条件较为常用，简要介绍如下。

（1）第一类边界条件，给定边界上的压力 p 或速度势 H 的条件，其写为：

$$p(x,y,z,t)|_\sigma = f(x,y,z,t) \text{或} H(x,y,z,t)|_\sigma = f(x,y,z,t) \tag{1.13}$$

式中：$f(x,y,z,t)$——给定的已知函数；

σ——流动边界。

（2）第二类边界条件，给定边界上通量 V_n 或压力导数 $\partial p/\partial n$ 的条件，其写为：

$$V_n(x,y,z,t)|_\sigma = f(x,y,z,t) \text{或} \frac{\partial p}{\partial n}\bigg|_\sigma = f(x,y,z,t) \tag{1.14}$$

式中：n——代表边界上的法线方向；其余符号意义同前。

（3）第三类边界条件，给定边界上压力 p（或者速度势）及其导数 $\partial p/\partial n$ 的线性组合的条件，其三维流动写为：

$$V_n(x,y,z,t)|_\sigma = f(x,y,z,t) \text{或} \left(\frac{\partial p}{\partial n} + Hp\right)\bigg|_\sigma = f(x,y,z,t) \tag{1.15}$$

式中符号意义同前。

第三类边界条件也可称为混合边界条件。当隧址区的边界上分布有薄透水层，而边界的另一侧是地表水体或另一个含水层分布区时，可以看作此类边界。

上述边界条件为渗流力学中较为经典的通用型边界条件，在流固耦合界面上不够具体化。流-固界面边界条件是研究流-固耦合问题的基础条件之一，早期的研究常常在分析流体和多孔介质问题时使用无滑移边界条件，即在多孔介质表面处流体的法向和切向速度均为零。然而，当多孔介质的透水性较好时，无滑移边界条件不再适用，这个问题最早是由 Beavers 和 Joseph 在 1967 年提出的，他们研究认为，当黏性流体流经多孔介质时，流体剪应力始终存在于透水表面的有效边界区域内，但是速度则发生"滑移"现象，是不连续的，这就是所谓的 Beavers-Joseph 边界模型，其速度满足下述条件（Beavers 和 Joseph，1967）：

$$v^* - u^* = \frac{\sqrt{K}}{\alpha}\frac{\mathrm{d}v^*}{\mathrm{d}y} \tag{1.16}$$

式中：u^*——流体在交界面处的流速（m/s）；

v^*——多孔隙介质中边界处的 Darcy 流速（m/s）；

α——常数（无量纲），一般由试验确定，取值范围为 $0.1 \leqslant \alpha \leqslant 4.0$；

K——渗透率（m^2）。

1974 年，Neale 和 Nader 对 Beavers 和 Joseph 对 BJS 速度不连续边界条件提出质疑，他们认为速度和剪应力在交界处都应该是连续的，即 Neale-Nader 边界模型（Neale 和 Nader，1974）：

$$\begin{cases} u_x^* = v_x^* \\ \eta_e \dfrac{\mathrm{d}u_x^*}{\mathrm{d}y} = \eta \dfrac{\mathrm{d}v_x^*}{\mathrm{d}y} \end{cases} \tag{1.17}$$

式中：η_e——有效动力黏度（Pa·s）；

η——动力黏度（Pa·s）；$\eta_e = \eta/n$；

n——孔隙率；其余符号意义同前。

1995 年，Ochoa-Tapia 和 Whitaker 在 Neale 和 Nader 边界模型的基础上，对交界面处流体运动特性进行研究，运用 Brinkman-extended Darcy 模型描述多孔介质渗流，并引入复杂的体积平均法来进行分析计算，他们研究认为，交界面处流体的速度是连续的，而剪应力则发生跳跃现象，称为 Ochoa-Tapia-Whitaker 边界条件（Ochoa-Tapia 和 Whitaker，1995a，1995b）：

$$\begin{cases} u_x^* = v_x^* \\ \dfrac{1}{n}\dfrac{du_x^*}{dy} - \dfrac{dv_x^*}{dy} = \dfrac{\beta}{\sqrt{K}}u_x^* \end{cases} \tag{1.18}$$

式中：β——剪应力跳跃系数（无量纲），为经验常数，由试验确定；其余符号意义同前。

式(1.18)的条件满足 Brinkman-extended Darcy 方程，且将 Neale 和 Nader（1974）所提出的边界条件包含在内。当 $\beta = 0$ 时，式(1.18)可退化成 Neale-Nader 边界形式。

裂隙岩体是由完整岩块和大量节理、裂隙等不连续面组成，不连续面相互切割形成的连通裂隙网络是流体运动的主要通道。与孔隙渗流的多孔介质相比，裂隙岩体渗流的主要特点有：①渗透系数的非均匀性十分突出；②渗透系数各向异性非常明显；③应力环境对岩体渗流场的影响显著；④岩体渗透系数的影响因素复杂，影响因子难以确定。

通常，贯通性裂缝对岩体渗流特性的影响起决定性作用。单裂缝是构成岩体裂缝网络的基本元素，研究裂缝的渗流基本规律是岩体水力学的基本任务。以平行平板间的黏性不可压缩层流为研究对象，假设边界条件为无滑移，可推导出开口立方定律（Lomize，1951）。然而，岩石裂缝通常难以满足平行平板间裂缝的假设。一些学者通过试验研究，提出了修正后的开口立方定律（柴军瑞等，2003）。一些学者对单个粗糙裂缝水流阻力的组成进行了讨论，提出了一种与流体阻力相关的分形模型，得出了粗糙单裂缝分形等效渗透系数的计算公式（钟振等，2021；周济福，2007）。钟振等（2012）基于裂缝局域开口立方定律成立的假定，考虑裂缝岩块间拟稳态水交换，建立了单裂缝非饱和渗流数值分析模型。

樊立敏等（2017）建立了 Darcy-Stokes 耦合数学模型，推导出考虑基岩渗透率的广义立方定律和单裂缝多孔介质的等效渗透率张量表达式。李亚军等（2011）对离散缝洞网络宏观流动数学模型进行了尺度升级分析，推导得到了大尺度上的等效 Darcy 流动方程，并给出了缝洞型介质等效渗透率张量的理论求解公式。然而，天然裂缝中往往都含有充填物，充填物的存在极大地影响了岩体的整体渗透性。虽然对无充填裂缝岩体渗透特性的研究已经形成了较为系统的理论，但是关于充填裂缝岩体渗流情况的研究却较少。舒付军等（2018）提出了充填裂隙渗流的修正开口立方定律，认为开口立方定律仍然适用于充填裂隙渗流，其修正系数取决于充填介质的孔隙率。陈金刚和张景飞（2006）研究了充填物拉张效应、剪切效应、塑化效应和液化效应对裂隙的渗透性影响；王甘林等（2009）通过对充填泥砂裂隙岩石进行渗流特性试验研究，总结出泥沙颗粒对裂隙岩石渗透性的影响规律；陈义等应用有限元分析软件对裂隙全充填的岩体进行了数值模拟计算。结果表明，裂隙充填物的膨胀效应增大了裂隙岩体各应力的分量。

虽然学者们对单裂隙渗流进行了大量研究，分别研究了应力、隙宽、粗糙度、充填物等对单裂隙渗流的影响。但是，裂缝岩体的渗透系数测试和计算方法多以经验公式为主，缺乏系统的理论支撑，存在着理论滞后于工程实践的问题。并且对裂缝充填情况的研究比较少，而实际工程中却较为常见，因此部分充填情况的物理模型试验更具研究意义。我们将岩体中的微裂隙、不连通空隙视为岩体基质的特征，只分析岩体基质渗流、充填物渗流以及连通裂缝中充分发展水流的流速分布；采用连续方程、Navier-Stokes 方程及 Brinkman-extended Darcy 方程对岩体基质及连通裂缝中充分发展流的流速分布进行了分析，根据速度与剪应力在交界处连续的边界条件，推导周期性裂缝岩体部分填充情况的等效渗透系数的表达式，然后自制试验装置进行裂缝岩体填充情况的物理模型试验，对所推导的理论公式进行论证。

1.4

基于隧道修建地下水平衡的水循环模型

水贯穿于社会、经济、环境综合系统的各个方面，是生态系统中最重要、最活跃的要素。在陆地生态系统中各种生态因子效应与水的联系研究中，从平面角度讲，必须解决水在斑块—小流域—大流域—区域的水流交换问题；从立体角度看，生态环境在岩石圈、植被层和大气圈系统中，既要考虑各个界面、各个层次生态尺度的对应问题，又要考虑各层级间的水力联系问题。

水在岩石圈、植被层和大气圈系统中的传输问题从 20 世纪 60 年代开始，逐渐引起世界各国科学家的重视。1956 年，澳大利亚著名水文学家 Philip 提出了 "Soil Plant Atmosphere Continuum"，即 SPAC 水循环模型。该概念模型不仅指明了微观研究方向，而且加强了水文学跨学科的研究。20 世纪 90 年代初期开展的大型国际计划——国际地圈生物圈计划（IGBP）以来，其核心项目包括了水文循环生物圈内容（Biospheric Aspects of Hydrological Cycle，BAHC），其焦点之一是土壤—植被—大气中水的传输问题（Soil Vegetation Atmosphere Transfer，SVAT）。世界气候研究计划（WCRP）在 20 世纪 90 年代开展的全球能量与水循环试验（Global Energy and Water Cycle Experiment，GEWEX），设置了通量测量（Flux Measurement）项目，研究地表（植被）—大气间的相互作用。因此，土壤—植物—大气连续系统中的水分运行研究是当今国际学术界的热点之一。

对上述模型的研究，多数学者采用热力学方法、水量平衡原理进行研究，缺乏流域系统对离散单元水力交换问题的描述，斑块单元的数据难以耦合。有些研究者从地块单元入手，虽然对植物的水势、土壤水势进行了分析和模拟，但是缺乏尺度问题，对地表的不均性考虑不全面，或对冠层动量梯度传输问题存在缺陷，既存在尺度问题，又缺乏层次间的联系研究。同时，由于描述流域水文过程的要素时空变异大、资料缺乏以及多尺度问题并存，从斑块—小流域—大流域—区域看，水分运动在土壤、植物、大气系统中的往返运动构成了一个庞大而复杂的动力系统；人类活动在土壤—植物—大气连续系统中已成为驱动水循环、水平衡的主要动力。

然而，现有的 SPAC、BAHC 等流域水循环分布式水文模拟技术，将岩石假定为非透水边界，未考虑隧道修建地下水渗流量；现有的隧道渗流计算模型边界输入参数为均匀分布值，未反映模型边界降雨时空递变。这些模型和技术无法用于预测长深隧道影响区地下水平衡，也难以解决隧道修建伴之的植物生态需水的定量评价问题。

鉴于此，研究应以流域为单元，以流域内水在各个界面的分配为主线，基于 GIS 技术和 DEM 图像，结合流域地貌和植被格局，耦合工程穿跨越情况，采用改进的分布式水文模型和时空变尺离散技术，通过年径流在流域内的分配，确定每个离散单元的下渗量，作为输入边界，研究地下工程所在单元对应的斑块间的水分传输及水力联系问题；建立 PPSR-T 模型（P、P、S、R、T 分别代表降水 Precipitation、植被 Plant、土壤 Soil、岩石 Rock 和隧道 Tunnel），通过对流域生态、水文过程的耦合，研究工程建设对流域水文、生态、经济系统的演变趋势，为流域水安全、工程安全以及区域经济的可持续发展提供基础理论和科技支撑。

在现有的 SPAC 模型、BAHC 模型基础上，提出如图 1.4 所示的 PPSR-T 模型。该模型提出的背景是基于长隧道穿越流域面临复杂的水环境问题。对于图 1.4 所示模型，当隧道仅位于松散的土层（即浅表层），则该模型变为 SPAC 模型与隧道的耦合。

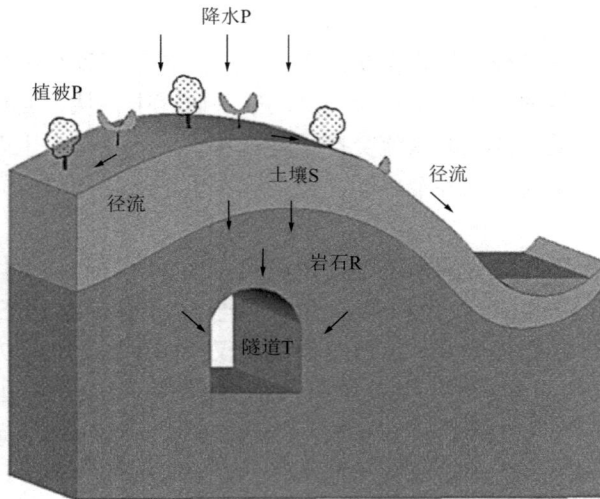

图 1.4　PPSR-T 水循环分析示意

对于流域系统，不仅有自然景观，而且由于人类的经济活动，加之时空差异，水分在流域自然系统及社会经济系统中起纽带和核心作用。因此，对水在流域系统中的作用，国内外学者建立了较多模型，从水文、热力学、植物生长等方面建立相关模型，研究了相应要素与水量及水分变化，且大多采用斑块尺度。

水在流域中的分配，是流域生态系统最活跃的因素。建立水文模型研究水在流域中的分配过程及各个层次间的联系是十分重要的。传统的水文模型难以解决尺度及生态环境中的水文过程。近年来，随着遥感和 GIS 技术的发展、数值技术的改进、计算速度的提高，分布式水文模型也得到了飞跃发展。但是对多层次、多结构的系统内各要素间的作用机理及水在各个要素间的联系难以定量描述。PPSR 模型中各要素说明如下：

P（降水），是地表径流、陆地生态和生物生长的源泉，又是地下补给和土壤—植被系统的水力联系，受太阳辐射和下垫面的影响较大。但对于一个流域系统，其变化总体来说是趋于平衡的，决定景观大范围的异质性。因此本模型将降水作为主要因子，对于其他影响植物生长的大气因子，仅在生态需水量中量化。

P（植被），是陆面生态系统中最活跃的、最重要的因素，是组成生态系统的基本单位。不仅关系到生态系统的稳定性，景观的发展趋势，而且受景观—过程—尺度的耦合影响及人类经济活动强烈调控。由于地表的起伏、土壤厚度、肥力及供水差异，反过来又影响植被的生长发育。在地下工程建设过程中，因工程扰动，工程建设及其影响区的原有水力联系通道可能被切断，形成水力疏干区域，对其上部的植被及生态环境带来危害。因此，植被是指示物，也是最后一级的反映，从其生长发育状况，可以反映生态系统的稳定程度。

S（土壤），是地质、地貌、气候、植被等自然因素和人为因素综合作用的产物。岩石圈表层，是提供植物生长所需的物质基础，是人类生产活动的场所，是水分入渗和水力联系的纽带，是生态系统和景观建立的生产之要。

R（岩石），是地下工程主体，受建设活动影响，对其对应单元体的上层边界土壤、植被的生长、发育及区域生态环境可能造成危害，甚至影响区域景观的多样性和稳定性。

因此，PPSR模型是以流域为控制，以水量平衡为基础，考虑隧道修建地下水渗流引起的动态平衡，考虑了各要素时空变化，可匹配流尺度对单元进行时空离散，根据匹配的尺度和各要素资料的完整性达到相应的精度。隧道渗流计算耦合PPSR各要素时空变化，能解决流域尺度匹配的时空离散技术，并提高计算精度。因此，提出的PPSR-T水循环模型、分布式水文过程模拟与渗流分析理论相结合，构建预测隧道影响区地下水平衡的评价体系。该体系的主要功能是：提出流域水循环分布式水文模型嵌套隧道渗流计算模型方法；实现模型耦合的地下水动态平衡迭代定解，提出地下水动态平衡确定边界输入参数，提高边界输入参数和计算结果的精度；提出水循环模型、分布式水文过程模拟和地下水渗流理论相结合的数值技术计算植被生态需水量，能显著提高计算精度。

第2章

地下水运动描述基本理论

山区岩溶隧道
涌水分析与防控

岩土体中存在大量的孔隙、裂隙、溶隙等空隙结构，是典型的复杂多孔介质，常常以固相、液相和气相这三相共同组成。赋存于岩土体多孔介质中的水存在形式多样，包括结晶水、结合水、毛细管水、重力水等。其中，重力水能在岩土体多孔介质中自由流动，是地下水运动主体，对岩土体的力学性能也有重要影响。

岩土体多孔介质中固相物质构成其骨架，气相、液相在骨架之间的空隙结构中运动。按照空隙结构的不同，多孔介质分为孔隙介质、裂隙介质、溶隙介质等，如隧道修建遇到的断层破碎带、节理密集带、岩溶发育带，就是复杂多孔介质的具体形式。隧道修建揭穿断层破碎带、节理密集带、岩溶发育带等含水层，常发生涌水突泥，甚至伴生塌方冒顶，乃至形成天坑等严重的生态环境问题。因此，分析掌握地下水在岩土体多孔介质中的运动规律是评价这些问题的基础。

2.1 连续性方程

流体连续性方程是根据质量守恒定律进行推导的。如图 2.1 所示，设流体流经微元体的时间为 dt，流体密度为 ρ，微元体边长分别为 dx、dy、dz。

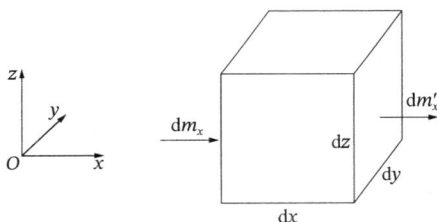

图 2.1 流体经微元体的质量变化

x 方向上流体流入的流速为 u_x，则流体流入流体质量 dm_x：

$$dm_x = \rho u_x \cdot dx\,dy\,dz\,dt \tag{2.1}$$

x 方向上流体流出的流速为 $u_x + \partial u_x/\partial x$，则流体流出流体质量 dm_x'：

$$dm_x' = \rho\left(u_x + \frac{\partial u_x}{\partial x}\right)\cdot dx\,dy\,dz\,dt \tag{2.2}$$

则 x 方向上的流体质量差 Δm_x 为：

$$\Delta m_x = dm_x - dm_x' = \frac{\partial(\rho u_x)}{\partial x}\cdot dx\,dy\,dz\,dt \tag{2.3}$$

同理，在 y 方向上的质量差 Δm_y 为：

$$\Delta m_y = \frac{\partial(\rho u_y)}{\partial y}\cdot dx\,dy\,dz\,dt \tag{2.4}$$

同理，在 z 方向上的质量差 Δm_z 为：

$$\Delta m_z = \frac{\partial(\rho u_z)}{\partial z}\cdot dx\,dy\,dz\,dt \tag{2.5}$$

于是，dt 时间内流入单元体的总质量 Δm 为：

$$\Delta m = \Delta m_x + \Delta m_y + \Delta m_z = \left[\frac{\partial(\rho u_x)}{\partial x} + \frac{\partial(\rho u_y)}{\partial y} + \frac{\partial(\rho u_z)}{\partial z} \right] \cdot \mathrm{d}x\,\mathrm{d}y\,\mathrm{d}z\,\mathrm{d}t \quad (2.6)$$

由质量守恒定律可知，流入微元体总质量等于微元体内由于密度变化而减少的质量，则有：

$$\Delta m' = -\frac{\partial \rho}{\partial t} \cdot \mathrm{d}x\,\mathrm{d}y\,\mathrm{d}z\,\mathrm{d}t \quad (2.7)$$

对于不可压缩流体，由于流体密度ρ为常数，则流体连续性方程变为：

$$\frac{\partial u_x}{\partial x} + \frac{\partial u_y}{\partial y} + \frac{\partial u_z}{\partial z} = 0 \quad (2.8)$$

2.2

Navier-Stokes 方程

Navier-Stokes 方程是描述黏性不可压缩流体在动量方面守恒的运动方程。该方程首先由法国科学家 Navier 在 1827 年提出，英国物理学家 Stokes 随后在 1845 年独立提出了黏性系数为常数的方程形式。学术界对 Navier 和 Stokes 所提出的方程，统一称为 Navier-Stokes 方程。

1）Navier-Stokes 方程推导

如图 2.2 所示，从流体中提出一个微元体进行分析。设微元体边长分别为$\mathrm{d}x$、$\mathrm{d}y$、$\mathrm{d}z$，流体密度为ρ，质量大小为$\rho\,\mathrm{d}x\,\mathrm{d}y\,\mathrm{d}z$。在此，以$x$轴为例进行分析。微元体在$x$轴方向受到的力主要有上、下、前、后四个面上的切应力以及左、右两个面上的水压力。

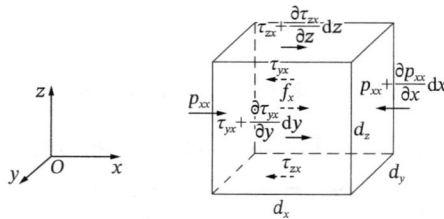

图 2.2　流体流经微元体受力分析

设沿x轴方向为正，则根据牛顿第二定律可得x轴方向的动力平衡方程：

$$\rho f_x \cdot \mathrm{d}x\,\mathrm{d}y\,\mathrm{d}z + p_{xx} \cdot \mathrm{d}y\,\mathrm{d}z + \left(\tau_{zx} + \frac{\partial \tau_{zx}}{\partial z}\mathrm{d}z \right) \cdot \mathrm{d}x\,\mathrm{d}y + \left(\tau_{yx} + \frac{\partial \tau_{yx}}{\partial y}\mathrm{d}y \right) \cdot \mathrm{d}x\,\mathrm{d}z -$$

$$\tau_{zx} \cdot \mathrm{d}x\,\mathrm{d}y - \tau_{yx} \cdot \mathrm{d}x\,\mathrm{d}z - \left(p_{xx} + \frac{\partial p_{xx}}{\partial x}\mathrm{d}x \right) \cdot \mathrm{d}y\,\mathrm{d}z$$

$$= \rho \cdot \mathrm{d}x\,\mathrm{d}y\,\mathrm{d}z\frac{\mathrm{d}u_x}{\mathrm{d}t} \quad (2.9)$$

式中：f_x——x方向的单位质量力（m/s²）；

　　　p_{xx}——x方向上的压强（kPa）；

τ_{zx}、τ_{yx}——均为切应力（kPa）；

　　　u_x——流体的在x方向上的流速（m/s）；

ρ——流体密度（kg/m³）；

t——时间（s）。

化简式(2.9)可得：

$$\rho f_x - \frac{\partial p_{xx}}{\partial x} + \left(\frac{\partial \tau_{yx}}{\partial y} + \frac{\partial \tau_{zx}}{\partial z}\right) = \rho \frac{\mathrm{d}u_x}{\mathrm{d}t} \tag{2.10}$$

根据文献（吴持恭，2008），p_{xx}、τ_{yx}、τ_{zx} 可写为：

$$p_{xx} = p - 2\eta \frac{\partial u_x}{\partial x} \tag{2.11}$$

$$\tau_{yx} = \eta \left(\frac{\partial u_y}{\partial x} + \frac{\partial u_x}{\partial y}\right) \tag{2.12}$$

$$\tau_{zx} = \eta \left(\frac{\partial u_z}{\partial x} + \frac{\partial u_x}{\partial z}\right) \tag{2.13}$$

式中：u_x、u_y、u_z——流体在 x、y、z 方向的流速（m/s）；

η——流体动力黏滞系数（Pa·s）；其余符号意义同前。

将式(2.11)~式(2.13)代入式(2.10)，整理后得：

$$\rho f_x - \frac{\partial p}{\partial x} + \eta \left(\frac{\partial^2 u_x}{\partial x^2} + \frac{\partial^2 u_x}{\partial y^2} + \frac{\partial^2 u_x}{\partial z^2}\right) + \eta \frac{\partial}{\partial x}\left(\frac{\partial u_x}{\partial x} + \frac{\partial u_y}{\partial y} + \frac{\partial u_z}{\partial z}\right) = \rho \frac{\mathrm{d}u_x}{\mathrm{d}t} \tag{2.14}$$

式中各符号意义同前。

式(2.14)中右侧项与时间和空间有关，故可得：

$$\rho \frac{\mathrm{d}u_x}{\mathrm{d}t} = \rho \left(\frac{\partial u_x}{\partial t}\right) + \rho \left(u_x \frac{\partial u_x}{\partial x} + u_y \frac{\partial u_x}{\partial y} + u_z \frac{\partial u_x}{\partial z}\right) \tag{2.15}$$

流体考虑为不可压缩流体，将式(2.15)代入式(2.14)得：

$$\rho f_x - \frac{\partial p}{\partial x} + \eta \left(\frac{\partial^2 u_x}{\partial x^2} + \frac{\partial^2 u_x}{\partial y^2} + \frac{\partial^2 u_x}{\partial z^2}\right) - \rho \left(\frac{\partial u_x}{\partial t}\right) - \rho \left(u_x \frac{\partial u_x}{\partial x} + u_y \frac{\partial u_x}{\partial y} + u_z \frac{\partial u_x}{\partial z}\right) = 0 \tag{2.16}$$

类似地，可获得 y 方向的运动方程：

$$\rho f_y - \frac{\partial p}{\partial y} + \eta \left(\frac{\partial^2 u_y}{\partial x^2} + \frac{\partial^2 u_y}{\partial y^2} + \frac{\partial^2 u_y}{\partial z^2}\right) - \rho \left(\frac{\partial u_y}{\partial t}\right) - \rho \left(u_x \frac{\partial u_y}{\partial x} + u_y \frac{\partial u_y}{\partial y} + u_z \frac{\partial u_y}{\partial z}\right) = 0 \tag{2.17}$$

类似地，可获得 z 方向的运动方程：

$$\rho f_z - \frac{\partial p}{\partial z} + \eta \left(\frac{\partial^2 u_z}{\partial x^2} + \frac{\partial^2 u_z}{\partial y^2} + \frac{\partial^2 u_z}{\partial z^2}\right) - \rho \left(\frac{\partial u_z}{\partial t}\right) - \rho \left(u_x \frac{\partial u_z}{\partial x} + u_y \frac{\partial u_z}{\partial y} + u_z \frac{\partial u_z}{\partial z}\right) = 0 \tag{2.18}$$

2）Navier-Stokes 方程适用情况

Navier-Stokes 方程是一组描述像液体和空气这样的流体物质的方程。这些方程建立了流体的粒子动量的改变率（加速度）和作用在液体内部的压力变化和耗散黏滞力（类似于摩擦力）以及引力之间的关系。

在流体动力学领域中，Navier-Stokes 方程是常用的物理模型，并且是流体力学中表达不可压缩流体最全面的微分方程。它可以建模天气、洋流、管道中的水流、星系中恒星的流动、翼型周围的气流，还可以用于飞行器和车辆的设计、血液循环的研究、电站的设计、污染效应的分析等。

Navier-Stokes 方程反映了黏性流体（又称真实流体）流动的基本力学规律，在流本力学中有十分重要的意义。Navier-Stokes 方程依赖微分方程来描述流体的运动，这一点和代数方程不同。Navier-Stokes 方程不寻求建立所研究的物理量（譬如速度、压力）的关系，而是建立这些物理量的变化或通量之间的关系。这样，最简单情况的零黏滞度的理想流体的 Navier-Stokes 方程表明，加速度（速度的导数，即速度变化率）是和内部压力的导数成正比的。Navier-Stokes 方程是一个非线性偏微分方程，求解非常困难和复杂。只有在某些十分简单的流动问题上才能求得 Navier-Stokes 方程的精确解。但是在一些情况下，可以简化 Navier-Stokes 方程而得到近似解。例如，当雷诺数$Re = 1$时（Re表示作用于流体微团的惯性力与黏性力之比，与黏性影响成反比），流体边界层外，黏性力远小于惯性力，Navier-Stokes 方程中黏性项可以忽略，此时就简化为理想流动中的 Euler 方程；而在边界层内，Navier-Stokes 方程又可简化为边界层方程。在计算机问世以来和迅速发展以后，Navier-Stokes 方程的数值求解有了很大的发展。

3）Navier-Stokes 方程简化形式

为了解决实际工程问题，必须根据实际问题的物理特征对 Navier-Stokes 方程进行简化，建立各种近似的数学模型和数学方程。广泛采用的简化近似方程有：线性位流方程、非线性位流方程、非线性 Euler 方程、黏性边界层方程、黏性薄层近似方程、抛物化 Navier-Stokes 方程和完全 Navier-Stokes 方程等。

（1）线性位流方程：假设气体无黏性，存在速度位对绕细长机身薄翼及其组合体的纯亚音速和纯超音速小迎角绕流，可以进一步假设这类物体对流场产生小扰动。因此，可以将速度位方程线性化，从而给出线性位流方程。

（2）非线性位流方程：假设气体无黏性，对含有弱激波的跨音速绕流问题，即使在小扰动假定下，也不能将方程线性化，但仍可假设存在速度位。这时，采用的方程为非线性位流方程。

（3）非线性 Euler 方程：由 Euler 建立的只假设气体无黏性的方程。它比上面两种方程更为精确。对于具有较强激波或有分离涡面的流动和其他复杂的问题，在求气动力时常采用这种方程。

（4）黏性边界层方程：雷诺数Re很高的气流绕过飞行器表面时，在物面很薄的流体层内，黏性力的作用不可忽略，以小参数简化 Navier-Stokes 方程而得到的一级近似方程称为黏性边界层方程，它是德国流体力学家 Prandtl 提出的，又称 Prandtl 边界层方程。

（5）黏性薄层近似方程：仍假设黏性的影响主要集中在飞行器表面附近的薄层内。但以为小参数简化 Navier-Stokes 方程时，准确度比边界层方程更高一阶，这样获得的方程称为黏性薄层近似方程。与边界层方程比较，它适用的雷诺数Re的范围更大，且考虑了黏性、无黏性的相互干扰作用。

（6）抛物化 Navier-Stokes 方程：在 Navier-Stokes 方程中略去一切沿主流方向的二阶黏性耗散项后所得到的方程。这样获得的方程组在数学性质上是抛物型的，所以称为抛物化的 Navier-Stokes 方程。

（7）完全 Navier-Stokes 方程：用于描述流体运动的基本方程，适用于任意雷诺数的黏性流体，能够模拟可压缩或不可压缩、层流或湍流、单相或多相流动等各种情况，包括质量守恒方程（连续性方程）、动量守恒方程（Navier-Stokes 方程）、能量守恒方程。

4）Navier-Stokes 方程求解思路

Navier-Stokes 方程相当复杂，在进行有实际意义的工程问题计算时，要求有较大的机器存贮量和较长的计算机时。为了解决机器不能满足要求的矛盾，很多人提出对 Navier-Stokes 方程进行简化。研究表明，当雷诺数 Re 大于 10 时，对于大多数黏性绕流相对于物面，其流向的黏性项不是很重要。因而可把它从 Re 方程中略去，使方程简化，这种简化的 Re 方程已被成功地应用到各种附体流及分离不很严重的流动，成为数值求解 Re 方程的一个重要手段。

在解释 Re 方程的细节之前，必须对流体做出几个假设。一个是流体是连续的，这强调它不包含形成内部的空隙，如溶解气体的气泡，而且不包含雾状粒子的聚合。另一个必要的假设是所有涉及的场，全部是可微的，如压强、速度、密度、温度等。Navier-Stokes 方程求解方式主要分为定常流动的时间相关法和直接求解法这两种。

（1）定常流动的时间相关法

这种方法是在定常运动的微分方程组中引入时间项。然后，沿时间方向推进，取时间相当大的渐近解为定常解。这里主要关心的是定常解，所以附加的时间项可以是有物理意义的，也可以是虚设的。为便于计算，常采用时间分裂法，即把多维非定常方程分裂为几个一维非定常方程。具体计算时，多采用有限差分方法（显式、隐式、显-隐混合式）。目前，空间导数采用有限元法来离散化，这是很有发展前途的方向。这种方法原则上也适用于非定常流。但是，为了能准确地刻画流动随时间的变化规律，在进行计算时，时间方向的计算格式也应是高阶精度的。

（2）直接求解法

这种方法是应用有限差分方法或有限元法对定常方程直接进行离散化。然后，利用松弛法或交替方向的算法进行数值计算。在进行 Navier-Stokes 方程计算时，如果流场内出现激波，应作特殊处理。目前，除采用激波装配法外，广泛采用激波捕捉法，此时应处理好人工黏性（或格式黏性）与真实黏性之间的关系。在激波出现的区域，为了捕捉激波，避免计算结果在激波附近可能出现的波动，人工黏性或格式黏性应大于真实黏性。但是，在黏性起作用的区域，为了准确地描述真实流动，必须要求人工黏性（或格式黏性）小于真实黏性。Navier-Stokes 方程的数值计算已经取得较大的进展。长期不能很好解决的二维、三维分离流动、激波与边界层相互干扰等问题，都得到了一些很好的计算结果。这些结果和试验结果相当一致。

2.3

Darcy 定律

1）理想渗流与实际渗流

在实际岩土体渗流中，水是沿着岩土体介质的空隙流动的。其渗流的流速特征是不规律的、杂乱无章的、十分复杂的，如图 2.3（a）所示。为了研究整个含水层的渗流情况，通常假定地下水充满整个含水系统（包括空隙和固体骨架），即渗流充满整个渗流场，这就是所谓的理想渗流，如图 2.3（b）所示。将实际渗流转变成理想渗流有两个原则：①质量等效，理想渗流通过某个断面的流量应等于该断面内空隙面积的实际流量；②能量等效，理想渗流通过某岩土体介质所受阻力等于实际渗流所受阻力。

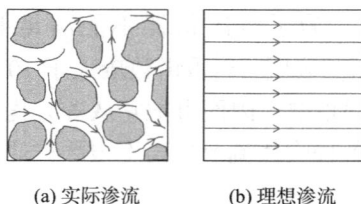

(a) 实际渗流　　　　　(b) 理想渗流

图 2.3　岩土体中的渗流

渗流在岩土介质中的流速分布特征如图 2.4（a）所示。水仅在孔隙中流动，固体骨架处流速为零，渗流在孔隙中间的流速最大，越靠近固体颗粒流速越小。

描述岩土体介质渗透性大小通常采用的是地下水渗流流速，即过水断面的平均流速。这是一个假想的流速，流速分布为一条直线。实际上，真实的质点流速分布曲线为抛物型流速分布，如图 2.4（b）所示。真实流速与断面平均流速有如下关系：

$$\bar{v} = \frac{1}{A} \int u \cdot \mathrm{d}A \tag{2.19}$$

式中：$\bar{v}$——断面平均流速（m/s）；

　　　A——过水断面面积（m²）；

　　　u——真实流速（m/s）。

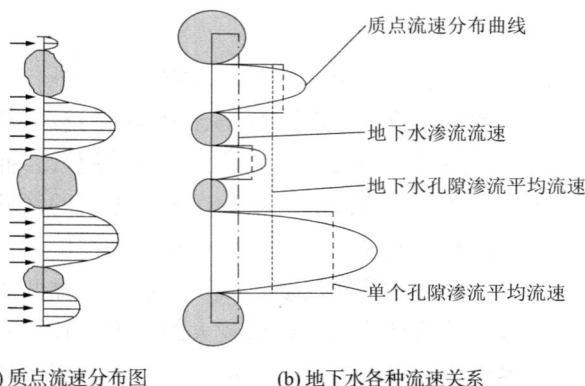

(a) 质点流速分布图　　　　　(b) 地下水各种流速关系

图 2.4　岩土体中不同形式的流速分布

在均匀的岩土体多孔介质中，断面平均流速仍为一条直线，真实流速呈波浪状周期分布。不管是断面平均流速还是真实流速，都不能很好地反映在边界条件影响下的流速变化趋势。因此，在多孔介质中可采用局部平均流速来描述渗流变化特征。局部平均流速就是取一微元进行流速平均，局部平均流速在一微元段呈直线分布，但是在整个多孔介质中呈曲线分布，这就像圆实际可由无限多个直线段组成一样。真实流速、局部平均流速和断面平均流速的变化特征如图 2.5 所示。

真实流速与局部平均流速的关系如下：

$$un \cdot \Delta A = v_j \cdot \Delta A \tag{2.20}$$

式中：u——真实流速（m/s）；

　　　n——多孔介质的孔隙率（无量纲）；

　　　ΔA——微元过水面积（m²）；

v_j——渗流的局部平均流速（m/s）。

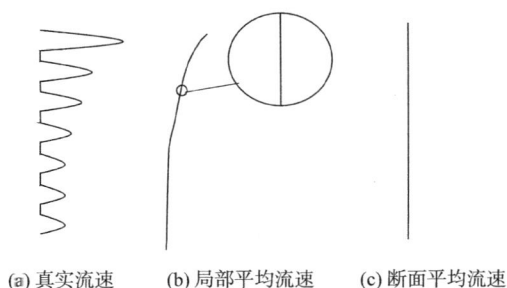

(a) 真实流速　　(b) 局部平均流速　　(c) 断面平均流速

图 2.5　三种流速示意图

岩土体多孔介质被水透过的性质称为渗透性。渗透性的强弱用渗透系数k标示。1856年，法国水力学家 Darcy 在对饱和沙土进行渗透性研究时发现，在层流状态时，渗流量Q与水头差h成正比，与渗流路径L成反比。据此，他总结出多孔介质层流运动的线性经验关系，即 Darcy 定律：

$$Q = k \frac{h}{L} A \tag{2.21}$$

式中：Q——渗流量（m³/s）；

　　　k——渗透系数（m/s）；

　　　h——水头差（m）；

　　　A——垂直于渗流方向的试样截面面积（m²）；

　　　L——渗流路径长度（m）。

当进行常水头试验时，如图 2.6 所示，试样厚度为L，横截面面积为A，水在水头差h的作用下流过长度为L的试样，则渗流路径长为L。当量得某一时间段t内流经试样的流量为Q时，根据式(2.21)换算可得渗透系数k。

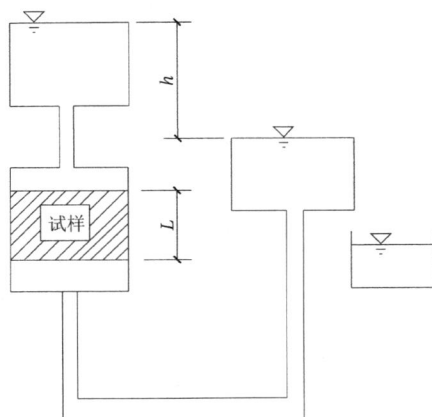

图 2.6　Darcy 渗透试验示意图

2）Darcy 公式推导

Darcy 公式是反映线性阻力的渗透定律。Darcy 公式可以从多孔介质中层流运动所遭遇的阻力关系推导出来。如图 2.7 所示，沿流线方向取圆柱微元体进行分析。图中圆柱本长为dS，断面面积为dA，孔隙度为n。作用在圆柱体中流体的力包括：圆柱体两端的空隙水压力$pn \cdot dA$和$(p+dp)n \cdot dA$，孔隙水流自重$\gamma n\, dA\, dS \cdot \sin\theta$，水流受到颗粒孔隙的摩阻力$F$。

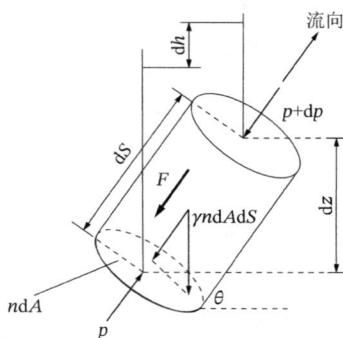

图 2.7　渗透水流下圆柱微元体的受力分析图

根据圆柱体流体在沿流向方向受力平衡条件，可写出：

$$pn \cdot dA - (p+dp) \cdot n\, dA - \gamma n \cdot dA\, dS \cdot \sin\theta - F = 0 \tag{2.22}$$

将$\sin\theta = dz/dS$，$p = \gamma(h-z)$，$dp = \gamma(dh-dz)$代入式(2.22)，则有：

$$-\frac{dh}{dS} - \frac{F}{\gamma n\, dS\, dA} = 0 \tag{2.23}$$

引用 Stokes 单颗粒层流阻力公式（毛昶熙，2003）：

$$F_D = \lambda\mu d\upsilon^* \tag{2.24}$$

式中：F_D——拖曳力（kN）；

　　　μ——水的动力黏度（Pa·s）；

　　　d——颗粒直径（m）；

　　　υ^*——用颗粒周围孔隙水沿流向的局部平均流速来表征流体介质实际流速（m/s）；

　　　λ——系数（无量纲），取决于邻近颗粒的影响，对于无限水体中的圆球，$\lambda = 3\pi$。

圆柱体中颗粒总数记为N时，则摩阻力F计算如下：

$$F = NF_D = \frac{(1-n)\cdot dA\, dS}{\beta d^3}\lambda\mu d\upsilon^* \tag{2.25}$$

式中：β——球体颗粒系数（无量纲），一般取$\beta = \pi/6$；

　　　N——圆柱体中颗粒总数；其余符号意义同前。

断面上平均流速$\upsilon = n\upsilon^*$，且$J = -dh/dS$。将式(2.25)代入式(2.23)，则得：

$$\upsilon = \frac{\beta n^2}{\lambda(1-n)}d^2\frac{\gamma}{\mu}J \tag{2.26}$$

令$C = \beta n^2/[\lambda(1-n)]$，该参数决定于颗粒几何形状和排列。因此，式(2.26)可写为：

$$\upsilon = Cd^2\frac{\gamma}{\mu}J \tag{2.27}$$

式(2.27)中，Cd^2是反映渗透性的本质，与多孔介质的组成结构（颗粒大小、形状、排列）和密实程度相关；γ/μ则反映了流体的性质。采用 Darcy 渗透系数表达类似形式，则$k = Cd^2(\gamma/\mu)$，显然k取决于多孔介质结构和流体性质这两方面。于是，得到经典的 Darcy 定律：

$$u = kJ \tag{2.28}$$

3）广义 Darcy 定律

设水头函势数 φ 为：

$$\varphi = z + (p/\gamma) \qquad (2.29)$$

式中：φ——水头（m）；

γ——水的重度（kN/m³）；

p——水流压力（kPa）；

z——自某基准面算起的高度（m），方向垂直向上。

设介质是各向异性的，某一流速分量不仅与相应的水力梯度分量成正比，还与水力梯度的其他分量成正比。根据广义 Darcy 定律，在 x、y、z 方向的流速分量可用矩阵表示为：

$$\{v\} = -[k]\{\varphi'\} \qquad (2.30)$$

且：

$$\{v\} = \begin{bmatrix} v_x & v_y & v_z \end{bmatrix}^{\mathrm{T}} \qquad (2.31)$$

$$[k] = \begin{bmatrix} k_{xx} & k_{xy} & k_{xz} \\ k_{yx} & k_{yy} & k_{yz} \\ k_{zx} & k_{zy} & k_{zz} \end{bmatrix} \qquad (2.32)$$

$$\{\varphi'\} = \begin{bmatrix} \dfrac{\partial \varphi}{\partial x} & \dfrac{\partial \varphi}{\partial y} & \dfrac{\partial \varphi}{\partial z} \end{bmatrix}^{\mathrm{T}} \qquad (2.33)$$

将式(2.30)代入不可压缩流体的连续方程式(2.8)，并引入内源 Q 得到水头 φ 在求解域 R 内需满足的基本方程：

$$\frac{\partial}{\partial x}\left(k_{xx}\frac{\partial \varphi}{\partial x} + k_{xy}\frac{\partial \varphi}{\partial y} + k_{xz}\frac{\partial \varphi}{\partial z}\right) + \frac{\partial}{\partial y}\left(k_{xy}\frac{\partial \varphi}{\partial x} + k_{yy}\frac{\partial \varphi}{\partial y} + k_{yz}\frac{\partial \varphi}{\partial z}\right) +$$

$$\frac{\partial}{\partial z}\left(k_{xz}\frac{\partial \varphi}{\partial x} + k_{yz}\frac{\partial \varphi}{\partial y} + k_{zz}\frac{\partial \varphi}{\partial z}\right) = Q \qquad (2.34)$$

对于稳态渗流，水头 φ 还需满足一定的边界条件。一般有以下两种边界。

（1）在边界 b 上水头已知（定水头边界）：

$$\varphi = \varphi_{\mathrm{b}} \qquad (2.35)$$

（2）在边界 c 上单位面积渗流量已知（定流量边界），即法向流速 v_n 已知：

$$v_n = l_x v_x + l_y v_y + l_z v_z \qquad (2.36)$$

式中：v_n——法向流速（m/s）；

l_x、l_y、l_z——边界表面外法线在 x、y、z 方向的方向余弦。

将求解域 R 划分为有限个单元 ΔR，设单元的节点为 i、j、$m\cdots$，节点水头 φ_i、φ_j、$\varphi_m\cdots$，单元形函数为 N_i、N_j、$N_m\cdots$。单元内任一点的水头 φ 可用形函数表示：

$$\varphi_{\mathrm{e}}(x,y,z) = \begin{bmatrix} N_i & N_j & N_m & \cdots \end{bmatrix}\begin{Bmatrix} \varphi_i \\ \varphi_j \\ \varphi_m \\ \cdots \end{Bmatrix} = [N]\{\varphi\}_{\mathrm{e}} \qquad (2.37)$$

将式(2.37)代入式(2.33)，得：

$$\{\varphi'\} = \begin{bmatrix} \dfrac{\partial \varphi}{\partial x} & \dfrac{\partial \varphi}{\partial y} & \dfrac{\partial \varphi}{\partial z} \end{bmatrix}^{\mathrm{T}} = [B]\{\varphi\}_{\mathrm{e}} \qquad (2.38)$$

式(2.31)可写为：

$$\{v\} = [v_x \quad v_y \quad v_z]^T = -[k][B]\{\varphi\}_e \tag{2.39}$$

且：

$$[B] = \begin{bmatrix} \dfrac{\partial N_i}{\partial x} & \dfrac{\partial N_j}{\partial x} & \dfrac{\partial N_m}{\partial x} & \cdots \\[2mm] \dfrac{\partial N_i}{\partial y} & \dfrac{\partial N_j}{\partial y} & \dfrac{\partial N_m}{\partial y} & \cdots \\[2mm] \dfrac{\partial N_i}{\partial z} & \dfrac{\partial N_j}{\partial z} & \dfrac{\partial N_m}{\partial z} & \cdots \end{bmatrix} \tag{2.40}$$

渗透坡降可记为：

$$[J] = -[B][H] \tag{2.41}$$

式中：$H = \varphi - z$。

由节点速度，通过积分可求得通过某已知面a流体流量：

$$Q = \int_a \{v\}\{l\} \cdot \mathrm{d}a \tag{2.42}$$

式中：$\{l\}$——所求流量面法线与x、y、z方向的方向余弦。

对于求解域R全部节点，可导出方程组：

$$[H]\{\varphi\} = \{F\} \tag{2.43}$$

且：

$$[H] = \sum_{i=1}^{M_1} [H]_e = \sum_{i=1}^{M_1} \iiint_{\Delta R} [B]^T [k][B] \cdot \mathrm{d}x\,\mathrm{d}y\,\mathrm{d}z \tag{2.44}$$

$$\{\varphi\} = \{\varphi_1 \quad \varphi_2 \quad \cdots \quad \varphi_{M_2}\} \tag{2.45}$$

$$\{F\} = \iiint_{\Delta R} [N]^T \{a\} \cdot \mathrm{d}x\,\mathrm{d}y\,\mathrm{d}z - \iint_{\Delta c} [N]^T \{v\} \cdot \mathrm{d}S \tag{2.46}$$

前述的广义 Darcy 定律渗流基本理论已广泛用于与地下水相关的饱和-非饱和理论方法和工程应用中。相应地，地下水渗流计算精度高，还可揭示地下水的渗流动态和规律。以上渗流理论数值计算模型网格划分和计算模块可借助 Ansys 平台进行二次开发。二次开发的广义 Darcy 定律渗流分析计算主要功能包括：①各向同性和各向异性材料介质渗流问题；②稳态渗流场分析；③瞬态渗流场分析。此外，利用 Ansys 中的 APDL 语言编制相应的模块，能自动迭代计算出渗边界和自由面。计算中采取固定网格法（不变网格法），其中干燥区（自由面以上的区域）将其渗透系数取很低的值，从而实现干燥区与饱和区联立统一求解，避免了干燥区渗透系数取为 0 时导致渗透矩阵奇异而无法进行求解。

4）岩土体多孔介质渗透试验方法

岩土体多孔介质的渗透性强弱可用渗透系数k、渗透率K进行量化，它们是渗流计算时输入的重要参数。正如式(2.27)所描述的，渗透系数k的大小不仅取决于多孔介质的性质（粒度、成分、颗粒排列、充填状况、裂隙性质与岩溶特征及发育程度等），而且与流体的物理性质（密度、黏滞性）有关。对于相同结构土样分别用水和油来做渗透试验，得到的渗透系数k的大小是不一样的。这说明，同一土样中不同的流体具有不同的渗透系数。一般情况下，对于不同土样，空隙大小对渗透系数k值起主要作用，颗粒越粗，透水性越好，渗透系数越大，见表2.1。

多孔介质的渗透性分级   表2.1

土类	渗透系数k/（cm/s）	渗透性等级
黏土	$k < 10^{-6}$	极微透水
黏土-粉土	$10^{-6} \leqslant k < 10^{-5}$	微透水
粉土-细粒土质砂	$10^{-5} \leqslant k < 10^{-4}$	弱透水
砂-中细砾	$10^{-4} \leqslant k < 10^{-2}$	中等透水
粗砾-卵石、碎石	$10^{-2} \leqslant k < 1$	强透水
块石、漂石	$k \geqslant 1$	极强透水

渗透系数k和渗透率K之间有如下关系：

$$K = \frac{\mu}{\gamma} k \tag{2.47}$$

式中：μ——水的动力黏度（Pa·s）；

　　　γ——水的重度（kN/m³）；

　　　k——渗透系数（m/s）；

　　　K——渗透率（m²）。

渗透系数的测定根据测试地点的不同可分为室内试验和室外试验。室内试验中根据供水水头是否恒定，可分为常水头试验和变水头试验，其中，常水头试验适于测定透水性较强的砂性土，变水头试验适于测定透水性较弱的黏性土，简要介绍如下。

（1）常水头法渗透试验

试验装置如图2.8所示，试样厚度为L，横截面面积为A。试验时，水在不变的水头差h作用下流过试样，当流出土样的渗流量q稳定后，测量某一时段t内流经试样的水量Q。然后，根据Darcy定律可以得到渗透系数k的计算公式：

$$k = \frac{QL}{Aht} \tag{2.48}$$

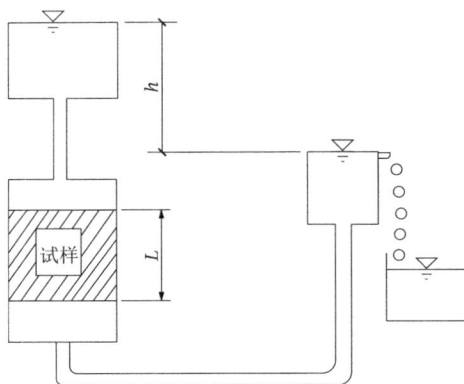

图2.8　常水头试验装置示意图

（2）变水头法渗透试验

试验装置如图 2.9 所示，试样顶部与过水截面面积为 a 的玻璃管相连。试验时，将玻璃管内充水至一定高度，记录试验时段开始和终止时刻的水头差。

假设某一时刻 t 试样两端的水头差为 h，经过 dt 时间，玻璃管内水位下降 dh，则流经试样的水量 dQ 可以表示为：

$$dQ = -a \cdot dh \tag{2.49}$$

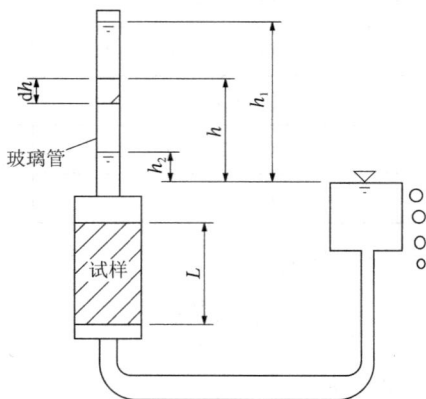

图 2.9　常水头试验装置示意图

时间段 Δt 内流经试样面积为 A 的水量 ΔQ 也可用 Darcy 公式表示：

$$dQ = \frac{khA}{L} dt \tag{2.50}$$

联立式(2.49)和式(2.50)，可得：

$$dt = -\frac{aL}{kA} \cdot \frac{dh}{h} \tag{2.51}$$

对式(2.51)两端进行积分，则有：

$$t_2 - t_1 = \frac{aL}{kA} \ln\left(\frac{h_1}{h_2}\right) \tag{2.52}$$

于是，变水头试验的渗透系数测定公式为：

$$k = \frac{aL}{A(t_2 - t_1)} \ln\left(\frac{h_1}{h_2}\right) \tag{2.53}$$

式中：h_1——对应时刻 t_1 的水头差（m）；

h_2——对应时刻 t_2 的水头差（m）；其余符号意义同前。

室内测渗透系数的优点尽管设备简单、操作简便，但是实际岩土体多孔介质的渗透性不仅仅取决于其结构，还与密实度、成层情况有关。尤其是，室内试验取样时往往会对试样产生扰动。因此，室内试验测得的渗透系数不一定能真实反映原位岩土体的渗透性。为测得岩土体多孔介质的原位渗透系数，可采用现场原位试验。规范推荐的现场原位试验主要有单环法、双环法、井孔抽水试验等，介绍如下。

（1）单环法

该方法适用于地下水位以上的砂土、砂卵砾石等土层的渗透系数测定。在选定的试验位置，挖一深 15～20cm 的试坑，将高 20cm、直径 25～50cm 的测试环放置于坑底，环外用黏土填实保证四周不漏水。试验时向环内注水，水深应保持在 10cm，且波动幅度在 0.5cm 范围内。按时间间隔为 5min 连续测量 5 次、20min 至少连续测量 6 次记录注水量，当连续两次的注入水量差不大于最后一次的 10%时，取最后一次注入水量作为计算值 Q。该方法的渗透系数的计算公式如下：

$$k = \frac{16.67Q}{At} \tag{2.54}$$

式中：A——测试环底面积（m²）；

Q——注入水量（m³）；

t——观测时间，且 $t = 20$min。

（2）双环法

该方法适用于地下水位以上的粉土层、黏土层渗透系数测定。在选定的试验位置，挖一深 15～20cm 的试坑，并在坑底按照同心圆将两个测试环（直径分别为 25cm、50cm）压入坑底，深度为 5～8cm。按照图 2.10 所示安装试验装置，其中保证流量瓶的进气管管口距离坑底为 10cm 来保持试验水头不变。

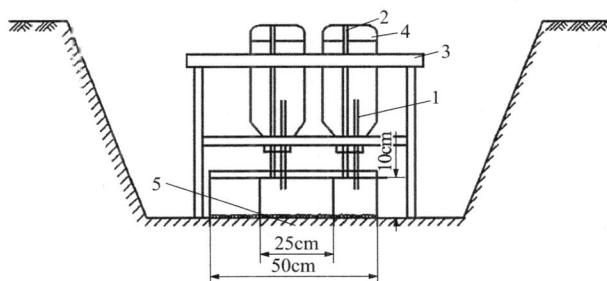

图 2.10　双环法安装示意图
1—出水管；2—进气管；3—瓶架；4—渗流瓶；5—试验土层

试验时，两个流量瓶同时向内环、外环注水，当内环外环水深均为 10cm 时，按时间间隔为 5min 连续测量 5 次、15min 连续测量 2 次、30min 连续测量至少 6 次记录内环注入水量，其中时间间隔为 30min 的记录应不少于 6 次。当连续两次的注入水量差不大于最后一次注入水量的 10%时，取最后一次的注水量作为计算值 Q。相应试验层的渗透系数计算如下：

$$k = \frac{16.67Qz}{A(h + z + 0.5h_a)t} \tag{2.55}$$

式中：A——内环底面积（cm²）；

h——试验水头（cm），一般有 $h = 10$cm；

z——从试坑底部开始的下渗深度（cm）；

h_a——试验层毛细水上升高度（cm），可按照规范测定或取经验值。

（3）井孔抽水试验

该方法适用于水位线以下的土层渗透性测试。如图 2.11 所示，在现场打一口试验井，贯穿量测渗透系数的土层。在距离试验井中心 r_1、r_2 处设置两个观测井。

在图 2.11 所示试验井以恒定流量抽水，造成原有地下水位（虚线）下降，并形成漏斗状的稳定水位线（实线），观测井内水位高度分别为h_1、h_2。围绕试验井轴线取一半径为r的过水圆柱面，水面高度为h，则过水断面面积$A = 2\pi rh$。假设过水断面各处的水力坡降为常数，且$J = \mathrm{d}h/\mathrm{d}r$。根据 Darcy 定律，试验抽水流量为：

$$q = AkJ = 2\pi rhk \cdot \frac{\mathrm{d}h}{\mathrm{d}r} \tag{2.56}$$

式(2.56)可写为：

$$q\frac{\mathrm{d}r}{r} = 2\pi kh \cdot \mathrm{d}h \tag{2.57}$$

对式(2.57)两边积分，可得：

$$q\int_{r_1}^{r_2}\frac{\mathrm{d}r}{r} = 2\pi k\int_{h_1}^{h_2} h \cdot \mathrm{d}h \tag{2.58}$$

于是，井孔抽水试验下渗透系数的计算则为：

$$k = \frac{q}{\pi(h_2^2 - h_1^2)}\ln\left(\frac{r_2}{r_1}\right) \tag{2.59}$$

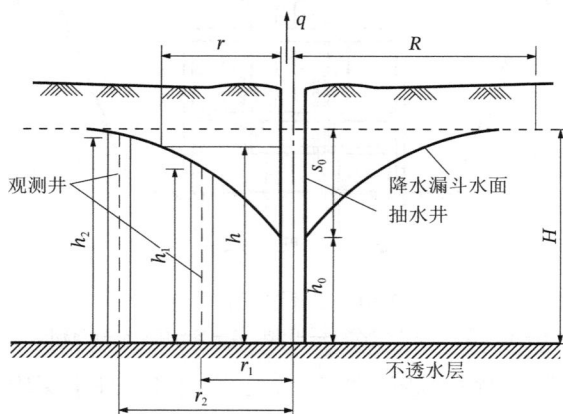

图 2.11　抽水试验示意图

5）Darcy 定律的上下限

Darcy 定律有三个基本的限定条件，这主要是受 Darcy 试验本身的条件限制。三个基本限定条件是：①Darcy 定律又称为 Darcy 线性定律，因而限定该流动必须是线性流动；②流体必须为单相流体；③流动为稳定流动。

显然，Darcy 定律只适用于线性阻力关系的层流运动，因此受到一定水力条件限制。当渗流流速v或水力坡降J增加，惯性力增加，支配层流的黏阻力逐渐失去其主控地位，J-v关系则由直线转为曲线。用雷诺数Re能更全面、合理地表示 Darcy 定律的上限。雷诺数Re表达式为：

$$Re = \frac{vd}{\mu} \tag{2.60}$$

总结学者们的试验结果，有图 2.12 中六条曲线。由于颗粒形状、排列等不同，试验结果的 Darcy 定律上限的临界雷诺数Re并不相同。总体来说，Re在 1～10 之间分布。

Darcy 定律有效范围的下限终止于黏土中微小流速的渗流，它是由土颗粒周围结合水薄膜的流变学特性所决定的。一般黏土中的渗透，只有在较大的水力坡降作用下突破结合水的堵塞才开始发生渗流。所以存在一个起始坡降的问题。

超出 Darcy 定律范围的流动称为非 Darcy 流或非线性阻力流动。按照图 2.12 中摩阻系数λ与雷诺数Re的关系，$Re < 5$ 属于线性阻力定律，$5 \leqslant Re \leqslant 200$ 产生紊流进入过渡区，$Re > 200$ 紊流占主控作用，$Re > 2000$ 进入与Re无关的完全紊流区。

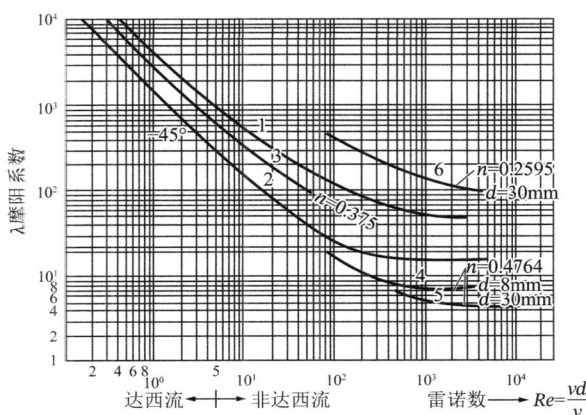

图 2.12　摩阻系数λ与雷诺数Re关系的几种试验结果

2.4

Brinkman-extended Darcy 方程

与 Darcy 定律相比，Brinkman-extended Darcy 方程考虑了水流经岩土体多孔介质时的惯性力项和阻力项。相应地，Brinkman-extended Darcy 方程能较好地描述 $5 \leqslant Re \leqslant 200$ 情况的 non-Darcy 流。在此，对 Brinkman-extended Darcy 方程的推导过程介绍如下。

从多孔介质中分离出一个微元体（可同样参考图 2.2，将图 2.2 视为多孔介质的渗流），密度为ρ，边长为dx、dy、dz，质量为$\rho \cdot dx\,dy\,dz$。微元体在x方向上受力包括左、右两侧的压力，四个侧面上的切应力，流体在流动过程中受到的渗流阻力。

约定沿x正向为正，根据牛顿第二定律，可得x方向上的动力平衡方程：

$$\rho n f_x \cdot dx\,dy\,dz - nj \cdot dx\,dy\,dz + np_{xx} \cdot dy\,dz - n\left(p_{xx} + \frac{\partial p_{xx}}{\partial x}dx\right) \cdot dy\,dz -$$

$$n\tau_{zx} \cdot dx\,dy + n\left(\tau_{yx} + \frac{\partial \tau_{yx}}{\partial y}dy\right) \cdot dx\,dz + n\left(\tau_{zx} + \frac{\partial \tau_{zx}}{\partial z}dz\right) \cdot dx\,dy$$

$$= n\rho \cdot dx\,dy\,dz \frac{dv_x^*}{dt} \tag{2.61}$$

式中：j——单位渗流力［$kg/(m \cdot s)^2$］；

τ_{yx}、τ_{zx}——切应力（kPa）；

n——多孔介质孔隙率（无量纲）；

v_x^*——渗流在x方向上的真实流速（m/s）。

将式(2.61)化简得：

$$\rho f_x - j - \frac{\partial p_{xx}}{\partial x} + \left(\frac{\partial \tau_{yx}}{\partial y} + \frac{\partial \tau_{zx}}{\partial z}\right) = \rho \frac{\mathrm{d}v_x^*}{\mathrm{d}t} \tag{2.62}$$

按照第 1.1.2 节推导 Navier-Stokes 方程过程，可得：

$$\rho f_x - j - \frac{\partial p}{\partial x} + \eta \left(\frac{\partial^2 v_x^*}{\partial x^2} + \frac{\partial^2 v_x^*}{\partial y^2} + \frac{\partial^2 v_x^*}{\partial z^2}\right) = \rho \left(\frac{\partial v_x^*}{\partial t}\right) + \rho \left(v_x^* \frac{\partial v_x^*}{\partial x} + v_y^* \frac{\partial v_x}{\partial y} + v_z^* \frac{\partial v_x^*}{\partial z}\right) \tag{2.63}$$

式(2.63)中的渗流力 j 表示为：

$$j = \gamma_\mathrm{w} i = \gamma_\mathrm{w} \frac{v_x}{k} \tag{2.64}$$

式中：k——渗透系数（m/s）；

v_x——x 向局部平均流速（m/s）；

γ_w——流体重度（kN/m³）。

渗透系数 k 与渗透率 K 的转换关系式有：

$$K = \frac{k\eta}{\gamma_\mathrm{w}} \tag{2.65}$$

式中：K——渗透率（m²）；其余符号意义同前。

式(2.65)中的真实流速 v_x^* 与局部平均流速 v_x 的转换关系为 $v_x^* = v_x/n$，v_y^* 和 v_z^* 的表达类同。利用真实流速与局部平均流速之间的关系，并将式(2.64)、式(2.65)代入式(2.63)，整理得多孔介质中 x 向不可压缩流体的运动方程：

$$\rho n f_x - n \frac{\eta}{K} v_x - n \frac{\partial p}{\partial x} + \eta \left(\frac{\partial^2 v_x}{\partial x^2} + \frac{\partial^2 v_x}{\partial y^2} + \frac{\partial^2 v_x}{\partial z^2}\right)$$
$$= \rho \left(\frac{\partial v_x}{\partial t}\right) + \frac{\rho}{n} \left(v_x \frac{\partial v_x}{\partial x} + v_y \frac{\partial v_x}{\partial y} + v_z \frac{\partial v_x}{\partial z}\right) \tag{2.66}$$

类似地，也可获得多孔介质中 y、z 向不可压缩流体的运动方程。

第 **3** 章

含贯通管缝岩体渗透特性

山区岩溶隧道
涌水分析与防控

裂隙岩体基本特征

裂隙岩体主要包括两方面内容：一是充满整个裂隙岩体中的裂隙，包括各种结构面；二是由裂隙切割形成的岩块。

结构面是岩体内部开裂的和易开裂的地质界面，包括节理、裂隙、断层、破碎带、接触带、片理等。它通常具有一定的张开度，并充填一定的物质，充填物包括岩屑、水流冲带物等。结构面的构成和性质决定了其与普通几何面的区别。结构面是由一定的实体组成，固体、液体、气体均是结构面的组成要素。

根据成因类型，地质体中的结构面可分为原生结构面、次生结构面、构造结构面这三种。①原生结构面是岩体形成过程中产生的结构面，主要包括岩浆岩冷却收缩时形成的原生节理面、流动构造面、构造接触面；沉积岩中层理面、层间接触面、不整合面；变质岩体内的片理、片麻状构造，变质作用引起的裂隙等；原生结构面除了岩浆岩中的节理外，其余多为非开裂式的，即张开度可以忽略的微裂隙，结构面内存在着大小不等的连接力，透水能力极小。②次生结构面是地质体在外力作用下产生的风化裂隙面及卸荷裂隙面等，这些结构面多为张裂隙，结构面不平坦，产状不规则，连续性差，延展性不大，由于其多在地表出露且具有一定张开度，故具有一定贮水和透水能力。③构造结构面是指岩体形成后，地壳运动过程中由于地质内力作用而在岩体内部产生的各种破裂面，主要包括断层面、错动面、节理面或裂隙面、劈理面等，这类结构面是岩体内部结构面的主要组成部分，连通性较好，彼此之间存在着一定的联系，故这类结构面的透水能力较强，是裂隙岩体渗流问题中的主要研究对象。

裂隙岩体开口立方定律是基于流体 Navier-Stokes 方程推导得来的。假设岩体裂隙是理想化的二维平行板，其中的流体为层流运动。沿裂隙面延展方向设为 x 方向、垂直裂隙面方向为 y 方向，相应的 Navier-Stokes 方程可以写为：

$$-\frac{\partial P}{\partial x} + \mu \frac{\partial^2 u_x}{\partial y^2} = -J + \mu \frac{d^2 u_x}{dy^2} = 0 \tag{3.1}$$

式中：u_x——水流流速（m/s）；

$\quad\quad P$——水流压强（kPa）；

$\quad\quad \mu$——水的运动黏度（Pa·s）；

$\quad\quad J$——水流方向水头损失，即水力坡降（无量纲）。

在裂隙面上，流速边界假设为 0，求解方程式(3.1)得到：

$$u_x = -\frac{J}{2\mu} y^2 + \frac{bJ}{2\mu} y \tag{3.2}$$

式中：b——裂隙开度（m）；其余符号意义同前。

理想平板流的单宽体积流量可以沿截面积分得到：

$$q = \int_0^b u_x \cdot dy = \int_0^b \left(-\frac{J}{2\mu} y^2 + \frac{bJ}{2\mu} y \right) \cdot dy = \frac{b^3}{12\mu} J \tag{3.3}$$

式(3.3)就是经典的平行裂隙开口立方定律。然而，该模型过于理想化，因此在实际运用中效果并不理想。事实上，岩体裂隙的粗糙程度、裂隙有无充填物质、充填物质的渗透特性都对裂隙岩体的整体渗透性有影响。隙宽和粗糙性是描述结构面几何特征的两个基本参数，它们对结构面的渗流特性和力学特性都有着重要的影响。

（1）隙宽

隙宽是指结构面的张开度，主要是岩体受拉张应力作用或结构面剪切位移导致岩石破裂扩张造成的。在自然界，天然裂隙面均为粗糙裂隙，理想裂隙并不存在，裂隙面存在小范围的不平整和大范围的起伏，其隙宽b沿程往往是变化的。因此，对于天然裂隙，开口立方定律很难成立。为了能将开口立方定律应用于天然粗糙裂隙，人们提出了等效水力隙宽b_h的概念。

（2）粗糙度

目前，描述渗透结构面粗糙性的方法主要有凸起高度表征法、节理粗糙度系数 JRC 表征法等。凸起高度表征法是直接用裂隙表面的凸起高度函数$h(x, y)$或凸起高度的概率密度函数$n(h)$来描述裂隙表面的粗糙性。工程中，节理粗糙度系数 JRC（JRC 为 Joint Roughness Coefficient 的缩写）是用来描述裂隙面粗糙性的一个重要几何参数，在裂隙的隙宽、剪切强度、抗压强度、水力特性等重要参数的经验公式中都直接包含 JRC 的影响。

结构体是岩体被结构面切割形成的岩石块体或分离块体。结构体的特征可以通过其形状、块度、排列方式等表现出来。结构体的形状受结构面组合情况的控制，结构体的块度和尺寸与结构面的间距相关。

根据裂隙的组合情况，切割所形成的结构体大致有四类，即板状结构体、柱状结构体、六面体状结构体和四面体状结构体。

不同的裂隙组合，导致不同的岩体结构类型。因此，地下水在裂隙岩体中的赋存和运移特征也受到影响。在此，将岩体结构及地下水作用特征列入表 3.1 中。

岩体结构类型与地下水作用关系　　　　表 3.1

裂隙间距/cm	结构类型	结构特征	地下水作用
>100	完整	连续介质	
20~100	块裂、板裂	不连续介质	逐渐增强
<20	碎裂、散体	散体状、似连续介质	

由表 3.1 可知，结构体特征与地下水流动的关系为：岩体结构特征越破碎、接近散体地下水作用越强，越完整的岩体，地下水作用越弱。

根据不同的岩体结构特征，考虑到地下水在岩体中的渗流方式不同，将岩体的渗流介质划分为多孔介质模型、准多孔介质模型、面状流不连续介质模型、脉状流不连续介质模型。每种模型对应的岩体结构类型、受力分析和渗流分析模型如表 3.2 所示。

岩体结构类型对应的渗流分析模型　　　　表 3.2

渗流介质模型	岩体结构类型	应力分析模型	渗流分析模型
多孔介质	散体结构	散离介质力学	连续介质力学
	部分碎裂结构		
准多孔介质	层状结构	等效连续介质力学	等效连续介质力学
	碎裂结构		
	部分块状结构		

渗流介质模型	岩体结构类型	应力分析模型	渗流分析模型
面状流不连续介质	块状结构	块体理论	网络渗流力学
	层状结构		
脉状流不连续介质	整体结构	连续机制力学	随机沟槽流模型
	部分块状结构		

3.2

裂隙岩体渗流特征

裂隙岩体渗流具有强烈的不均匀性，其渗流规律与裂隙所处的岩体结构紧密相关。因不同的岩体结构，隧道会发生不同形式的涌突水。因此，裂隙岩体渗流规律应从不同的岩体结构进行研究。

1）块状裂隙岩体渗流规律

块状岩体一般发育正常的节理系统和小型的断层。其中，压性裂隙渗透性小，不含水；扭性裂隙渗透性中等；张性裂隙的渗透性大，含水空间大。一般来说，块状岩体分布区，岩体的渗透性较差，含水空间较小。块状岩体的渗流取决于裂隙的发育状况。

2）层状裂隙岩体渗流规律

裂隙水在岩层中的运动是顺层沿脉网状的裂隙运动，其渗流具有非均质、各向异性、定向及与构造应力相互影响的特点。对于薄层状岩体，由于层面裂隙较密，具有重要的富水条件。对于厚层-块状岩体，斜交层理发育，层面裂隙不仅数量少，规模小，且基本处于闭合状态，故富水条件差；同一厚度的塑性岩体比脆性岩体中裂隙密度要大。

3）碎裂结构岩体渗流规律

地下水为脉状水、裂隙水，往往具局部脉状承压性质。起阻水作用的断层通常是偏压性断层，其断裂带由于挤压破碎和糜棱化的原因，不可能赋存地下水。但断层带一侧或两侧影响带压扭、张扭性裂隙较发育，容易赋存地下水；张性或张扭性断层，具有导水和含水性能，可形成局部的富水带，有时有很高的承压水头，往往具有强导水性质，但不可能形成富水带。在与具有漏水性能的石灰岩沟通的情况下，它不仅使通过砂、泥岩层的裂隙水发生"疏干"，而且使其上的松散覆盖层孔隙水强烈排泄，水位急剧下降。

4）散体结构渗流规律

主要为断层破碎带、强烈风化破碎带中的裂隙水。压性断裂阻水（断层的下盘或上盘仍可部分富水），张性断裂富水，纯张性断层则更为富水，扭性断裂则介于压性与张性断裂之间。

3.3

部分充填贯通裂隙岩体多重介质模型

3.3.1 理论模型描述

岩体中含有大量的节理和裂缝，其中大量裂缝被岩屑和泥沙填充。有研究者已推导出裂缝被充填物全部填充情况的渗透特性（樊立敏等，2017），但是在实际工程中裂缝也并非全部充填，存在部分裂缝充填的情况。在此，概括出周期性部分填充裂缝如图 3.1 所示，来推导图中所示岩体中流体的流速分布和岩体等效渗透系数。

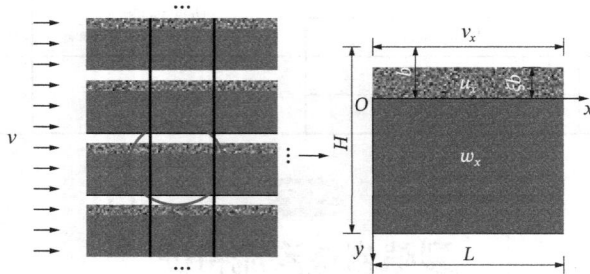

图 3.1 周期性部分充填裂缝岩体

为了便于计算，作如下假设：

（1）只考虑裂缝走向方向（即图 3.1 中 x 方向）的一维流动，即 y 和 z 方向的流速为 0。

（2）裂缝中流体为牛顿流体，且为充分发展流。

（3）流体是不可压缩的且不考虑 x 方向的体积力。

（4）流体流动为层流。

（5）裂缝沿 x 方向无限延伸，忽略两端边界影响。

（6）在不同介质界面处满足速度相等与剪应力相等的边界条件。

（7）裂缝、充填物和岩石基质中的流体均满足连续性方程，并且裂缝中流体运动方程满足 Navier-Stokes 方程，充填物和岩石基质中渗流运动方程满足 Brinkman-extended Darcy 方程。

3.3.2 理论模型求解

1）在 x 方向流速计算

（1）裂缝中流体的流速分布

为了便于后面的推导，在此写出裂缝中流体连续方程：

$$\frac{\partial v_x}{\partial x} + \frac{\partial v_y}{\partial y} + \frac{\partial v_z}{\partial z} = 0 \tag{3.4}$$

裂缝中水流运动方程满足 Navier-Stokes 方程：

$$-\frac{\partial p}{\partial x} + \eta\left(\frac{\partial^2 v_x}{\partial x^2} + \frac{\partial^2 v_x}{\partial y^2} + \frac{\partial^2 v_x}{\partial y^2}\right) = \rho\left(v_x\frac{\partial v_x}{\partial x} + v_y\frac{\partial v_x}{\partial y} + v_z\frac{\partial v_x}{\partial z}\right) \tag{3.5}$$

因考虑裂缝走向方向的一维流动，即 $v_y = v_z = 0$，则其偏导 $\partial v_y/\partial y = \partial v_z/\partial z = 0$，又根据连续方程式(3.4)得 $\partial v_x/\partial x = 0$；而裂缝沿 x 方向无限延伸，v_x 在 z 方向并无变化，则 $\partial v_x/\partial z = 0$，$\partial^2 v_x/\partial z^2 = 0$。将以上关系代入式(3.5)，可得：

$$-\frac{\mathrm{d}p}{\mathrm{d}x} + \eta\frac{\mathrm{d}^2 v_x}{\mathrm{d}y^2} = 0 \tag{3.6}$$

又由 v_x 在 x 方向的偏导为 0，说明 v_x 不沿 x 方向变化。于是，可知 $\mathrm{d}p/\mathrm{d}x$ 与 x 无关，水压强沿 x 方向为一常数，可写为：

$$\frac{\mathrm{d}p}{\mathrm{d}x} = -\frac{\Delta p}{L} \tag{3.7}$$

将式(3.7)代入式(3.6)可得：

$$\frac{\Delta p}{L} + \eta \frac{\mathrm{d}^2 v_x}{\mathrm{d}y^2} = 0 \tag{3.8}$$

求解式(3.8)，得贯通裂缝中流体在x方向的流速为：

$$v_x = -\frac{\Delta p}{2L\eta}y^2 + A_1 y + A_2 \tag{3.9}$$

（2）充填物中流体的流速分布

为了便于后面的推导，在此写出充填物中的流体连续方程：

$$\frac{\partial u_x}{\partial x} + \frac{\partial u_y}{\partial y} + \frac{\partial u_z}{\partial z} = 0 \tag{3.10}$$

流体的运动方程满足 Brinkman-extended Darcy 方程：

$$-n_2 \frac{\partial p}{\partial x} + \eta \left(\frac{\partial^2 u_x}{\partial x^2} + \frac{\partial^2 u_x}{\partial y^2} + \frac{\partial^2 u_x}{\partial y^2} \right) - n_2 \frac{\eta}{K_2} u_x = \frac{\rho}{n_2} \left(u_x \frac{\partial u_x}{\partial x} + u_y \frac{\partial u_x}{\partial y} + u_z \frac{\partial u_x}{\partial z} \right) \tag{3.11}$$

与裂缝中流体分析相同，故式(3.11)可化简为：

$$n_2 \frac{\Delta p}{L} + \eta \frac{\mathrm{d}^2 u_x}{\mathrm{d}y^2} - n_2 \frac{\eta}{K_2} u_x = 0 \tag{3.12}$$

求解式(3.12)，得充填物中渗流在x方向的流速：

$$u_x = B_1 \mathrm{e}^{y\sqrt{n_2/K_2}} + B_2 \mathrm{e}^{-y\sqrt{n_2/K_2}} + \frac{\Delta p K_2}{\eta L} \tag{3.13}$$

（3）岩石基质中流体的流速分布

为了便于后面的推导，在此写出岩石基质中的流体连续方程：

$$\frac{\partial w_x}{\partial x} + \frac{\partial w_y}{\partial y} + \frac{\partial w_z}{\partial z} = 0 \tag{3.14}$$

流体的运动方程满足 Brinkman-extended Darcy 方程：

$$-n_1 \frac{\partial p}{\partial x} + \eta \left(\frac{\partial^2 w_x}{\partial x^2} + \frac{\partial^2 w_x}{\partial y^2} + \frac{\partial^2 w_x}{\partial y^2} \right) - n_1 \frac{\eta}{K_1} w_x$$
$$= \frac{\rho}{n_1} \left(w_x \frac{\partial w_x}{\partial x} + w_y \frac{\partial w_x}{\partial y} + w_z \frac{\partial w_x}{\partial z} \right) \tag{3.15}$$

同理，式(3.15)可简化为：

$$n_1 \frac{\Delta p}{L} + \eta \frac{\mathrm{d}^2 w_x}{\mathrm{d}y^2} - n_1 \frac{\eta}{K_1} w_x = 0 \tag{3.16}$$

解得岩石基质中渗流在x方向的流速为：

$$w_x = C_1 \mathrm{e}^{y\sqrt{n_1/K_1}} + C_2 \mathrm{e}^{-y\sqrt{n_1/K_1}} + \frac{\Delta p K_1}{\eta L} \tag{3.17}$$

（4）边界条件的确定

不同介质界面满足速度与剪应力在交界处相等的边界条件，根据图 3-1 所示，具体边界条件是：①岩石基质中流体在$y = -(H - b)$处的流速和裂缝中流体在$y = b$处的流速和剪应力分别相等；②岩石基质中流体和充填物中流体在$y = 0$处的流速和剪应力分别相等；③裂缝中流体和充填物中流体在$y = \xi b$处的流速和剪应力分别相等。

以上边界条件的对应关系如下：

$$\begin{cases} w_x[-(H-b)] = v_x(b), \dfrac{\mathrm{d}v_x}{\mathrm{d}y}\bigg|_{y=b} = \dfrac{1}{n_1}\dfrac{\mathrm{d}w_x}{\mathrm{d}y}\bigg|_{y=-(H-b)} \\[2mm] u_x(0) = w_x(0), \dfrac{1}{n_2}\cdot\dfrac{\mathrm{d}u_x}{\mathrm{d}y}\bigg|_{y=0} = \dfrac{1}{n_1}\cdot\dfrac{\mathrm{d}w_x}{\mathrm{d}y}\bigg|_{y=0} \\[2mm] u_x(\xi b) = v_x(\xi b), \dfrac{1}{n_2}\cdot\dfrac{\mathrm{d}u_x}{\mathrm{d}y}\bigg|_{y=\xi b} = \dfrac{\mathrm{d}v_x}{\mathrm{d}y}\bigg|_{y=\xi b} \end{cases} \tag{3.18}$$

将式(3.18)代入式(3.19)、式(3.13)和式(3.17)，得以下矩阵：

$$\begin{bmatrix} b & 1 & 0 & 0 & -\mathrm{e}^{-\sqrt{n_1/K_1}(H-b)} & -\mathrm{e}^{\sqrt{n_1/K_1}(H-b)} \\ \sqrt{n_1 K_1} & 0 & 0 & 0 & \mathrm{e}^{-\sqrt{n_1/K_1}(H-b)} & \mathrm{e}^{\sqrt{n_1/K_1}(H-b)} \\ 0 & 0 & 1 & 1 & -1 & -1 \\ 0 & 0 & \sqrt{n_1 K_1} & -\sqrt{n_1 K_1} & -\sqrt{n_2 K_2} & \sqrt{n_2 K_2} \\ \xi b & 1 & -\mathrm{e}^{\sqrt{n_2/K_2}\xi b} & -\mathrm{e}^{-\sqrt{n_2/K_2}\xi b} & 0 & 0 \\ \sqrt{n_2 K_2} & 0 & -\mathrm{e}^{\sqrt{n_2/K_2}\xi b} & \mathrm{e}^{-\sqrt{n_2/K_2}\xi b} & 0 & 0 \end{bmatrix} \times$$

$$\begin{bmatrix} A_1 \\ A_2 \\ B_1 \\ B_2 \\ C_1 \\ C_2 \end{bmatrix} = \begin{bmatrix} \dfrac{\Delta p}{2\eta L}(b^2 + 2K_1) \\[2mm] \dfrac{\Delta p}{\eta L}(b\sqrt{n_1 K_1}) \\[2mm] \dfrac{\Delta p}{\eta L}(K_1 - K_2) \\[2mm] 0 \\[2mm] \dfrac{\Delta p}{2\eta L}(\xi^2 b^2 + 2K_2) \\[2mm] \dfrac{\Delta p}{\eta L}(\xi b\sqrt{n_2 K_2}) \end{bmatrix} \tag{3.19}$$

系数 A_1、A_2、B_1、B_2、C_1、C_2 可由式(3.19)求得。

2）在 y 方向的流速分布计算

在分析 y 方向流速分布时同样只考虑 y 方向一维流动，忽略 x 和 z 方向的流速，其他假设与计算 x 方向的流速分布时相同。

裂缝流体满足连续方程与式(3.19)相同，运动方程满足 Navier-Stokes 方程写为：

$$\rho f_y - \frac{\partial p}{\partial y} + \eta\left(\frac{\partial^2 v_y}{\partial x^2} + \frac{\partial^2 v_y}{\partial y^2} + \frac{\partial^2 v_y}{\partial y^2}\right) = \rho\left(v_x\frac{\partial v_y}{\partial x} + v_y\frac{\partial v_y}{\partial y} + v_z\frac{\partial v_y}{\partial z}\right) \tag{3.20}$$

因为只考虑 y 方向的速度，故 $v_x = v_z = 0$，$\partial v_x/\partial x = \partial v_z/\partial z = 0$，根据连续性方程得 $\partial v_y/\partial y = 0$，故水体在 y 方向的流速为一常数。

充填物流体连续方程与式(3.10)相同，运动方程满足 Brinkman-extended Darcy 方程：

$$n_2\rho f_y - n_2\frac{\partial p}{\partial y} + \eta\left(\frac{\partial^2 u_y}{\partial x^2} + \frac{\partial^2 u_y}{\partial y^2} + \frac{\partial^2 u_y}{\partial y^2}\right) - n_2\frac{\eta}{K_2}u_y$$
$$= \frac{\rho}{n_2}\left(u_x\frac{\partial u_y}{\partial x} + u_y\frac{\partial u_y}{\partial y} + u_z\frac{\partial u_y}{\partial z}\right) \tag{3.21}$$

分析同上，则式(3.21)可简化为：

$$\rho f_y - \frac{\mathrm{d}p}{\mathrm{d}y} - \frac{\eta}{K_2}u_y = 0 \tag{3.22}$$

式中：ρf_y——重力项；

dp/dy——水压力项；

$u_y \eta / K_2$——充填物对水的阻力项。

因为$\gamma = \rho f_y$，且dp/d$y = \gamma(\mathrm{d}y - \mathrm{d}h)/\mathrm{d}y = \gamma(1-J)$，代入式(3.22)可得充填物中渗流流速：

$$u_y = \frac{\gamma}{\eta} K_2 J = k_f J \tag{3.23}$$

在岩石基质中，流体满足连续方程与式(3.14)相同，运动方程满足 Brinkman-extended Darcy 方程，记为：

$$n_1 \rho \bar{f}_y - n_1 \frac{\partial p}{\partial y} + \eta \left(\frac{\partial^2 w_y}{\partial x^2} + \frac{\partial^2 w_y}{\partial y^2} + \frac{\partial^2 w_y}{\partial y^2} \right) - n_1 \frac{\eta}{K_1} w_y$$
$$= \frac{\rho}{n_1} \left(w_x \frac{\partial w_y}{\partial x} + w_y \frac{\partial w_y}{\partial y} + w_z \frac{\partial w_y}{\partial z} \right) \tag{3.24}$$

分析同上，式(3.24)可简化为：

$$\rho f_y - \frac{\mathrm{d}p}{\mathrm{d}y} - w_y \frac{\eta}{K_1} = 0 \tag{3.25}$$

式中：$w_y \eta / K_1$——岩石基质对水的阻力项；其余符号意义同前。

同理，可推求得岩石基质在y方向的渗流流速为：

$$w_y = \frac{\gamma}{\eta} K_1 J = k_r J \tag{3.26}$$

3）渗透系数计算

（1）在x方向的渗透性

沿x方向裂隙岩体的平均流速$\bar{v}_x$计算如下：

$$\bar{v}_x = \frac{1}{H} \left(\int_{-(H-b)}^{0} w_x \,\mathrm{d}y + \int_{0}^{\xi b} u_x \,\mathrm{d}y + \int_{\xi b}^{b} v_x \,\mathrm{d}y \right) \tag{3.27}$$

平均流速可参照 Darcy 定律表达式：

$$\bar{v}_x = k_{px} J_x \tag{3.28}$$

式中：k_{px}——部分充填裂缝岩体在x方向的渗透系数（m/s）；

J_x——岩体在x方向的水力梯度（无量纲）。

又有：

$$J_x = \frac{\Delta h}{L} \tag{3.29}$$

$$\Delta p = \gamma \Delta h \tag{3.30}$$

$$k_{px} = K_{px} \frac{\gamma}{\eta} \tag{3.31}$$

联立式(3.28)～式(3.31)解得：

$$K_{px} = \frac{\eta L}{\Delta p} \bar{v}_x \tag{3.32}$$

将边界条件代入式(3.32)化简解得：

$$K_{px} = \frac{1}{H}\left[\frac{K_1^2 - K_2^2}{\sqrt{n_1 K_1} + \sqrt{n_2 K_2}} + K_1\xi b + K_2(H-b) + \frac{b(1-\xi)}{2}(K_1+K_2) + \frac{b^3(1-\xi)^3}{12}\right] \quad (3.33)$$

（2）在y方向渗透性

如图 3.2 所示，在y方向通过裂隙岩体的流量相等，则有：

$$q_y = q_w = q_f = q_r \quad (3.34)$$

即：

$$k_y JA = k_w J_w A = k_f J_f A = k_r J_r A \quad (3.35)$$

总水头损失等于各层水头损失之和，则：

$$\Delta h = LJ = (1-\xi)bJ_w + \xi b i_f + (L-b)J_r \quad (3.36)$$

将式(3.36)代入式(3.35)，解得：

$$k_y = \frac{L}{\frac{(1-\xi)b}{k_w} + \frac{\xi b}{k_f} + \frac{L-b}{k_r}} \quad (3.37)$$

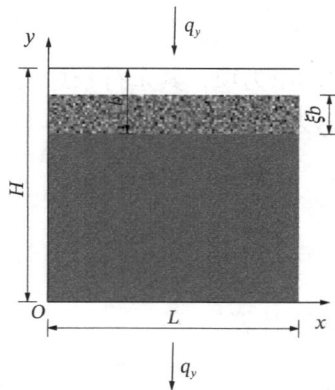

图 3.2　在y方向的渗透示意图

因为$K_w \to \infty$，故裂隙岩体在y方向的渗透系数k_y为：

$$k_y = \frac{L}{\frac{\xi b}{k_f} + \frac{L-b}{k_r}} \quad (3.38)$$

y方向渗透率K_y为：

$$K_y = \frac{L}{\frac{\xi b}{K_2} + \frac{L-b}{K_1}} \quad (3.39)$$

3.3.3　模型试验检验

1）试验模型

目前，并没有系统的岩石渗透试验装置。因此，自行设计制作试验装置，通过浇筑混凝土模拟岩石基质来进行等效渗透试验。试验装置如图 3.3 所示，渗透装置外框是由有机玻璃板制成，内部尺寸长×宽×高＝300mm×200mm×200mm。装置表面左右侧各预留两个孔，一个孔用来连接进（出）水管，另一个孔用来安装测压管。

浇筑混凝土时，打开模型箱一侧的盖子，并在另一侧垫上约 5cm 厚的有机塑料泡沫板，然后在模型箱中间放置一块厚度、大小合适的不透水泡沫板。再在泡沫板两侧均匀地填筑混凝土，在填筑时边填筑边振捣，保持两侧混凝土高度一致，混凝土浇筑结果如图 3.4 所示。

图 3.3 渗透模型箱

图 3.4 混凝土浇筑

2）试验材料

采用浇筑混凝土模拟岩石基质，需要事先准备好浇筑混凝土的原材料。首先将河砂冲洗干净，并筛取粒径 2～5mm 的砂作为浇筑混凝土的骨料。而剩下粒径 0～2mm 的砂作为充填物备用。

为控制一定的水灰比，需要测定砂的含水率，称量待测砂的质量 m_1，然后把砂放入烘干箱 8h，待砂样冷却后称量烘干后的质量 m_2。砂的含水率按式(3.40)计算，计算结果见表 3.3。如表 3.3 所示，测得河砂的含水率为 37.4%，选用 C20 混凝土，按照配合比为水泥：砂：水 = 2：6：1 浇筑混凝土。

$$w = \frac{m_1 - m_2}{m_2} \tag{3.40}$$

另外，需准备聚苯乙烯泡沫板若干，厚度分别为 2mm、10mm、20mm。聚苯乙烯泡沫板具有轻质、低强和憎水的特点，可视为不透水材料，在使用过后可以从混凝土中挖出来形成平行裂缝。泡沫板如图 3.5 所示。

河砂含水率的测定 表 3.3

序号	盒质量 m/g	盒加湿砂质量 m_1/g	盒加干砂质量 m_2/g	水的质量 m_w/g	干土的质量 m_s/g	含水率 w/%	平均含水率 w_{av}/%
1	15.4	58	46.6	11.4	31.2	36.5	
2	15.8	57.6	46.3	11.3	29.5	38.3	
3	15.6	58.8	47	11.8	31.4	37.6	37.4
4	15.2	56.9	45.5	11.4	30.3	37.6	
5	15.4	57.6	46.2	11.4	30.8	37.0	

图 3.5　聚苯乙烯泡沫板

3）混凝土参数的测定

（1）混凝土渗透系数的测定

待混凝土彻底凝固后，取出垫在混凝土下端的泡沫板，按图 3.6 连接好渗透装置，在接口（缝）处进行防渗处理，并根据国家规范规定进行渗透试验。

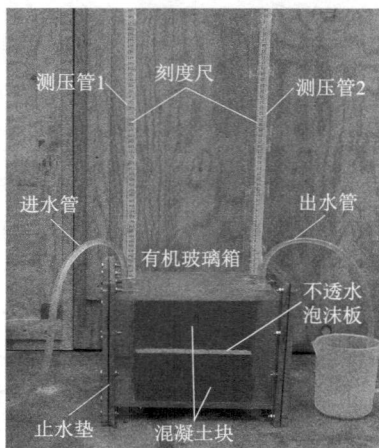

图 3.6　渗透装置

在测定混凝土块渗透系数时，水由供水装置经进水管进入渗透装置，待水渗流稳定时，开始测量。测得的试验数据根据下式计算渗透系数：

$$k = \frac{QL}{A\Delta ht} \tag{3.41}$$

式中：Q——流量（cm^3）；

　　　L——渗径长度（cm）；

　　　A——过水断面面积（cm^2）；

　　Δh——水头差（cm）；

　　　t——集水时间（s）。

（2）混凝土孔隙率的测定

为了防止水在测量孔隙率过程中使水泥继续水化，从而带来物质的迁移及毛细管结构改变等不确定因素，因此采用纯酒精来测量。在进行渗透试验过后，将试验装置中的混凝土块取出，然后在岩石切割机上把其切割成 5cm×5cm×5cm 的试件。再将试件放在 120℃

的烘箱里直至质量恒定后，测得试件的干重 m_d。测量试件的几何尺寸，算得体积 V。然后，将试件放入纯酒精中，在真空泵作用下加速其饱和，测得试件的饱和湿重 m_{sat}。孔隙率的计算公式如下：

$$n = \frac{(m_{sat} - m_d)}{V\rho_{酒}} \times 100（\%）\tag{3.42}$$

式中：$\rho_{酒}$——纯酒精的密度，在 20℃下密度为 $0.7914 \times 10^3 kg/m^3$；

$\quad\quad m_d$——试件的干重（g）；

$\quad\quad m_{sat}$——饱和湿重（g）；

$\quad\quad n$——孔隙率（%）。

4）充填物参数的测定

（1）充填物渗透系数的测定

根据《土工试验方法标准》GB/T 50123—2019 的要求，连接如图 3.7 所示装置，进行常水头渗透试验。金属圆筒内径为 10cm，测压管Ⅰ和管Ⅲ之间距离为 20cm。控制砂样干密度为 16.14kg/cm³ 时，测得填充砂的平均渗透系数为 $3.44 \times 10^{-3} cm/s$，试验结果见表 3.4。根据渗透率 K 与渗透系数 k 之间的关系 $K = k\eta/\gamma_w$，换算获得充填物的渗透率 $K_2 = 3.54 \times 10^{-8} cm^2$。

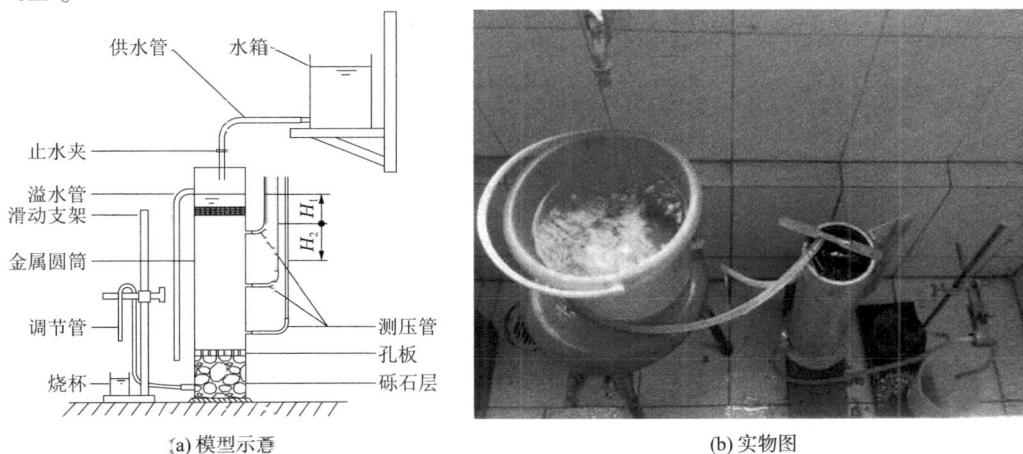

(a) 模型示意　　　　　　　　　　　　　(b) 实物图

图 3.7　Darcy 渗透试验

填充砂的渗透系数试验数据采集表　　　　　　　　　　表 3.4

试验次数	时间 t/s	测玉管水位/cm			水位差/cm			水力坡降 J	流量 Q/cm³	渗透系数 k/（cm/s）
		Ⅰ管	Ⅱ管	Ⅲ管	H_1	H_2	平均 H			
	①	②	③	④	⑤	⑥	⑦	⑧	⑨	⑩
					②－③	③－④	[⑤＋⑥]/2	0.1×⑦		⑨/(A×⑧×①)
1	26	251	178	101	73	77	75	7.5	66	4.00×10^{-3}
2	28	228	145	50	83	95	89	8.9	73	3.73×10^{-3}
3	25	218	133	36	85	97	91	9.1	56	3.13×10^{-3}
4	27	205	117	20	88	97	92.5	9.25	57	2.91×10^{-3}
平均渗透系数 k/（cm/s）										3.44×10^{-3}

（2）充填物孔隙率的测定

充填物孔隙率按下式计算：

$$n = 1 - \frac{\gamma_d}{G_s\gamma_w} \tag{3.43}$$

式中：n——孔隙率（%）；

　　　γ_d——充填物的干重度，$\gamma_d = \rho_d g = 15.82\text{kN/m}^3$；

　　　γ_w——水的重度，取 9.8kN/m^3；

　　　G_s——充填物的相对密度，取 2.65。

代入式(3.43)，计算获得充填物的孔隙率为$n_2 = 1 - \frac{15.82}{2.65 \times 9.8} = 0.39$。

5）部分充填模拟试验结果与分析

部分充填试验需测定混凝土渗透率，试验结果见表 3.5。

混凝土的渗透系数的测定　　　　　　　　　表 3.5

序号	渗径 L/cm	截面面积 A/cm^2	水头差 H/cm	时间 t/s	体积 V/cm^3	渗透系数 k/（cm/s）	渗透率 K/cm^2	平均值 K_1/cm^2
1	20	380	23	3153	600	0.000435	4.49×10^{-9}	4.70×10^{-9}
			20	3144	550	0.000460	4.74×10^{-9}	
			25	3566	800	0.000472	4.86×10^{-9}	
2	20	380	22	4054	600	0.000354	3.65×10^{-9}	3.59×10^{-9}
			21	4164	600	0.000361	3.72×10^{-9}	
			24	3986	600	0.000330	3.40×10^{-9}	
3	20	360	21	2960	750	0.000635	6.54×10^{-9}	6.64×10^{-9}
			22	3105	850	0.000655	6.75×10^{-9}	
			20	3062	750	0.000645	6.64×10^{-9}	

在混凝土渗透试验结束后，打开有机玻璃盖，挖掉不透水泡沫板，形成平行板裂缝，在裂缝一侧放一厚度为 1mm 的有机玻璃板，在另一侧用事先准备好的河砂进行填充。当控制干密度为 16.14kg/cm^3 时，填充物的渗透率为$K_2 = 3.54 \times 10^{-8}\text{cm}^2$，充填物的孔隙率为 39%。充填好后取出有机玻璃板，形成部分充填裂缝。然后，在裂缝物两端用钢丝纱网固定，防止填充砂垮塌或被水带走，影响试验的准确性。按图 3.8 重新连接试验装置，并参照规范规定内容进行渗透试验，试验结果见表 3.6。

等效渗透试验结束后，取出装置中的混凝土块，将其切割成 5cm × 5cm × 5cm 的立方体试样，然后按照酒精法测定混凝土的孔隙率。试验结果见表 3.7。

将前述试验测得的混凝土渗透率K_1和孔隙率n_1、充填物渗透率K_2和孔隙率n_2以及混凝土块的特征尺寸代入理论推求公式，计算出全充填情况渗透率的理论值K_p，再由公式$K = k\eta/\gamma_w$换算出部分充填情况的渗透系数k_p，对比本推求理论解和试验测定值，并计算出理论解与试验值之间的误差，验证所推求表达式的有效性。计算结果见表 3.8。

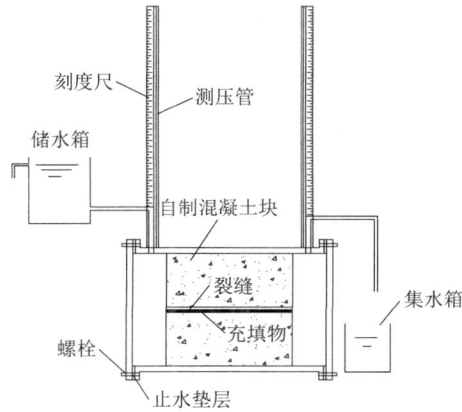

图 3.8　部分充填裂缝岩体渗透试验装置

岩体等效模拟渗透试验结果　　　　　　　　　　　　　　　表 3.6

序号	渗流路径长 L/cm	截面面积 A/cm²	流经流量 Q/cm³	两端水头差 Δh/cm	试验时间 t/s	渗透系数 k/(cm/s)	平均渗透系数 $k_{试验}$/(cm/s)
1	20	400	6000	20	18	0.833	0.673
			6000	15	33	0.606	
			5500	25	19	0.579	
2	20	400	8000	15	42	0.635	0.727
			9000	20	25	0.900	
			10000	25	31	0.645	
3	20	400	6000	15	27	0.741	0.647
			8000	25	26	0.615	
			7500	20	32	0.586	

混凝土孔隙率试验结果　　　　　　　　　　　　　　　表 3.7

序号	V/m³	m_{sat}/kg	m_d/kg	n_i/%	n_1/%
1	1.25×10^{-4}	284.5	282.3	2.20	1.90
	1.25×10^{-4}	285.7	283.8	1.90	
2	1.25×10^{-4}	283.1	281.4	1.70	1.70
	1.25×10^{-4}	283.8	282.1	1.70	
3	1.25×10^{-4}	282.5	280.6	1.90	2.00
	1.25×10^{-4}	283.3	281.2	2.10	

　　从表 3.8 中可以看出，相对于无充填和全充填情况而言，针对部分充填情况推求的理论解与试验值的误差较前两种情况大。但是由理论公式计算的渗透系数和试验测得的渗透系数都处于同一量级，也较好地验证了推求表达式的有效性。而且从表中可以看出，混凝

土的渗透率和孔隙率对整体渗透性的影响较小。

理论计算与试验结果比较（$\xi = 0.95$） 表 3.8

序号	L/cm	B/cm	K_1/cm²	n_1/%	K_2/cm²	n_2/%	K_p/（cm/s）	$k_{试验}$/（cm/s）	误差/%
1	20	2	4.70×10^{-9}	1.90	3.54×10^{-8}	39.0	0.405	0.673	39.82
2	20	2	3.59×10^{-9}	1.70	3.54×10^{-8}	39.0	0.405	0.727	44.29
3	20	2	6.64×10^{-9}	2.00	3.54×10^{-8}	39.0	0.406	0.647	37.25

3.4 部分充填贯通管道岩体多重介质模型

3.4.1 理论模型描述

流体在含贯通管道天然岩体中的运动是三维的，含贯通管道的岩体模型见图3.9。由于岩体内部结构的复杂性，很难对其运动进行精确精细描述。

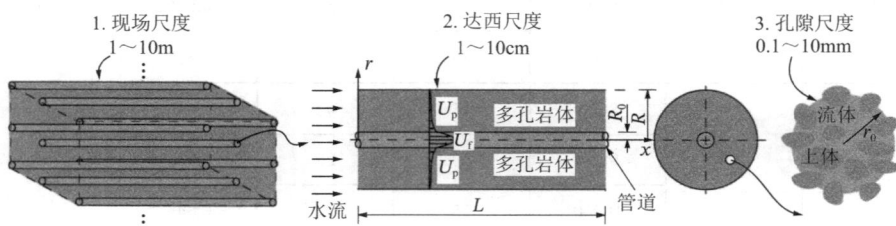

图 3.9　含贯通管道岩体模型

对含部分充填贯通管道岩体内部流体运动的研究，基于以下假设进行理论分析：
（1）流体只沿x方向流动，且沿x方向无限。
（2）流体不可压缩，在通道内充分发展层流。
（3）忽略水头损失和进出口边界的影响。
（4）管道截面为规则圆。
（5）岩体和管道充填物为各向同性多孔介质。

为了简化模型分析，假设水平部分填充贯通管道长度为L，如图3.10所示。简化模型的半径为R，其中填充介质的最远半径为R_1，自由区域半径为R_0。K_1和n_1为轴对称填充多孔介质的渗透率和孔隙度，而K_2和n_2为岩石基质自身的渗透率和孔隙度。模型内管道在x方向的长度为L。

3.4.2 贯通管道中水流流速特征

自由区通道内不可压缩自由流体满足连续方程，记为：

$$\frac{\partial v_{fx}}{\partial x} + \frac{\partial v_{fy}}{\partial y} + \frac{\partial v_{fz}}{\partial z} = 0 \tag{3.44}$$

式中：v_{fx}、v_{fy}、v_{fz}——自由流体在x、y、z方向的实际速度（m/s）。

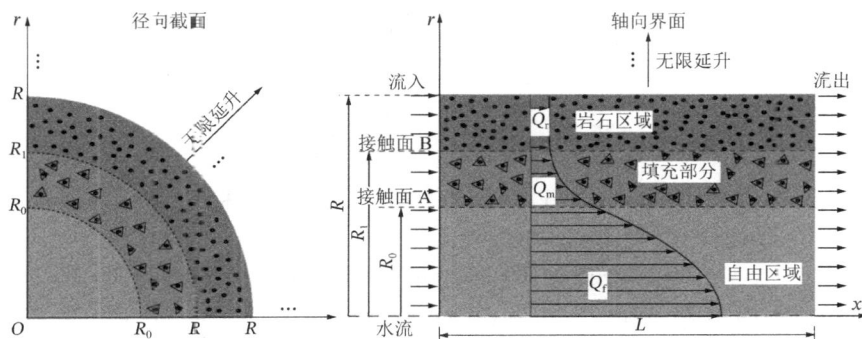

图 3.10　无充填岩体管道模型

自由流体满足 Navier-Stokes 方程，在 x 方向上该方程可以写为：

$$\rho f_x - \frac{\partial p}{\partial x} + \mu\rho\left(\frac{\partial^2 v_{fx}}{\partial x^2} + \frac{\partial^2 v_{fx}}{\partial y^2} + \frac{\partial^2 v_{fx}}{\partial z^2}\right)$$
$$= \rho\frac{\partial v_{fx}}{\partial t} + \rho\left(v_{fx}\frac{\partial v_{fx}}{\partial x} + v_{fy}\frac{\partial v_{fx}}{\partial y} + v_{fz}\frac{\partial v_{fx}}{\partial z}\right) \tag{3.45}$$

式中：f_x——复合通道中流体在 x 方向上的质量力（m/s²），且 $f_x = F_x/m$；

F_x——x 方向力（kN）；

m——质量（kg）；

ρ——流体的密度（kg/m³）；

p——模型中的压力（kPa）；

μ——流体的运动黏度（Pa·s）。

根据基本假设，模型中的流体为层流，向 x 方向流动，因此 $\partial v_{fy}/\partial y = \partial v_{fz}/\partial z = 0$。将 $\partial v_{fy}/\partial y = \partial v_{fz}/\partial z = 0$ 代入式(3.44)，得到 $\partial v_{fx}/\partial x = 0$，因此 $\partial^2 v_{fx}/\partial x^2 = 0$。其中，质量力仅包含重力，因此 x 方向上质量力项 $f_x = 0$。由于模型自由区的自由流体是稳态流，因此 $\partial v_{fx}/\partial t = 0$。于是，根据这些条件，式(3.45)可以简化为：

$$\frac{\partial p}{\partial x} = \mu_f\left(\frac{\partial^2 v_{fx}}{\partial y^2} + \frac{\partial^2 v_{fx}}{\partial z^2}\right) \tag{3.46}$$

式中：μ_f——流体的动力黏度（Pa·s），且 $\mu_f = \rho\mu$；其余符号意义同前。

由式(3.46)可以得出，x 方向水动力压力变化率 $\partial p/\partial x$ 与 x 无关，$-\partial p/\partial x = \Delta P/L$。由于模型在 x 方向上是轴对称的，式(3.46)括号中的项在柱坐标下可以改写为：

$$\frac{\partial^2 v_{fx}}{\partial y^2} + \frac{\partial^2 v_{fx}}{\partial z^2} = \frac{\partial^2 v_{fx}}{\partial r^2} + \frac{1}{r}\cdot\frac{\partial v_{fx}}{\partial r} + \frac{1}{r^2}\cdot\frac{\partial^2 v_{fx}}{\partial \theta^2} \tag{3.47}$$

由于速度 v_{fx} 的分布是轴对称的，所以 $\partial v_{fx}/\partial\theta = 0$。将上述条件代入式(3.47)，可表示为：

$$\mu_f\left(\frac{d^2 v_{fx}}{dr^2} + \frac{1}{r}\cdot\frac{dv_{fx}}{dr}\right) - \frac{dp}{dx} = 0 \tag{3.48}$$

3.4.3　填充介质中渗流流速特征

轴对称填充介质渗流满足连续性方程式(3.49)和 Brinkman-extended Darcy 方程式(3.50)。

$$\frac{\partial v_{px}}{\partial x} + \frac{\partial v_{py}}{\partial y} + \frac{\partial v_{pz}}{\partial z} = 0 \tag{3.49}$$

$$\rho f_x - \frac{\mu_{\mathrm{f}}}{K_1}\upsilon_{px} - \frac{\partial p}{\partial x} + \mu_{\mathrm{eff1}}\left(\frac{\partial^2 \upsilon_{px}}{\partial x^2} + \frac{\partial^2 \upsilon_{px}}{\partial y^2} + \frac{\partial^2 \upsilon_{px}}{\partial z^2}\right)$$

$$= \rho \frac{\partial \upsilon_{px}}{\partial t} + \frac{\rho}{n_1}\left(\upsilon_{px}\frac{\partial \upsilon_{px}}{\partial x} + \upsilon_{py}\frac{\partial \upsilon_{px}}{\partial y} + \upsilon_{pz}\frac{\partial \upsilon_{px}}{\partial z}\right) \tag{3.50}$$

式中：υ_{px}、υ_{py}、υ_{pz}——填充区 x、y、z 三个方向的实际流体速度（m/s）；

$\qquad n_1$——填充介质孔隙度（无量纲）；

$\qquad K_1$——填充介质的渗透率（m^2）；其余符号意义同前。

填充区流体为稳态流，则 $\partial\upsilon_{px}/\partial t = 0$。同理，式(3.50)的最终表达式可以写成：

$$\mu_{\mathrm{eff1}}\left(\frac{\mathrm{d}^2\upsilon_{px}}{\mathrm{d}r^2} + \frac{1}{r}\cdot\frac{\mathrm{d}\upsilon_{px}}{\mathrm{d}r}\right) - \frac{\mathrm{d}p}{\mathrm{d}x} - \frac{\mu_{\mathrm{f}}}{K_1}\upsilon_{px} = 0 \tag{3.51}$$

3.4.4 岩体中渗流流速特征

岩石基质中的渗流满足连续性方程式(3.52)和 Brinkman-extended Darcy 方程式(3.53)。

$$\frac{\partial \upsilon_{rx}}{\partial x} + \frac{\partial \upsilon_{ry}}{\partial y} + \frac{\partial \upsilon_{rz}}{\partial z} = 0 \tag{3.52}$$

$$\rho f_x - \frac{\mu_{\mathrm{f}}}{K_2}\upsilon_{rx} - \frac{\partial p}{\partial x} + \mu_{\mathrm{eff2}}\left(\frac{\partial^2 \upsilon_{rx}}{\partial x^2} + \frac{\partial^2 \upsilon_{rx}}{\partial y^2} + \frac{\partial^2 \upsilon_{rx}}{\partial z^2}\right)$$

$$= \rho \frac{\partial \upsilon_{rx}}{\partial t} + \frac{\rho}{n_2}\left(\upsilon_{rx}\frac{\partial \upsilon_{rx}}{\partial x} + \upsilon_{ry}\frac{\partial \upsilon_{rx}}{\partial y} + \upsilon_{rz}\frac{\partial \upsilon_{rx}}{\partial z}\right) \tag{3.53}$$

式中：υ_{rx}、υ_{ry}、υ_{rz}——流体在岩石基质中 x、y、z 方向的实际速度（m/s）；

$\qquad n_2$——填充介质的孔隙度（无量纲）；

$\qquad K_2$——岩石基质自身的渗透性（m^2）；其余符号意义同前。

由于岩石区流体为稳态流，故 $\partial\upsilon_{rx}/\partial t = 0$。同理，式(3.53)的最终表达式可以写成：

$$\mu_{\mathrm{eff2}}\left(\frac{\mathrm{d}^2\upsilon_{rx}}{\mathrm{d}r^2} + \frac{1}{r}\cdot\frac{\mathrm{d}\upsilon_{rx}}{\mathrm{d}r}\right) - \frac{\mathrm{d}p}{\mathrm{d}x} - \frac{\mu_{\mathrm{f}}}{K_2}\upsilon_{rx} = 0 \tag{3.54}$$

3.4.5 边界条件及解析解

为了简化控制方程的表达式，引入如下无量纲参数：

$$\xi = \frac{r}{R} \tag{3.55}$$

$$M_1 = \frac{\mu_{\mathrm{eff1}}}{\mu_{\mathrm{f}}} \tag{3.56}$$

$$Da_1 = \frac{K_1}{R^2} \tag{3.57}$$

$$S_1 = \frac{1}{\sqrt{M_1 Da_1}} \tag{3.58}$$

$$U = \frac{\upsilon\mu_{\mathrm{f}}}{GR^2} \tag{3.59}$$

$$M_2 = \frac{\mu_{\mathrm{eff2}}}{\mu_{\mathrm{eff1}}} \tag{3.60}$$

$$Da_2 = \frac{K_2}{R^2} \tag{3.61}$$

$$S_2 = \frac{1}{\sqrt{M_2 Da_2}} \tag{3.62}$$

式中： ξ——无量纲半径；

M_1、M_2——饱和流体在多孔介质中的有效黏度与液体动力黏度和饱和黏度之比（无量纲）；

μ_{eff1}、μ_{eff2}——饱和流体在填充介质和岩石基质中的有效黏度（Pa·s）；

Da_1、Da_2——饱和流体在填充介质和岩石基质中的 Darcy 数；

S——固体颗粒形状参数（无量纲）；

U——无量纲速度；

G——x 方向水动力压力的变化率，为一个显示方程，$G = -\partial p / \partial x = \Delta P / L$。

将式(3.55)~式(3.62)代入式(3.50)、式(3.51)、式(3.54)分别得到以下无量纲形式：

$$\frac{\mathrm{d}^2 U_\mathrm{f}}{\mathrm{d}\xi^2} + \frac{1}{\xi}\frac{\mathrm{d}U_\mathrm{f}}{\mathrm{d}\xi} + 1 = 0 \tag{3.63}$$

$$\frac{\mathrm{d}^2 U_\mathrm{p}}{\mathrm{d}\xi^2} + \frac{1}{\xi}\frac{dU_\mathrm{p}}{\mathrm{d}\xi} + \frac{1}{M_1} - S_1^2 U_\mathrm{p} = 0 \tag{3.64}$$

$$\frac{\mathrm{d}^2 U_\mathrm{r}}{\mathrm{d}\xi^2} + \frac{1}{\xi}\frac{\mathrm{d}U_\mathrm{r}}{\mathrm{d}\xi} + \frac{1}{M_2} - S_2^2 U_\mathrm{r} = 0 \tag{3.65}$$

式中：U_f、U_p、U_r——无量纲自由区水流流速、充填区渗流速度和岩石区渗流速度。

求解式(3.63)~式(3.65)得：

$$U_\mathrm{f} = -\frac{1}{4}\xi^2 + A_1 \ln\xi + A_2 \tag{3.66}$$

$$U_\mathrm{p} = \frac{1}{M_1 S_1^2} + B_1 \cdot I_0(S_1\xi) + B_2 \cdot K_0(S_1\xi) \tag{3.67}$$

$$U_\mathrm{r} = \frac{1}{M_2 S_2^2} + C_1 \cdot I_0(S_2\xi) + C_2 \cdot K_0(S_2\xi) \tag{3.68}$$

式中：A_1、A_2、B_1、B_2、C_1、C_2——待定参数；其余符号意义同前；

I_n——n 阶修正贝塞尔函数的第一类（$n = 0,1$）；

K_n——n 阶修正贝塞尔函数的第二类（$n = 0,1$）；修正贝塞尔函数定义见式(3.69)和式(3.70)。

$$I_n(x) = \sum_{m=1}^{\infty} \frac{1}{m!\,\Gamma(m+n+1)}\left(\frac{x}{2}\right)^{2m+n} \tag{3.69}$$

$$K_n(x) = \frac{\pi}{2}\frac{[I_{-n}(x) - I_n(x)]}{\sin(n\pi)} \tag{3.70}$$

式中：Γ——伽马函数。

根据简化的物理模型，边界条件可以表示为：

（1）在管道中心 $\xi = 0$ 处，管道内自由流的速度值最大，此点速度导数为 0，即：

$$\frac{\mathrm{d}U_\mathrm{f}}{\mathrm{d}\xi} = 0 \tag{3.71}$$

（2）在自由流与填充介质交界面 $\xi_1 = R_0/R$ 处，速度和应力连续，即：

$$U_f = U_p \tag{3.72}$$

$$M_1 \frac{dU_p}{d\xi} = \frac{dU_f}{d\xi} \tag{3.73}$$

（3）在填充介质与多孔岩体交界面$\xi_2 = R_0/R$处，速度和应力连续，即：

$$U_p = U_r \tag{3.74}$$

$$M_1 \frac{dU_p}{d\xi} = M_2 \frac{dU_r}{d\xi} \tag{3.75}$$

（4）在岩石任意边界$\xi = r/R$，多孔岩体的渗流速度变化率为0，即：

$$\frac{dU_r}{d\xi} = 0 \tag{3.76}$$

将上述边界条件代入式(3.63)～式(3.65)，可得待定参数A_1、A_2、B_1、B_2、C_1、C_2：

$$A_1 = 0 \tag{3.77}$$

$$A_2 = \frac{1}{M_1 S_1^2} + \frac{\xi_1^2}{4} + I_0(S_1\xi_1) \cdot B_1 + K_0(S_1\xi_1) \cdot B_2 \tag{3.78}$$

$$B_1 = [I_1(S_2\xi_2) \cdot K_1(S_2) - I_1(S_2) \cdot K_1(S_2\xi_2)]a_6 + S_1 S_2 \xi_1 a_2 \tag{3.79}$$

$$B_2 = \frac{I_1(S_1\xi_1)}{K_1(S_1\xi_2) \cdot B_1} + \frac{\xi_1}{2M_1 S_1 \cdot K_1(S_1\xi_1)} \tag{3.80}$$

$$C_1 = \frac{K_1(S_2)}{I_1(S_2)C_2} \tag{3.81}$$

$$C_2 = -I_1(S_2) \cdot \frac{M_2 S_2^2(\xi_1/\xi_2) + a_1}{2M_2 S_1 S_2^2[a_2 - K_1(S_1\xi_1) \cdot (a_3 + a_4)]} \tag{3.82}$$

式(3.77)～式(3.82)中，a_1、a_2、a_3、a_4、a_5、a_6见式(3.83)～式(3.88)。

$$a_1 = 2(M_2 S_2^2 - M_1 S_1^2)[I_1(S_1\xi_2) \cdot K_1(S_1\xi_1) - I_1(S_1\xi_1) \cdot K_1(S_1\xi_2)] \tag{3.83}$$

$$a_2 = M_1 S_1[I_1(S_2) \cdot K_0(S_2\xi_2) + I_1(S_2\xi_2) \cdot K_1(S_2)] \cdot K_1(S_1\xi_2) \tag{3.84}$$

$$a_3 = I_1(S_1\xi_1) \cdot [M_2 S_2 \cdot I_1(S_2\xi_2) \cdot K_0(S_1\xi_2) \cdot K_1(S_2) + a_2 - \\ M_2 S_2 \cdot I_1(S_2) \cdot K_0(S_1\xi_2)K_1(S_2\xi_2)] \tag{3.85}$$

$$a_4 = [M_1 S_1 \cdot I_0(S_2\xi_2) \cdot I_1(S_1\xi_2) - M_2 S_2 \cdot I_0(S_1\xi_2) \cdot I_1(S_2\xi_2)] \cdot K_1(S_2) \tag{3.86}$$

$$a_5 = [M_1 S_1 \cdot I_1(S_1\xi_2) \cdot K_0(S_2\xi_2) + M_2 S_2 \cdot I_0(S_1\xi_2) \cdot K_1(S_2\xi_2)] \cdot I_1(S_2) \tag{3.87}$$

$$a_6 = M_1 S_1 S_2^2 \xi_1 \cdot K_0(S_1\xi_2) + 2(M_2 S_2^2 - M_1 S_1^2) \cdot K_1(S_1\xi_1) \tag{3.88}$$

3.4.6 理论验证

为了验证解析解的有效性，将本模型与经典 Darcy 定律、Poiseuille 定律、Poulikakos-Kazmierczak 模型进行比较。

1）与经典 Darcy 定律对比

Darcy 定律可以写为如下形式：

$$v_D = ki \tag{3.89}$$

式中：v_D——Darcy 平均渗流速度（m/s）；

k——渗透系数（m/s），见式(3.90)；

i——渗流梯度（无量纲），见式(3.91)。

$$k = \frac{K\gamma_{\mathrm{w}}}{\mu_{\mathrm{f}}} \tag{3.90}$$

$$i = \frac{\Delta P}{\gamma_{\mathrm{w}}L} \tag{3.91}$$

式中：K——渗透率（m^2）；

$\quad\gamma_{\mathrm{w}}$——水的重度（$\mathrm{kN/m}^3$）；

$\quad\Delta P$——进水和出水的水压差（kPa）。

将式(3.90)和式(3.91)代入式(3.89)，Darcy 定律可改写为：

$$\upsilon_{\mathrm{D}} = K\frac{\Delta P}{\mu_{\mathrm{f}}L} \tag{3.92}$$

其中，达西因子 $Da = K/R^2$，$G = \Delta P/L$，$V = \upsilon\mu_{\mathrm{f}}/(GR^2)$。将这些无量纲参数代入式(3.92)，结果可化为：

$$V_{\mathrm{D}} = Da \tag{3.93}$$

式中：V_{D}——无量纲 Darcy 速度。

在本模型中，将 ξ_1 设为 10^{-10}，此时自由流可以忽略，模型中仅存在渗流，如图 3.11 所示。当岩体和充填介质的 Da 相等时，本模型在各位置的无量纲速度等于无量纲达西速度 V_{D}。该模型的计算结果与 Darcy 定律的结果总体一致。

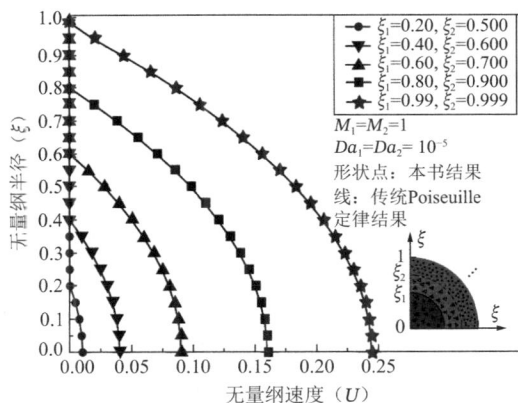

图 3.11 本模型与 Darcy 定律对比

2）与经典 Poiseuille 定律对比

Poiseuille 定律如下：

$$\upsilon_{\mathrm{P}} = \frac{1}{4\mu_{\mathrm{f}}} \cdot \frac{\mathrm{d}P}{\mathrm{d}x}\left(R_0^2 - r^2\right) \tag{3.94}$$

式中：υ_{P}——管道中 Poiseuille 流的速度（$\mathrm{m/s}$）；其余符号意义同前。

将式(3.94)等式两边同时除以 R^2，并且将式(3.53)~式(3.62)中的相关无量纲参数代入式(3.94)，无量纲化的 Poiseuille 流速表示如下：

$$V_{\mathrm{P}} = \frac{1}{4}\left(\xi_1^2 - \xi^2\right) \tag{3.95}$$

式中：V_{P}——管道中无量纲 Poiseuille 流的速度；其余符号意义同前。

当本模型中填充介质和岩体的达西数都设置为 10^{-5} 时，岩体和填充介质中的渗流可以忽略不计，此时仅有自由流在模型中，如图 3.12 所示。在充填区和岩石区速度几乎为 0，在自由区速度与 Poiseuille 定律得到的速度值吻合良好。

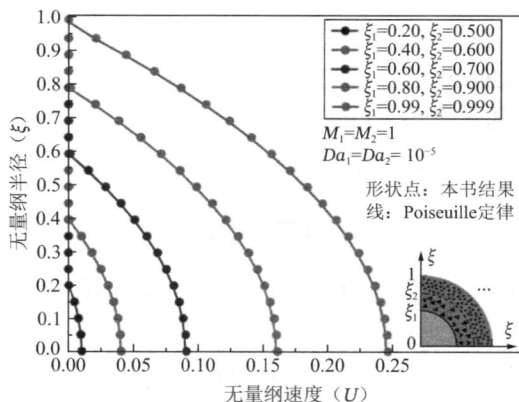

图 3.12 本模型与 Poiseuille 定律对比

3）与 Poulikakos-Kazmierczak 模型对比

此外，本模型的结果还与 Poulikakos 和 Kazmierczak（1987）的结果进行比较。在本模型中，当岩体的 Da 值设为 10^{-5} 时，岩体区渗流可以忽略不计。此时流体仅在自由区和充填区流动，岩体可视为不透水管壁。模型中的速度分布如图 3.13 和图 3.14 所示。结果表明，填充区流速明显小于自由区流速，且与 Da 和 ξ_1 成正相关。本模型的结果与 Poulikakos-Kazmierczak 模型结果相似。

用经典模型很好地验证了本模型的解析解。当管道为全充填情况时，本模型的解析解可退化为经典 Darcy 定律。在本模型中，当充填介质和岩体均为不透水介质时，也可退化为经典的 Poiseuille 定律。此外，在岩体不渗透的情况下，本模型的计算结果与 Poulikakos-Kazmierczak 模型的计算结果吻合较好。

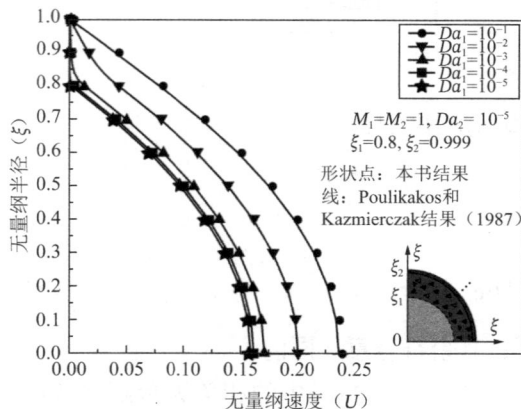

图 3.13 不同 Da 条件下的流速分布

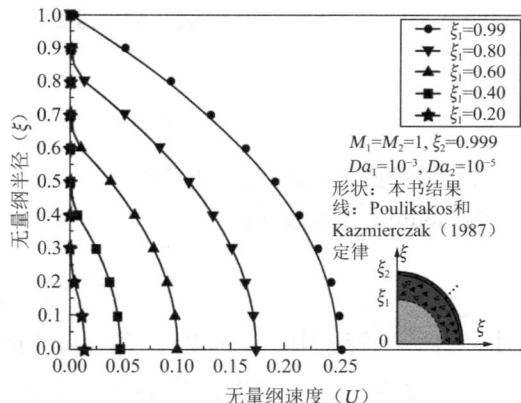

图 3.14 不同 ξ_1 条件下的流速分布

第 **4** 章

岩溶隧道涌水量评估方法

山区岩溶隧道
涌水分析与防控

评估方法

岩溶隧道涌水量评价是隧道工程勘察设计施工关心的重要内容之一。岩溶隧道涌水量计算也是水文地质学科的一个重要理论课题。然而，由于岩溶介质的非均一性、各向异性，计算涌水量往往与隧道实际涌水量相差较大，有时甚至出现数量级的差异。概括来讲，岩溶隧道涌水量评估方法有数学模型、近似法、随机理论、非线性理论四大类方法，并细分若干计算方法（蒋良文等，2021）。隧道涌水量评估的准确性主要取决于对隧道涌水条件的正确分析、计算参数及计算方法的合理选用。通过查明隧址区含水围岩中地下水分布及赋存规律，确定地下水的富集带，然后根据所取得的资料，选取不同的计算方法，分段计算评价隧道的涌水量及危害程度。工程中大多根据水均衡原理，通过对地下水动态规律的研究，分析隧道施工期地下水的均衡，建立某一期间（均衡期）地下水收支之间的均衡变化关系，进而获得施工段隧道可能的涌水量。常用的水均衡法主要有地下径流模数法、大气降水入渗系数法、解析法。精细化描述隧道渗流场及评判涌水发生条件时，可采用有限元、有限差分数值计算理论。

1）地下径流模数法

假设地下径流模数等于地表径流模数，根据大气降水入渗补给的下降泉流量或由地下水补给的河流流量，求出隧道通过地段的地表径流模数，作为隧道流域的地下径流模数，再确定隧道的集水面积，预测隧道的正常涌水量。

一般来讲，在岩溶发育较为均一的区域内，其补给条件一般比较相近。鉴于此，只要求出流域的地下径流模数和圈出隧道的集水面积，把隧道视同暗河，即可求出通过该隧道的地下水涌水量（即暗河径流总量）：

$$Q = 86.4MA \tag{4.1}$$

式中：Q——地下水涌水量（m^3/d）；

M——流域地下径流模数 $[L/(s \cdot km^2)]$；

A——隧道的集水面积（km^2）。

山区河流的枯水期流量，可认为是地下水的补给量。因此，枯水期的地表径流模数近似等于地下径流模数，隧道的涌水量则可以用下式计算：

$$Q = (hQ_cL)/l \tag{4.2}$$

式中：Q_c——地表水枯水期流量（m^3/d）；

L——隧道通过该汇水面积长度（km）；

l——地表水干流长度（km）；

h——干流系数（一般为 0.5～0.6）；其余符号意义同前。

2）大气降水入渗系数法

根据隧道通过地段的年均降水量、集水面积，并考虑地形地貌、植被、地质和水文地质条件，选取合适的降水入渗系数经验值，预测隧道正常涌水量。该方法有一定的适用条件，如果条件适合，预测结果也较为理想。该方法的关键是入渗系数和汇水面积的确定，多用在地下隧道工程可行性研究或初设阶段。隧道涌水量的计算公式为：

$$Q = 2.74\alpha WA \tag{4.3}$$

式中：Q——隧道计算涌水量（m³/d）；

α——降水入渗系数；

W——年降水量（mm）；

A——隧道涌水点的集水面积（km²）。

降水入渗系数的选取必须依据隧道地形地貌、地层岩性、地质构造等条件。当大气降水量较小时，地表水大部分消耗在包气带中，很少能够补给到岩溶含水层，此时实际的入渗系数较小，甚至为0；而当降雨量较大时，雨水在地表迅速形成面流，在岩溶区直接通过地表负地形快速入渗补给含水层，此时的入渗系数极大，暴雨时几乎全部补给含水层。因此，在使用水均衡法求解渗透系数时，应考虑旱季、雨季分别计算。

大气降水入渗系数法的关键是查明隧道区范围内地下水的补给、排泄条件（即均衡要素的测定），合理确定均衡项目、建立均衡式进行计算。该法能给出任意条件下进入施工地段总的"可能涌水量"，但不能用来计算单独隧道某段的涌水量。天然条件下的水均衡关系在隧道施工过程中常常遭到破坏，如强烈的疏干降压使地下水运动速度和水力坡降增大等，使预测计算结果准确度受到影响。

大气降水入渗系数法虽然有种种不足，但其最大的特点就是在查明有保证的补给来源情况下，能确定隧道的极限涌水量值，当施工地段地下水的形成条件较简单时，采用水均衡法有良好的效果。

3）解析法

解析法可用于预测隧道疏干后的影响半径计算和涌水量计算。影响半径的计算采用《环境影响评价技术导则 地下水环境》HJ 610—2016中的计算公式：

$$R = H\sqrt{\frac{K}{2W}\left[1 - \exp\left(\frac{-6Wt}{\mu H}\right)\right]} \tag{4.4}$$

式中：R——影响半径（m）；

H——潜水含水层厚度（m）；

K——含水层渗透系数（m/d）；

W——降水补给强度（m/d）；

μ——重力给水度（无量纲）；

t——排水时间（d）。

涌水量预测解析法又称地下水动力学法，是根据地下水动力学原理，用数学解析的方法对给定边界值和初值条件下的地下水运动建立解析式，而达到预测隧道涌水量的目的。在实际工程中，根据隧道工程的特点，结合裘布依稳定流公式和泰斯非稳定流公式，总结出了众多隧道涌水量预测经验公式。根据《铁路工程水文地质勘察规范》TB 10049—2014，采用狭长水平坑道法、裘布依理论式、佐藤邦明经验式、落合敏郎法、柯斯嘉科夫法计算正常涌水量，采用狭长水平坑道法、佐藤邦明非稳定流式、古德曼经验式、大岛洋志公式计算最大涌水量。这些公式一般都需要地层的渗透系数K，水位埋深，隧道影响宽度等一系列相关的参数。地下水动力学方法适合范围较为广，但是需求的参数众多，而且参数也存在一定的经验性。若参数确定，其计算精度较为精细；反之，若参数存在不确定性，其获得的结果也是值得商榷的。该法适用阶段为初勘、详勘阶段。

狭长水平坑道方法进行计算，计算公式如下：

$$Q_1 = \frac{KB}{2}\left[\frac{h_1^2}{R_1} + \frac{h_2^2}{R_2} + \frac{2\pi S}{\ln\frac{2T}{\pi b} + \frac{\pi R_1 R_2}{T(R_1 + R_2)}}\right] \tag{4.5}$$

式中：$h_1 = H_1 - T$；

$h_2 = H_2 - T$；

Q_1——不考虑降雨时的水平坑道涌水量（m³/d）；

K——渗透系数（m/d）；

B——水平坑道的长度（m）；

R_1、R_2——坑道在补给方向和排泄方向上的影响宽度或为坑道至补给边界、排水边界之距离（m）；

S——水平坑道的水位降深（m）；

T——坑道底部到隔水底板的距离（m）；

b——坑道底部的宽度（m）。

狭长水平坑道方法还需考虑降雨入渗补给对平洞涌水量的影响，计算如下：

$$Q_2 = \frac{\alpha'(P - E)}{100 \times 30} \cdot F \tag{4.6}$$

式中：Q_2——降雨增加的平洞涌水量（m³/d）；

α'——有效降雨入渗补给系数；

P——月平均降雨量（mm）；

E——月平均蒸发量（mm）；

F——面积（m²）。

总的隧道涌水量为Q_1和Q_2两项之和，即：$Q = Q_1 + Q_2$。

主要解析法的计算公式见表 4.1。涌水量预测准确性主要取决于对隧道充水条件的正确分析及计算参数、计算方法的合理选用，各种涌水量计算方法适用条件不同。根据隧址区地形地貌条件、岩溶发育特征、含水层地下水的分布及赋存情况，通过对比，最终确定对依托隧道选用地下径流模数法、大气降水入渗系数法、经验法计算涌水量，对处于潜水位以下的隧道可选用解析方法对涌水量进行计算。

涌水量解析法预测计算公式　　　　　表 4.1

方法	公式	适用范围	符号意义	参数取值依据
地下径流模数法	$Q_s = MA$ $M = Q_l F$	隧道通过地表水体	Q_s——隧道通过地表水体地段的正常涌水量（m²/d）； M——地下径流模数 [m³/(d·km²)]； Q——地下水补给河流的流量或下降泉流量（m³/d），采用枯水期流量计算； F——与Q的地表水或下降泉流量相当的地表流域面积（km²）	结合实地调查选取

方法	公式	适用范围	符号意义	参数取值依据
水均衡法	$Q_s = 10^3 \alpha WA/365$	隧道通过岩溶区	Q_s——隧道通过岩溶含水体地段的正常涌水量（m²/d）； A——隧道通过含水体地段的集水面积（km²）； α——降水入渗系数，按岩溶发育程度确定，宜采用0.3~0.5； W——涌水量计算时段的多年平均降水量（mm）	结合实地调查选取
裘布依理论公式	$Q_s = KL(H^2 - h^2)/(R-r)$ $R = 2H(KH)^{1/2}$	隧道通过潜水含水体	Q_s——预测隧道通过含水体稳定涌水量（m³/d）； K——岩体的渗透系数（m/d）； H——含水层中原始静水位至隧道底板的垂直距离（m）； L——隧道通过含水层的长度（m）； R——隧道涌水影响半径（m）； r——隧道洞身横断面的等价圆半径（m），单隧道经验取值3.5m，双隧道经验取值7m； h——隧道内排水沟假设水深（m），根据经验取值1m	K根据钻孔结合实地调查选取；H取该段平均距离
科斯加可夫公式	$Q_s = (2aKh_0L)/(\ln R - \ln r)$ $\alpha = (\pi/2) + (H_0/R)$ $R = 2H_0(KH_0)^{1/2}$	隧道通过潜水含水体	Q_s——预测隧道通过潜水含水体稳定涌水量（m³/d）； K——岩体的渗透系数（m/d）； H_0——原始静水位至洞身横截面等效圆中心的距离（m）； s——地下水位降深（m）； L——隧道通过含水层的长度（m）； R——隧道涌水影响半径（m）； r——隧道洞身横断面的等价圆半径（m），单隧道经验取值3.5m，双隧道经验取值7m	K根据钻孔结合实地调查选取；H_0取该段平均距离

4）参数取值

涌水量评估的准确性主要取决于对隧道充水条件的正确分析及计算参数的合理选用。关于隧道涌水量的计算涉及一些参数的选取，比如地下径流模数M、入渗系数α。这些参数的确定是涌水量计算的关键。因此，在进行涌水量计算前，需要进行参数的选取。

（1）地下径流模数M

地下径流模数M也称"地下径流率"，是1km²范围含水层分布面积上地下水的径流量，表示一个地区以地下径流形式存在的地下水量的大小。地下径流模数可用以下公式进行计算：

$$M = \frac{Q}{F} \tag{4.7}$$

式中：M——地下径流模数［L/(s·km²)］；

　　　Q——地下水补给的河流的流量或下降泉流量（L/s），采用枯水期流量计算；

　　　F——与Q的地表水或下降泉流量相当的地表流域面积（km²）。

（2）入渗系数α

入渗系数α指降水入渗补给量与相应降水量的比值。降水入渗系数α的变化范围在0~1之间。不同地区具有不同的α值，即使同一地区不同时段α值也不尽相同。因此，可根据不同的计算时段，确定相应的降水入渗补给系数，见表4.2的降水入渗系数经验值。需注意的是,对于隧道区域岩溶发育,隧道涌水若由灌入式补给造成,入渗系数应比经验值略大。

另外,当大气降水量较小时,其大部分消耗在包气带中,很少能够补给到岩溶含水层,此时实际的入渗系数较小,甚至为 0;而当降雨量较大时,雨水在地表迅速形成面流,在岩溶区直接通过地表负地形快速入渗补给含水层,此时的入渗系数极大,暴雨时几乎全部补给含水层。因此,在使用水均衡法求解渗透系数时,应考虑按照旱、雨两季分别求解。

降水入渗系数 α 的经验值　　　　表 4.2

类别	名称	降雨入渗系数α	类别	名称		降雨入渗系数α
土类	粉质黏土	0.01～0.02	裂隙透水岩类	裂隙发育程度	微弱	0.01～0.02
	砂质粉土	0.02～0.05			较弱	0.02～0.05
砂类	粉砂	0.05～0.08			中强	0.05～0.10
	细砂	0.08～0.12			较强	0.10～0.15
	中砂	0.12～0.15			极强	0.15～0.25
	粗砂	0.15～0.20	可溶岩类	岩溶发育程度	微弱	0.01～0.03
	砂砾石	0.20～0.25			较弱	0.03～0.07
	砂卵石	0.25～0.30			中强	0.07～0.15
					较强	0.15～0.25
					极强	0.25～0.40

（3）渗透系数 K

渗透系数又称水力传导系数。在各向同性介质中,它定义为单位水力梯度下的单位流量,表示流体通过孔隙骨架的难易程度。可通过压水试验计算或经验值得出。渗透系数经验值见表 4.3。对于富水含贯通管缝岩体的渗流场及等效渗透系数,在第 3 章做了理论分析及检验,也可参照我们提出的理论方法进行评估。

渗透系数 K 的经验值　　　　表 4.3

沉积岩	渗透系数 K /（cm/s）	渗透系数 K /（m/d）
岩溶和礁灰岩	$1 \times 10^{-6} \sim 2 \times 10^{-2}$	$8.64 \times 10^{-4} \sim 17.28$
灰岩、白云岩	$1 \times 10^{-9} \sim 6 \times 10^{-6}$	$8.64 \times 10^{-7} \sim 5.18 \times 10^{-3}$
砂岩	$3 \times 10^{-10} \sim 6 \times 10^{-6}$	$2.59 \times 10^{-7} \sim 5.18 \times 10^{-3}$
泥岩	$1 \times 10^{-11} \sim 1 \times 10^{-8}$	$8.64 \times 10^{-9} \sim 8.64 \times 10^{-5}$
硬石膏	$4 \times 10^{-13} \sim 2 \times 10^{-8}$	$3.46 \times 10^{-10} \sim 1.73 \times 10^{-5}$
页岩	$1 \times 10^{-13} \sim 2 \times 10^{-9}$	$8.64 \times 10^{-11} \sim 1.73 \times 10^{-6}$
可透水的玄武岩	$4 \times 10^{-7} \sim 3 \times 10^{-2}$	$3.46 \times 10^{-4} \sim 25.92$
裂隙火成岩和变质岩	$8 \times 10^{-9} \sim 3 \times 10^{-4}$	$6.91 \times 10^{-6} \sim 2.59 \times 10^{-1}$
风化花岗岩	$3 \times 10^{-6} \sim 3 \times 10^{-5}$	$2.59 \times 10^{-3} \sim 2.59 \times 10^{-2}$
风化辉长岩	$6 \times 10^{-7} \sim 3 \times 10^{-6}$	$5.18 \times 10^{-4} \sim 2.59 \times 10^{-3}$
玄武岩	$2 \times 10^{-11} \sim 3 \times 10^{-7}$	$1.73 \times 10^{-8} \sim 2.59 \times 10^{-3}$
无裂隙火成岩和变质岩	$3 \times 10^{-14} \sim 3 \times 10^{-10}$	$2.59 \times 10^{-11} \sim 2.59 \times 10^{-7}$

（4）集水面积A

集水面积一般指流域面积，是指支撑一条河道永久性存在所需要的最小面积，它仍是科研需解决的问题，有待于进一步深入研究确定。根据浅埋～埋深 500m 的岩溶隧道观测成果，影响距离可以从 0.3～2.5km，集水面积大小与隧道埋深和岩溶发育贯通程度有关。

当水文地质条件简单时，可以地形图为参考，按水文地质块段分区图中以分水岭和岩性圈定汇流面积计算汇流量，所覆盖的面积结合现场调查和隧道涌水量预测址区地表汇水情况，通过 GIS 勾画出地形图汇水区。当水文地质条件复杂时，事先加强涌水量初估，为后期的计算提供参照，结合水文地质单元、岩性构造、地貌植被等综合分析，划分集水面积。在此介绍两种地质条件的初估方法。对于封闭岩溶洼地，隧道与地表有良好的垂直水力联系时，集水面积可使用封闭岩溶洼地的汇水面积；对于隧道顶部有暗河存在并与暗河有良好的垂直水力联系时，整体的集水面积在上游使用汇水面积并与下游集水面积之和，并考虑降雨量全部涌入隧道的涌水量，其最大涌水量在日降大暴雨（如降雨量 100mm/d）时，相当于上述面积降雨全部涌入隧道，即每 1km^2 相当隧道涌水量近于 1 个流量（$1m^2/s = 864 \times 10^4 m^2/d$）。

4.2

计算说明

有关有限元、有限差分渗流计算的软件很多，在此以有限元软件 Geo-Studio 为例作一介绍。Geo-Studio 有限元数值模拟分析软件是 20 世纪 70 年代由加拿大著名岩土软件开发商公司面向岩土工程、水利工程、地质工程以及公路工程等相关领域开发的一套仿真分析软件。它包括边坡稳定性分析模块（Slope/W）、岩土应力应变分析模块（Sigma/W）、渗流分析模块（Seep/W）、地震应力-应变分析模块（Quake/W）、地下热传递分析模块（Temp/W）、污染物运移分析模块（Ctran/W）、水-气两相流分析模块（Air/W）以及地表环境下非饱和区渗流分析模块（Vadose/W），共计 8 个模块，功能强大适用于各种工况和不同条件下的耦合计算。

Geo-Studio 的渗流分析模块（Seep/W）是基于地下水动力学计算原理。Geo-Studio 有限元数值模拟分析软件，可将所有模块在同一界面下运行，这意味着只需建立一个边坡模型，就可以在所有分析模块中使用，从而同时对综合的岩体工程问题，如渗流、稳定、应力变形、动力效应等进行耦合分析。隧道渗流及涌水计算采用 Geo-Studio 中的 Seep/W 模块，该模块的地下水运动计算原理介绍如下。

在地下水二维模型中，根据水文地质条件和地质结构，把渗流模型简化为非均质各向同性渗流，地下水渗流问题满足 Darcy 定律，建立非均质各向同性渗流，渗流方程为：

$$k(x,y)\frac{\partial^2 H}{\partial x^2} + k(x,y)\frac{\partial^2 H}{\partial x^2} = \frac{1}{2} \tag{4.8}$$

第一类边界条件：$H(x,y)|_{\Gamma_1} = \varphi_1(x,y), (x,y) \in \Gamma_1$

第二类边界条件：$\frac{\partial H(x,y)}{\partial n}\big|_{\Gamma_1} = q_0(x,y), (x,y) \in \Gamma_2$

式中：　　　　　　n——边界的外法线方向；

$H(x)$——模型区域内任一点(x, y)的水头；

$\varphi_1(x, y)$和$q_0(x, y)$——已知函数。第二类边界条件考虑浸润线的条件下进行计算。

有限元计算基本原理。首先设定渗流区为Ω离散为m个单元，设定典型单元e的子区域为Ω_e，Ω_e内设定水头H，其表达式为：

$$H = \sum_{i=1}^{n_e} N_i(x, y) H_i(t) \tag{4.9}$$

式中：N_i——称为基函数（又称形函数，插值函数），N_i为t时刻$H_i(t)$在单元各节点的值；

n_e——单元e上的节点数。

Ω分解为各单元之和，Γ_2分解为各线元之和，于是有：

$$I(H) \sum_{e=1}^{m} I^e(H) = \sum_{e=1}^{m} \iint \left\{ \frac{T}{2} \left[\left(\frac{\partial H}{\partial x} \right)^2 + \left(\frac{\partial H}{\partial y} \right)^2 \right] + \left(s \frac{\partial H}{\partial t} - w \right) \right\} \mathrm{d}x\,\mathrm{d}y - \int_{\Gamma_2} qH\,\mathrm{d}s \tag{4.10}$$

式中：$I(H)$——为各节点水头$H_1, H_2, \cdots, H_{Nn}$的函数。且有如下表述：

$$I(H) = I(H_1, H_2, \cdots, H_{Nn}) \tag{4.11}$$

故极值条件为：

$$\frac{\partial I}{\partial H_i} = \sum_{e=1}^{m} \frac{\partial I^e}{\partial H_i} = 0 \tag{4.12}$$

第 **5** 章

含管缝岩体渗透与隧道涌水模型试验

山区岩溶隧道
涌水分析与防控

模拟含管缝岩体渗透试验

5.1.1　试验材料说明

为模拟含孔隙结构岩体，试验选用实心黏土砖为模拟材料。黏土砖以黏土、煤矸石、页岩等粉料为主要原料，经泥料处理、成型、干燥和焙烧而成。实心黏土砖具有应用广泛、取材方便、价格便宜、经久耐用等优点，还具有多孔多裂隙的特点。因此，设想用普通烧结砖来模拟岩石基质，用砖的堆叠来模拟岩石的层状特点。通过对其不处理、钻孔、填充或表面刷水泥浆的方式来制备与现场管缝结构岩体渗透性一致的试验砖样。

孔隙结构中往往存在较多的填充物质。当用砂作为充填物时，没有加胶凝剂，所以实际上是一种散粒体在岩体孔隙结构中的堆填。水在颗粒与颗粒之间的间隙中流动，太粗的颗粒使得间隙很大，水的流动成为管流，太细的砂粒可能阻塞渗水通道，降低材料透水能力。

根据以往经验（刘擎波，2012；Gan 和 Fredlund，2000），有如表 5.1 所示关于各种粒径土质的渗透系数的参考值。表 5.1 中d_{20}表示在级配曲线中纵坐标值为 20% 所对立的粒径。试验先选用 0.25～5mm 的河砂，进行砂的渗透试验，若不能满足渗透系数控制要求，再筛取1～5mm 的砂粒进行试验。

各种粒径土质渗透系数参考值　　　　　　　　　　　　　　　　表 5.1

颗粒粒径d_{20}/mm	渗透系数k/（cm/s）	土质分类	颗粒粒径d_{20}/mm	渗透系数k/（cm/s）	土质分类
0.005	3.0×10^{-6}	粗粒黏土	0.14	3.80×10^{-3}	
0.01	1.05×10^{-5}	细粉砂	0.16	5.10×10^{-3}	
0.02	4.00×10^{-5}		0.18	6.85×10^{-3}	细砂
0.03	8.50×10^{-5}	粗粉砂	0.20	8.9×10^{-3}	
0.04	1.75×10^{-4}		0.25	1.40×10^{-2}	
0.05	2.80×10^{-4}		0.30	2.20×10^{-2}	
0.06	4.60×10^{-4}		0.40	4.50×10^{-2}	中砂
0.07	6.50×10^{-4}		0.50	7.50×10^{-2}	
0.08	9.00×10^{-4}	极细砂	0.60	1.10×10^{-1}	
0.09	1.40×10^{-3}		0.80	2.15×10^{-1}	粗砂
0.10	1.75×10^{-3}		1.00	3.60×10^{-1}	
0.12	2.60×10^{-3}	细砂	2.00	1.8	砾石

5.1.2　试验材料渗透试验

1）模拟岩体材料

模拟岩体材料选取实心黏土砖。黏土砖的标准规格为 240mm × 115mm × 53mm，属于长方体结构。砖的表面粗糙多孔隙，用普通胶结材料不能达到密封的目的，实验室中也暂无合适渗透装置可用于测定成型原样砖的渗透系数。为解决此问题，自制了用于测定实心黏土砖渗透系数的试验装置。采用混凝土作为胶结材料。混凝土的渗水透水能力与水灰比之间存在着正相关关系，即水灰比越大渗水性越大。当水灰比较小时，混凝土自身的结构将变得致密，原生裂缝减少，毛细孔的孔径也会减小。由水泥产生的水化物堵塞局部毛细孔通道，使得水的流动受阻。前人研究表明，混凝土的渗透能力在 $10^{-9} \sim 10^{-8}$ cm/s，表 5.2 为混凝土抗渗等级与渗透系数的关系（杨杨和钱晓倩，2020；郝哲，2007）。

自制试验装置如图 5.1 所示，主要由进水装置、渗透装置、集水装置构成。其他所需器材为丁字尺、烧杯、500mL 量筒、100mL 量筒、秒表、注射器。

混凝土抗渗等级与渗透系数的关系 表 5.2

混凝土抗渗等级	渗透系数k/（cm/s）	混凝土抗渗等级	渗透系数k/（cm/s）
P4	3.91×10^{-8}	P10	7.83×10^{-9}
P6	1.96×10^{-8}	P12	2.16×10^{-9}
P8	1.06×10^{-8}	> P12	1.77×10^{-9}

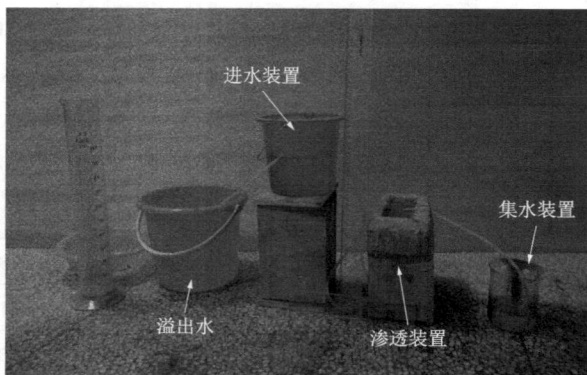

图 5.1 自制渗透试验装置图

其中，渗透装置的制作需采用模具。模具采用木板制作，如图 5.2（d）所示，外框尺寸长 × 宽 × 高 = 21cm × 12cm × 13cm，内框尺寸为长 × 宽 × 高 = 11cm × 5cm × 9cm。模具一侧距底部 5～6cm 高处钻孔作为进水管的埋设位置，从下侧进水，向上渗水。浇筑混凝土时，内框上部与外框上部齐平，如图 5.2 所示放置。框底混凝土浇筑厚度 4cm，将周围及底部浇筑成一个整体，这样可以避免材料搭接造成的裂隙渗水。

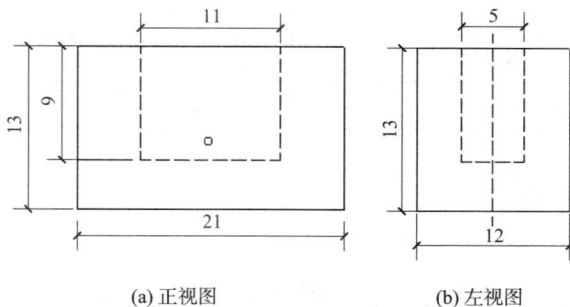

(a) 正视图   (b) 左视图

(c) 俯视图   (d) 实体图

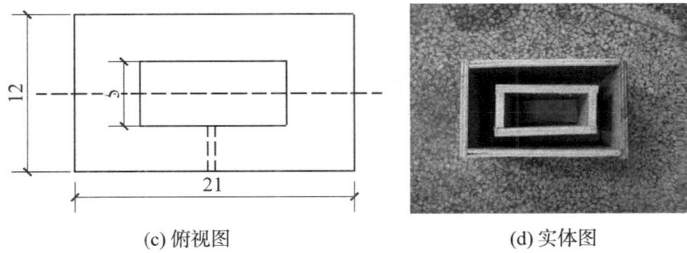

图 5.2 单砖的渗透试验装置设计

将要用于试验的砖的四个较小截面（尺寸 210mm × 53mm 有两个，尺寸 115mm × 53mm 有两个）用水泥浆反复涂刷直至表面孔洞全部被堵死，然后将尺寸 210mm × 115mm 的截面作为过水断面，53mm 尺寸方向作为渗径长度，砌于做好的框架上，形成一个整体。这里需注意粘接的紧密度，以保证水不会在压力下从接缝处渗出。在砖的上表面四周用水泥砂浆制作 1.5cm 左右高度的围堰，并在贴近砖的上表面位置埋设出水管，方便将其接入烧杯，在试验中收集渗出水。为了保证试验可靠性，装置除过水断面外全部用水泥浆均匀护面，养护待干备用。浇筑后的装置如图 5.3 所示。

根据规范渗透试验要求，按图 5.3（d）所示连接试验装置，按渗透试验操作规程进行试验。从砖样表面渗出的水能顺利收集，并测出所需时间 t 内的渗流量 Q。试验操作步骤与土工渗透试验操作步骤一致，但需要注意几点：对于同一试样，通过垫高的方式改变进水容器的高度来改变水头差 h；记录时间 t 以渗流稳定即砖表面全部浸湿能看见水花时开始计时，到烧杯中有一定体积水时截止，记录时间不宜过短；试验结束时需要用注射器将围堰内的水吸取并注入烧杯或量筒，计入渗流量 Q；在渗透试验过程中，必须将试样通过煮沸或者真空来排气。

(a)   (b)   (c)   (d)

图 5.3 单砖的渗透试验装置

所得试验结果如表 5.3 所示。由表 5.3 可知，实心黏土砖在自然状态下的渗透系数量级为 10^{-6} cm/s。

黏土砖在自然状态下的渗透系数   表 5.3

试验样品	过水断面面积 A/cm²	渗径 L/cm	流量 Q/cm³	水头差 h/cm	稳定后记录 t/s	渗透系数 k/（cm/s）
1	55	5.3	80.0	27	85200	3.35×10^{-6}
2	55	5.3	86.0	33	86400	2.91×10^{-6}
3	55	5.3	82.0	33	86400	2.77×10^{-6}
4	55	5.3	149.2	41	124800	2.81×10^{-6}
5	55	5.3	49.0	41	34800	3.31×10^{-6}

试验样品	过水断面面积A/cm^2	渗径L/cm	流量Q/cm^3	水头差h/cm	稳定后记录t/s	渗透系数k/（cm/s）
6	55	5.3	99.0	46	86100	2.41×10^{-6}
7	55	5.3	100.8	40	77400	3.14×10^{-6}
8	55	5.3	109.0	37	105660	2.69×10^{-6}
9	55	5.3	125.0	42	97560	2.94×10^{-6}
10	55	5.3	97.3	31	86700	3.49×10^{-6}
平均渗透系数k/（cm/s）						2.982×10^{-6}

2）模拟管缝内充填材料

模拟管缝内充填砂级配曲线如图 5.4 所示。根据土工试验国家标准的操作规程，采用图 5.5 所示试验装置对充填砂进行常水头试验。

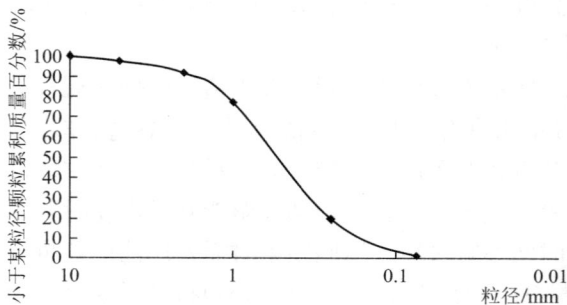

图 5.4　砂的级配曲线

图 5.5　渗透试验装置

经对粒径范围为 $0.25 \leqslant d \leqslant 5$mm 的充填砂开展渗透试验，所得试验结果如表 5.4 所示。表 5.4 中干密度试验取 $V = 178$cm^3，质量 $m = 287.3$g，密度 $\rho = 1.614$g/cm^3。按照试验规范，在分三次装填试样时，每次装填的量是 1008g，装好后试样总质量为 $m_1 = 3024$g，体积 $V_1 = 70 \times 27 = 1890$cm^3；测压孔间距 10cm，试样高度 27cm，试样截面面积 70cm^2。

充填砂的渗透试验　　　　表 5.4

试验次数	时间 t/s	测压管水位/cm			水位差/cm			水力坡降 J	流量 Q/cm^3	渗透系数 k/（cm/s）
		Ⅰ管	Ⅱ管	Ⅲ管	H_1	H_2	平均H			
		②	③	④	⑤	⑥	⑦	⑧	⑨	⑩
①	①	②	③	④	②－③	③－④	[⑤＋⑥]/2	$0.1 \times$⑦		⑨/($A \times$⑧$\times$①)
1	26	251	188	115	63	73	68	6.8	66.0	5.33×10^{-3}
2	28	228	145	50	83	95	89	8.9	73.0	4.18×10^{-3}
3	28	218	133	36	85	97	91	9.1	56.0	3.14×10^{-3}
4	28	205	117	20	88	97	92.5	9.25	57.0	3.14×10^{-3}
平均渗透系数k/（cm/s）										3.95×10^{-3}

对粒径 < 5mm 的充填砂进行渗透试验，所得试验结果如表 5.5 所示。表 5.5 中干密度试验取 $V = 178.0$cm^3，质量 $m = 289.3$g，得密度 $\rho = 1.625$g/cm^3；在分三次装填试样时，每

次装填的量是 1024g。装好后试样总质量为$m_1 = 3072$g，体积$V_1 = 1890$cm^3；测压孔间距 10cm，试样高度 27cm，试样截面面积 70cm^2。

裂隙充填砂的渗透系数试验　　　　表 5.5

试验次数	时间 t/s	测压管水位/cm			水位差/cm			水力坡降 J	流量 Q/cm^3	渗透系数 k/（cm/s）
		Ⅰ管	Ⅱ管	Ⅲ管	H_1	H_2	平均H			
	①	②	③	④	⑤	⑥	⑦	⑧	⑨	⑩
					②−③	③−④	[⑤+⑥]/2	0.1×⑦		⑨/(A×⑧×①)
1	95	233	158	68	75	90	82.5	8.25	38.0	6.58×10^{-4}
2	100	230	152	64	78	88	83.0	8.30	40.5	6.97×10^{-4}
3	143	233	150	68	83	82	82.5	8.25	73.0	8.84×10^{-4}
平均渗透系数k/（cm/s）										7.46×10^{-4}

5.1.3　模拟含圆管结构岩体渗透试验

1）等效渗透系数计算

模拟隧道沿线渗透系数为 $10^{-5} \sim 10^{-4}$cm/s。试验选用渗透系数最大值 10^{-4}cm/s 的情况，探讨隧道开挖过程中涌水和水位降低的情况随时间变化的关系。由于前述试验得到普通砖在自然状态下的渗透系数的数量级为 10^{-6}cm/s，低于最大值 10^{-4}cm/s。因此，采取将砖打孔，然后用填充方式增大其渗透能力，以模拟隧道岩体渗透系数。同时，考虑到后续试验的可行性，试验砖上钻孔直径 30mm，孔与孔、孔与砖的边缘之间的距离如图 5.6 所示。

现已知实心黏土砖的平均渗透系数$k_1 = 2.982 \times 10^{-6}$cm/s，隧道岩体等效渗透系数$k_0 = 6.52 \times 10^{-4}$cm/s。

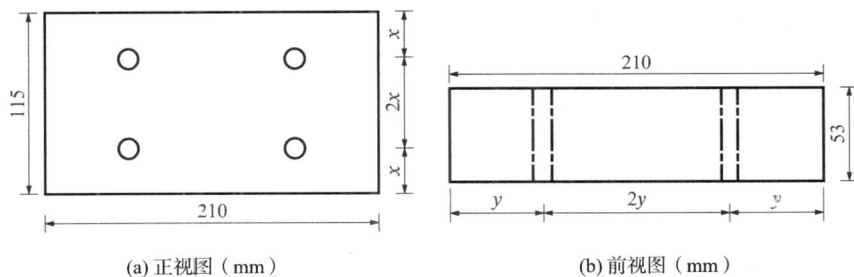

(a) 正视图（mm）　　　　　　　(b) 前视图（mm）

图 5.6　孔与孔、孔与砖的边缘之间的距离（$x = 28.75$mm；$y = 52.5$mm）

采用如下等效渗透系数原理（杨进良，2009；朱珍德和郭海庆，2007）：

$$k_1 i_1 A_1 + k_2 i_2 A_2 = k_0 i_0 A \tag{5.1}$$

已知$A = 115 \times 210 = 24150$mm^2；$A_2 = 4\pi R^2 = 4 \times 3.1415926 \times 15^2 = 2827.43$mm^2；$A_1 = A - A_2 = 21322.57$mm^2，且$i_0 = i_1 = i_2$。因此，得到充填砂渗透系数$k_2$为：

$$k_2 = \frac{k_0 A - k_1 A_1}{A_1} = 5.55 \times 10^{-3} （cm/s） \tag{5.2}$$

以上得到充填砂渗透系数为 5.55×10^{-3}cm/s，与粒径范围为 $0.25 \leqslant d \leqslant 5$mm 的充填砂通过试验得到的平均渗透系数 3.95×10^{-3}cm/s 属于同一数量级，即 10^{-3}cm/s 水平。因此，在模拟含充填孔结构岩体渗透试验时，采用粒径范围为 $0.25 \leqslant d \leqslant 5$mm 的充填砂更为适合。

2）试验过程

对填充后砖砂混合材料的渗透试验如下：

（1）称取质量为 7.2g 的干砂四份，并分别将其全部填入砖的四个钻孔中，备用。

（2）制作混凝土外模。

（3）浇筑混凝土。注意，在将砖样放入前，需要在砖的底部先架设一层足以承担砖重的铁丝网用以托起砖样，其上铺设一层纱网，纱网上铺设一层滤纸，防止钻孔中填入的砂因重力而漏出。浇筑后成品如图 5.7（a）所示。

（4）待混凝土达到强度要求后脱模，养护。

（5）根据土工渗透试验装置的基本原理连接进水装置、渗透装置、接收装置，如图 5.7（b）所示。

（6）按土工试验规程进行渗透试验。

试验过程需注意以下事项：

（1）渗透的横截面面积必须是整块砖的横截面面积，因为前述计算是在整个横截面上考虑的。

（2）计时开始时刻必须是试样表面有水渗出后，记录的时间不能太短。

（3）渗出水的体积是界面表面所有的水。

（4）控制水头差不宜高于 20cm，以避免渗透压力破坏填充情况，将砂冲出。

(a) 混凝土浇筑图　(b) 试验装置图

图 5.7　砖、混合材料渗透试验装置图

3）试验结果

试验结果如表 5.6 所示。表 5.6 中孔高 5.3cm，样本孔的实际体积约为 4.5cm³，计算所得理论孔的体积为 4.1605cm³，误差为 [(4.5 − 4.1605)/4.5] × 100% = 7.5%，取孔的体积为 4.5cm³。试验得到模拟隧道岩体的平均渗透系数为 6.966×10^{-4}cm/s，与模拟的岩体渗透系数 k_0 较为接近。

单块砖钻孔填充后的渗透等效试验数据采集表　　表 5.6

| 试验样本 | 单孔 | | | | 截面面积 A/cm² | 渗径 L/cm | 流量 Q/cm³ | 水头差 h/cm | 总时长 t/s | 渗透系数 k/（cm/s） |
	半径 R/cm	体积 V/cm³	计算填充质量/g	实际填充质量/g						
1	0.5	4.5	7.20	7.36	241.5	5.3	1965	4.5	15780	6.073×10^{-4}
2	0.5	4.5	7.20	7.36	241.5	5.3	2767	5.0	19480	6.236×10^{-4}
3	0.5	4.5	7.20	7.36	241.5	5.3	3689	5.0	22530	7.187×10^{-4}

| 试验样本 | 单孔 | | | | 截面面积 A/cm^2 | 渗径 L/cm | 流量 Q/cm^3 | 水头差 h/cm | 总时长 t/s | 渗透系数 $k/(\text{cm/s})$ |
	半径 R/cm	体积 V/cm^3	计算填充质量/g	实际填充质量/g						
4	0.5	4.5	7.20	7.36	241.5	5.3	1902	5.5	12810	5.927×10^{-4}
5	0.5	4.5	7.20	7.36	241.5	5.3	2130	5.5	14220	6.729×10^{-4}
6	0.5	4.5	7.20	7.36	241.5	5.3	3088	6.0	17540	6.441×10^{-4}
7	0.5	4.5	7.20	7.36	241.5	5.3	6240	7.0	21180	9.237×10^{-4}
8	0.5	4.5	7.20	7.36	241.5	5.3	4923	7.0	19540	7.899×10^{-4}
平均渗透系数 $k/(\text{cm/s})$										6.966×10^{-4}

5.1.4 模拟含层间裂隙结构岩体渗透试验

1）等效渗透系数计算

在设计模型时，砖的重叠堆积需要考虑砖与砖之间包括填充物在内的渗透能力。现已知实心黏土砖的平均渗透系数 $k_1 = 2.982 \times 10^{-6} \text{cm/s}$，隧道岩体等效渗透系数 $k_0 = 6.52 \times 10^{-4} \text{cm/s}$，开度 $b = 15\text{mm}$。

平板裂隙渗流试验如图 5.8 所示，假定：沿 53mm 厚的竖直方向的渗透系数对水平层流影响很小，故计算中忽略不计；等效后 k_0 在整个竖截面（即垂直于沿 210mm 方向的截面）上有效。

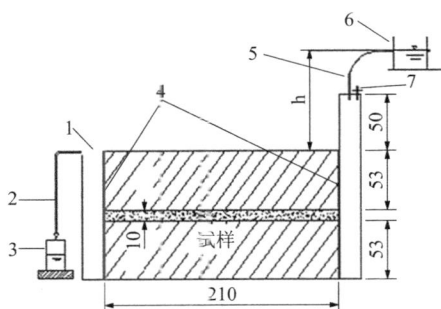

图 5.8 平板裂隙渗流试验

1—出水口；2—出水管；3—烧杯；4—进出水界面，从试样到外侧由纱网、滤纸、纱网依次组成；5—进水管；
6—储水容器，调节其高度可改变水头h；7—排气阀

按照等效渗透系数原理，由截面微元体两侧流量相等，得等式：

$$k_1 i_1 A_1 + k_2 i_2 A_2 = k_0 i_0 A \tag{5.3}$$

式(5.3)中，$A_1 = 2 \times 53 \times 115 = 12190\text{mm}^2$；$A_2 = 15 \times 115 = 1725\text{mm}^2$；$A = A_1 + A_2 = 13915\text{mm}^2$，且 $i_0 = i_1 = i_2$，因此：

$$k_2 = \frac{k_0 A - k_1 A_1}{A_2} = 5.24 \times 10^{-3} (\text{cm/s}) \tag{5.4}$$

因此，充填物依然可采用粒径范围在 $0.25 \leqslant d \leqslant 5\text{mm}$ 的充填砂。

2）试验过程

有了上述试验的铺垫，接下来探究两块砖堆叠时，沿 210mm 方向水平裂隙被上述级配

的粒径小于 5mm 的砂填充后整体截面的渗透能力。

试验装置如图 5.9 所示，模型右侧为进水装置，靠改变设计好的水桶的高度来调节水位高程，左侧为出水装置，装置上接有水管，围堰内存在与溢出孔齐平的稳定水位，这样设计可以使从试样渗流出的水量即是溢出到烧杯中的水量。当溢出口有水滴出，现象稳定后开始计时，获得时间 t 及渗流量 Q。渗径为砖的长度 210mm，水头损失 h 即为右侧水位在试样顶面以上的高度。

(a)   (b)

图 5.9 试验装置实物图

模型仍然采用混凝土直接浇筑成一个整体，尽量避免搭接裂缝的影响。在浇筑制作过程中需要注意以下几点：

（1）砖的六个表面与装置的接触必须不透水，以免边界漏水影响试验结果。

（2）左右侧截面因为是渗流通道，所以需要用纱网（有透水的孔），保证水在整个横截面上的自由流通，同时在进出水口纱网和试样之间添加一层滤纸，防止杂质、细砂堵塞网孔通道，影响水流通过。

（3）层间砂的填充。如图 5.9（a）砖的表面积为 $21.0\text{cm} \times 10.0\text{cm} = 210\text{cm}^2$，本试验取层间距离即开度 $d = 1\text{cm}$，所以需要填充的体积 $v = 210 \times d = 210\text{cm}^3$，由公式 $m_1/v_1 = m/v$，代入数据得 $m = v \times m_1/v_1 = 210 \times 3072/1890 = 341.25\text{g}$。称取上述质量的砂，用水润湿后填入图 5.9（a）所示模具中，击实至与模具表面齐平。

（4）试验延续的时间不能太短。

试验步骤如下：

（1）按照设计制作模板，用混凝土浇筑试验装置。

（2）对模型表面进行刷水泥浆防水处理和在适当位置埋设进出水管及测压管。

（3）将自制渗透装置各部位连接起来，通水测试。

（4）开始试验时，待渗流达到平衡时，记录水位高差 h 和开始时间 t_1，等待较长时间后，记录时间 t_2 和接水容器中的水，并用量筒量出 Q 值，依据上述测值根据渗流基本原理计算出渗透系数 k。

（5）在不同水位高差下进行第四步，反复三至四次。

裂隙填充渗透试验结果见表 5.7，表中砂的干密度为 $\rho = 1.625\text{g/cm}^3$。从表 5.7 可以看出，试验得到的模拟岩体平均渗透系数为 $6.385 \times 10^{-4}\text{cm/s}$，与模拟隧道岩体渗透系数 k_0 较为接近。

砖与砂复合介质裂隙填充渗透试验   表 5.7

试验样本	单孔				截面面积 A/cm²	渗径 L/cm	流量 Q/cm³	水头差 h/cm	总时长 t/s	渗透系数 k/（cm/s）
	半径 R/cm	体积 v/cm³	计算填充质量/g	实际填充质量/g						
1	1	10	210	341.25	116	21	2341	11.8	72100	4.98×10^{-4}
2	1	10	210	341.25	116	21	2120	8.6	60650	7.36×10^{-4}
3	1	10	210	341.25	116	21	2248	10.0	57270	7.10×10^{-4}
4	1	10	210	341.25	116	21	1786	8.0	66250	6.10×10^{-4}
平均渗透系数 k/（cm/s）										6.385×10^{-4}

5.2

模拟隧道涌水模型试验

前面已经试验证明采用普通烧结砖经过钻孔、孔填充及裂隙填充能够模拟隧道岩体的渗透系数。在此基础上，设计模拟隧道断面开挖的物理模型，并进行物理模型试验，分析隧道开挖时涌水随时间的变化关系及地下水渗流的区域水力联系问题。

5.2.1 模型试验方法

1）模型试验基本原理

从三角形的平面相似，到立方体的空间几何相似，再到时间、力、速度等的各种物理现象相似，这为相似模型试验研究提供了理论基础。

相似理论有几何相似、运动相似、单值量相似。所谓单值量是指单值条件下的物理量，单值条件是将个别现象从同类现象中区分开来，包括几何条件、介质条件、边界条件及初始条件。

（1）几何条件一般指现象所发生的几何空间，参与过程的物体的几何尺寸等，比如岩石的结构尺寸、地下工程的埋深、物体的长度、面积、体积等。

（2）介质条件一般指参与现象的物质的参数，比如岩石的重度、力学参数。

（3）边界条件指周围环境的影响。

（4）初始条件是指许多物理现象受到初始状态的影响，比如岩体的结构特征，水文地质情况等。

水在地下岩土体介质中受重力作用而发生流动。当隧道开挖时，原来储存在地下的水及周围河流中的水会通过岩石裂隙、断层、层面等空隙发生渗流，经隧道开挖壁流出。涌水速度会随着时间逐渐趋于零，从而使涌水量趋于稳定。同时，隧道周围地下水由于水的动力特性影响，在隧道周围形成降落漏斗。

2）隧道断面选取

根据对实际隧道的现场勘查和提供的资料，模拟隧道断面的渗透能力最大，约为0.15m/d，即 1.736×10^{-4}cm/s。因此，选用具有代表性的断面进行模拟试验。

几何比例尺取为 1：300，代表的现实尺寸为以隧道轴线为中心，左右各 300m，合计 600m，对应模型尺寸 200cm；隧道为双向隧道，单条隧道直径为 15m。本试验因为是研究隧道开挖涌水问题，所以只将两条隧道合并为一条直径为 30m 的隧道进行考虑，模型尺寸为直径 10cm；沿隧道轴线方向上取 45m，对应模型尺寸 15cm；高度以隧道下端为界，向下取 200m，向上取 250m，共计 450m，对应模型尺寸 150cm，隧道下端距离模型底部 67cm。综上，模型尺寸为长 × 宽 × 高 = 200cm × 15cm × 150cm，隧道直径 10cm。

模型内主要遵循渗透系数k与现场渗透系数k_0一致，即$k：k_0 = 1$，进行填充，用普通烧结砖经过处理后来代替隧道岩体。

试验过程中通过改变两侧补给水位的高程，来观测隧道周围水位下降情况和隧道涌水量随时间的变化过程。两侧补给水位考虑到现场水流补给以地下水补给为主，降雨补给为辅的情况。

3）模型设计与建造

设计模型由砖和水泥砂浆砌成，内部尺寸为200cm × 15cm × 150cm。模型底端在砌筑砖墙时等距离埋设 3 根长 30cm、直径 1cm 的软水管，内侧端口用滤纸和纱网包裹缠紧防止细砂进入，外侧端口用止水夹夹住。当试验结束时，打开止水夹，可以使模型内储存的水尽快放出，避免冬季昼夜温差对模型的影响。当砌到隧道 67cm 高程处，将隧道模型预埋在墙体中，且后侧略低，方便涌水渗出到集水容器中。模型前侧墙体由厚度 15mm 的玻璃框架构成，玻璃上钻有允许测压管通过的直径 6mm 的孔（图 5.10），孔侧布置有软尺用于读数；玻璃左右侧框架与墙体之间用膨胀螺栓连接，并用玻璃胶密封玻璃与墙体之间的缝隙；玻璃下端用混凝土做垫层，使其与地面密封相连。

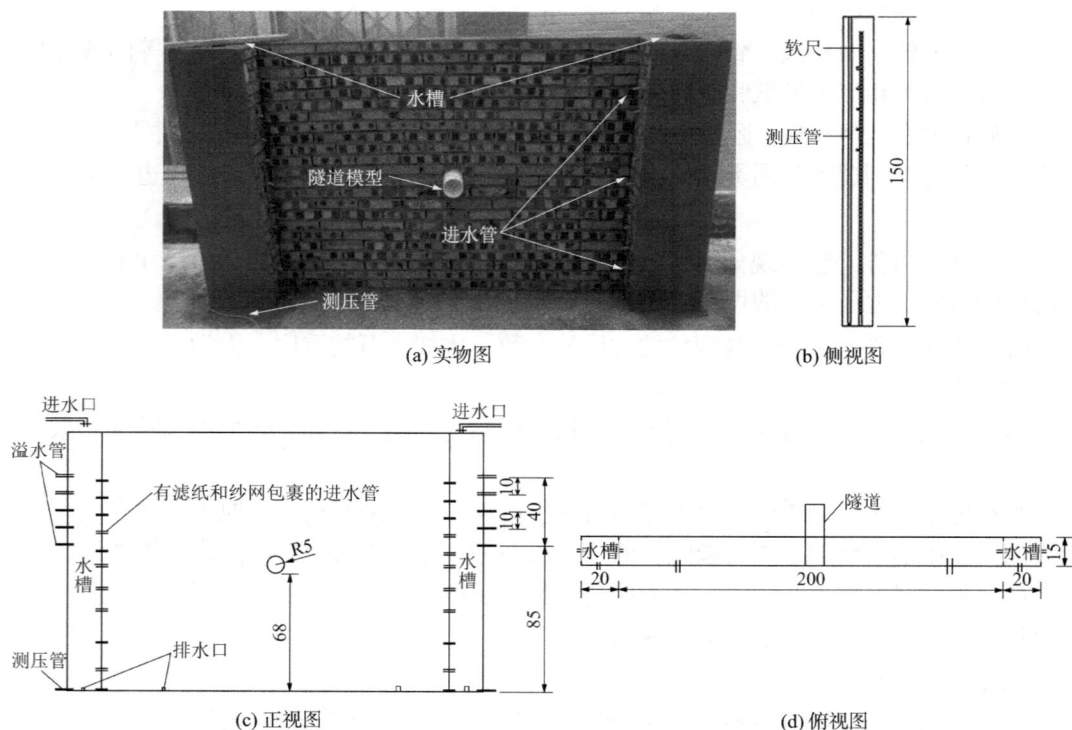

图 5.10 模型整体示意图与尺寸、各部分位置

模型两侧设计内部尺寸为长 × 宽 × 高 = 20cm × 15cm × 150cm 的水槽，模拟周边库水、地下河等。水槽内侧与模型接触面隧道底部高程以下的部分，要每隔一定高度（约15cm）埋设通水硬质水管，方便水在模型和水槽之间自由流通，一次埋设水管数量以 1～2 个合适。这样既可以使左右水位保持相等，处于对称的状态，也可以使左右水位高程不等，处于向一方渗流的状态。隧道底部高程以上的部分每隔 10cm 埋设进水管。水管靠近模型内侧端口要用纱网和滤纸包裹，防止进水和出水过程中砂进入水槽或者堵塞进水管。水槽底端外侧要预先埋设一根透明水管，长度大于模型高度，沿透明管方向固定软尺一条，方便观测控制水槽内的水位高程并读数。水槽外侧隧道高程以上要与内侧进水口高程一致的对应位置预留 1 个溢出孔，埋置较长出水管，从而达到控制水槽内水位高程的目的。

模型整体示意图与尺寸、各部分位置如图 5.10 所示。需注意，模型框架内外都需用水泥浆粉刷护面，最大程度减少墙体渗漏。

对于模拟隧道部分，预先埋设的隧道应该先在隧道 3/4 周长方向上布满随机小孔，预埋时方便各层渗水进入隧道内，如图 5.11（a）所示；隧道被埋于模型中的部分要用滤纸和纱网包裹，顺序从内到外为隧道模型、滤纸、纱网，以防止砂粒随渗水进入隧道，造成拥堵，不便清理，如图 5.11（b）所示；隧道出口用自制大小合适的布球或者塑料软球塞紧，能在一定时间里防止漏水，一定时间里可以拔出，以测定涌水量随时间的变化，自制塞子如图 5.11（c）所示。此外，所有被埋水管头部须用滤纸和纱网包裹，既能透水，又能防止细砂进入水管引起堵塞，如图 5.12 所示。

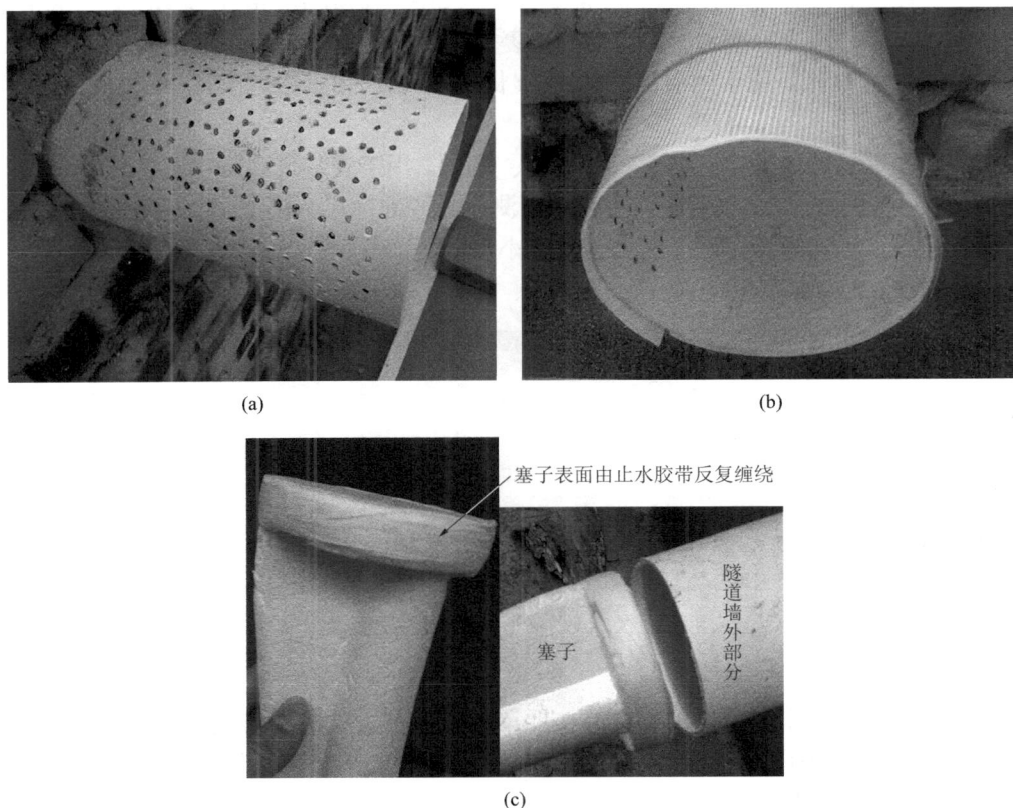

(a)

(b)

塞子表面由止水胶带反复缠绕

塞子

隧道墙外部分

(c)

图 5.11 隧道模型的细节处理

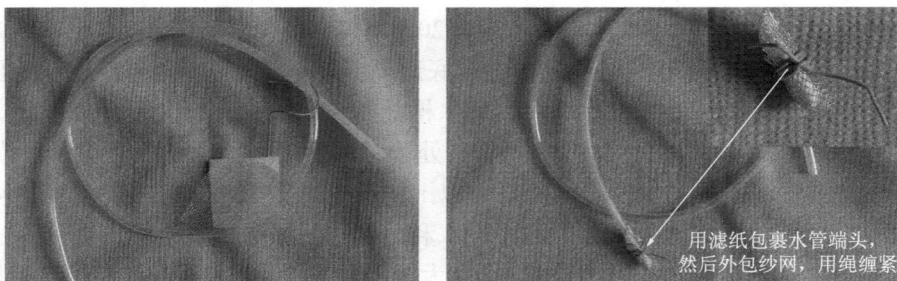

图 5.12　埋置测压管端头处理

5.2.2　试验器材与试验过程

1）试验器材

所需要的试验器材如下：

（1）模型外框装置。

（2）砖 180 块、钻机两把、钻头若干，用于加工试验用的砖材。

（3）电子秤 1 台，大瓷盘 2 个，小铲 2 把，用于称取填充孔和填充层间裂隙所需要的砂。

（4）长×宽×高为 2m×2cm×1cm 木条一根，长×宽×高为 2m×5cm×2cm 木条一根，将前者钉在后者 5cm 一面上，做成填充时用的 1cm "L" 形标尺；1cm×1cm 横截面积的木棍 3～4 个，作为砖与砖之间间隔 1cm 的标尺，如图 5.13 所示。

（5）纱网、滤纸若干，直径 6mm 透明水管共 40m，截断成 1m 长的 26 根，1.6m 长的两根，并在水管一端用纱网和滤纸包裹，包裹方式如图 5.11 所示；直径 10mm 水管 15m，截断成 1m 长的 10 根，用于做溢出管，20cm 长的 20 根，用于做进水管和模型底部后墙出水管。

（6）定做好的玻璃框架、玻璃胶、水泥、碎石，用于安装玻璃墙并密封。

（7）长 2m 的软尺 20 根备用，主要用于测压管旁的标尺，模型两侧的水位标尺。

（8）塑料大水桶两个，用于接水，塑料小水桶两个备用。

（9）铁铲、秒表、彩色马克笔、照相机、数据记录表。

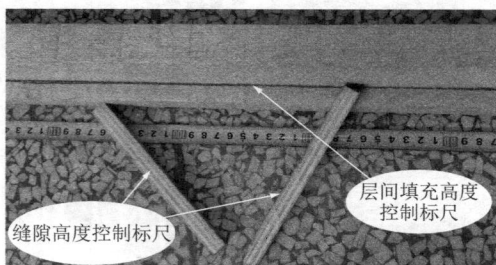

图 5.13　填充工具示意图

2）试验步骤

按照设计图纸制作试验模型外框。按照前期试验的方法，对砖进行钻孔，孔半径 $r = 5mm$，备用。计算孔中所需填充砂的总质量，由前面试验可知，砂的干密度为 $\rho = 1.614g/cm^3$，每个孔需要填充的标准质量为 7.2g。又考虑到装填过程中可能出现砖损坏、砂浪费，所以应称取填充孔的粒径 $0.25mm \leqslant d \leqslant 5.0mm$ 的砂共计：$7.2 \times 4 \times 180 = 5184g \approx 6.0kg$。

对于层间填充砂。由前面试验可知，砖与砖的层间填充砂的粒径为 $d \leqslant 5.0\mathrm{mm}$，且每两块砖水平缝之间的填充质量为 341.25g，所以所需总质量：$m_1 = 341.25 \times 9 \times 150/5.3 = 86922.17\mathrm{g} \approx 87.0\mathrm{kg}$。

单个垂直缝之间所需填充的干砂质量为 $m_2 = \rho V = 1.614 \times 1 \times 5.3 \times 11.0 = 94.0962\mathrm{g} \approx 94.1\mathrm{g}$。故垂直缝中填充干砂的总质量：$m_3 = 94.1 \times (200 - 21 \times 9) \times 150/5.3 \approx 29.3\mathrm{kg}$。所以，裂隙填充所需干砂的总质量为：$m = m_1 + m_3 = 87.0\mathrm{kg} + 29.3\mathrm{kg} = 116.3\mathrm{kg}$。

由量筒称量出 7.2g，并在量筒上标记其刻度线，方便后续工作使用，如图 5.14（a）所示。由合适塑料小水桶量出 94.1g，并在桶上标明其刻度线，方便后续工作使用，如图 5.14（b）所示。由合适塑料小水桶量出 341.25g，并在桶上标明刻度线位置，方便后续工作使用，如图 5.14（c）所示。另外，筛出粒径 $d \leqslant 5.0\mathrm{mm}$ 的普通砂若干备用，填充前后接触面。

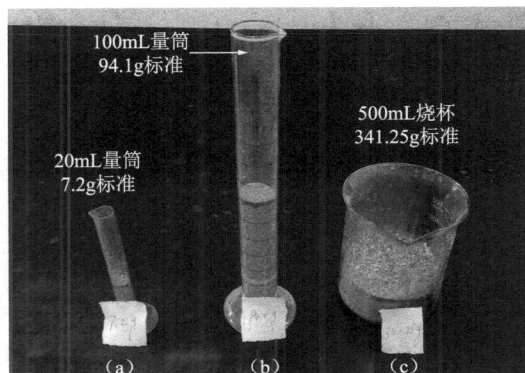

图 5.14　称量容器标准示意图

填充模型内部结构。准备好对层填充时的击实工具和对孔填充时的击实工具。按上述计算出的质量，用有刻度线标记的桶或量筒直接量取每一次填充的质量，分层逐个砖样完成填充工作。注意：在层与层之间用"L"形标尺标定 1cm 缝隙高度；在每一层的砖与砖之间用 1cm × 1cm 的方形木棍控制 1cm 的缝隙开度。

测压管埋设。在填充的过程中，按照预先设计，于隧道下方等间距埋设透明测压管，要注意其分布，不要混淆重叠，以便观察在同一时刻距隧道底端不同距离 y 处的水压力情况；于隧道左右同一水平高度上从靠近隧道到两侧每隔一定距离埋设透明测压管，以便观察在同一时刻，距离隧道 x 处的不同水位高程等试验所需资料。具体点位的布置如图 5.15 所示。

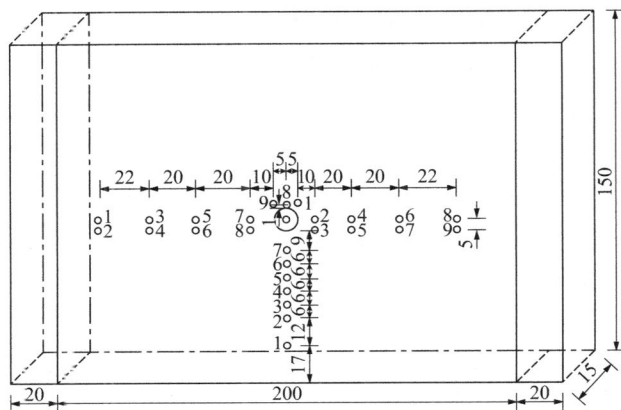

图 5.15　测压管布置和实物图

安装玻璃墙。将待安装的玻璃板钻孔，直径为 6mm，以使埋置于模型中的测压管穿过。然后安装上玻璃板，并用准备好的玻璃胶密封玻璃和砖墙之间的缝隙，同时在外侧浇筑混凝土加强密封。在靠近玻璃一侧的空隙内填充满与层面具有相同击实程度的砂。

将测压管用透明玻璃胶固定在玻璃上，并在测压管旁边布设软尺，如图 5.16 所示。

图 5.16　测压管及软尺实物图

连接进水管，并将制作好的软塞塞入隧道，模拟隧道开挖前的状态。试验中，在隧道内部被填满的情况下，模型内水位逐渐保持稳定，当软塞取出，相当于隧道开始被开挖。水从隧道涌出，隧道周围水位随之降低，两边水位维持常水头，通过裂隙和孔隙渗流向隧道周围补给。隧道周围水位高程是由两边向中间呈降低的趋势，隧道涌水的速度在一定时间后趋于零，涌水累计量随时间拟合曲线趋于平缓，无限接近渐近线。

按照设计的控制水位高程，由两边水槽缓慢向箱内注入水到最高的高程，即 123cm。注意高程应满足：①大于等于隧道高程；②分 5 个不同高程，分别为 85cm、95cm、103cm、113cm、123cm；③每次两边水槽内水位高程相等，同时将较低高程处的溢出水水管用止水夹夹好，待装置内各部位水位保持稳定。将电子秤一台、水桶两只放好备用。

保持两侧进水水头不变。用一只水桶置于电子秤上去皮后，放置在隧道出口，用来集水。拿好秒表，按下秒表的同时，打开隧道出口塞子，并读出在 15s、30s、60s、120s、180s、300s、480s、690s、900s、1200s、1500s、1800s、2400s、3000s 的秤读数。注意：这里牵涉到水满时换桶，换桶时应该记下换前这一刻的秤读数记录在案，新桶读数是多少就记录多少，事后方便数据处理。

在上述步骤的同时，读取在 15s、30s、60s、120s、180s、300s、480s、690s、900s、1200s、1500s、1800s、2400s、3000s 时刻水平方向和竖直方向测压管的水位高程，填入表中。注意：这里开始时 1min 内水位变化快，要及时读数有困难，所以每人四种颜色的油彩笔或者马克笔，一个时间里只用一种颜色先在玻璃上标出水位所在位置，如 0s 统一用红色，15s 统一用黑色，30s 统一用蓝色、60s 统一用紫色。

依次在两侧降低水位高程为 113cm、103cm、95cm、85cm，重复前述过程。保持左侧水位在最低水位高程 85cm 处，依次将右侧水位高程一次抬高一级，形成水力梯度，水管中水位稳定后，重复前述过程，共完成梯度 0.05、0.10 两个工况的试验。

5.2.3 水平裂隙与垂直裂隙组合方案与结果分析

将经过钻孔处理的砖水平铺填，模拟水平裂隙和垂直裂隙的情况，进行试验。要求测得如下数据：

（1）两边同水位高程 $h_i(i=1、2、3、4、5)$ 时，测定 A：某特定监测点水位高程随时间的变化关系；测定 B：某水头下，同一高程处各测点在某一时刻的水位高程连线；测定 C：隧道涌水量随时间的变化关系。

（2）两边水位高程存在高程差 $\Delta h_i(i=1,2)$ 时，因为裂隙是水平和垂直的，所以模型的左边水位高还是右边水位高的试验结果是对称的，故试验中选择左边水头固定在最低位置，即渗流方向向左。测定：①某特定监测点水位高程随时间变化关系；②某一高程上各测点在某时刻的水位高程连线；③隧道涌水量随时间的变化情况。

本试验方案模拟岩石水平裂隙和垂直裂隙组合，共完成了 95cm、103cm、113cm、123cm 四组两侧补给水位高程相等的常水头控制试验，两组不同梯度 0.05、0.10 的试验。在试验中，隧道开挖前后涌水现象明显。不同工况下涌水量随时间的变化关系曲线如图 5.17、图 5.18 所示，测试数据见表 5.8。

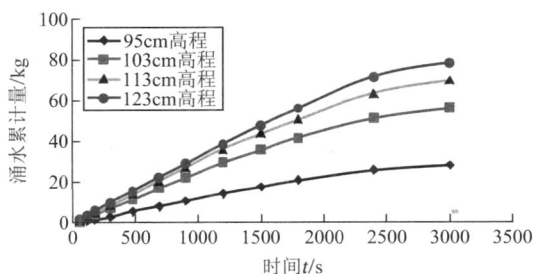

图 5.17 各常水头工况下隧道涌水随时间变化关系曲线

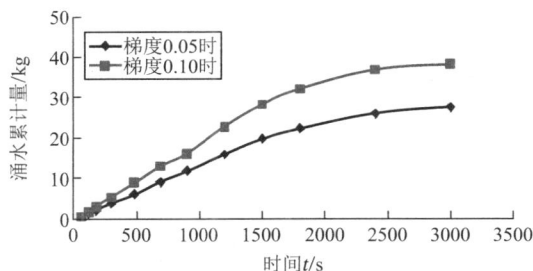

图 5.18 不同梯度工况下隧道涌水随时间变化关系曲线

不同工况下隧道涌水随时间累计量统计表　　　　　　表 5.8

工况	时间/s											
	60	120	180	300	480	690	900	1200	1500	1800	2400	3000
1	0.17	0.96	1.59	3.02	5.46	7.93	9.67	12.85	15.24	18.09	20.21	21.17
2	0.35	1.03	1.71	3.06	5.60	8.23	10.85	14.44	17.64	21.07	25.89	28.17
3	0.78	2.36	3.94	7.04	11.67	16.99	22.29	29.65	35.78	41.59	51.29	56.37
4	1.00	2.83	4.71	8.49	14.09	20.51	26.95	36.03	43.85	50.72	63.29	69.72
5	2.01	4.02	5.98	9.91	15.69	22.46	29.08	38.54	47.89	56.15	71.46	78.35
6	0.52	1.24	2.06	3.71	6.13	9.02	11.83	15.81	19.76	22.31	25.89	27.52
7	0.55	1.79	3.01	5.38	8.91	13.00	16.03	22.77	28.23	32.1	36.83	38.21

　　表 5.8 中，工况 1：常水头 85cm 时涌水累计量；工况 2：常水头 95cm 时涌水累计量；工况 3：常水头 103cm 时涌水累计量；工况 4：常水头 113cm 时涌水累计量；工况 5：常水头 123cm 时涌水累计量；工况 6：梯度 0.05 时涌水累计量；工况 7：梯度 0.10 时涌水累计量。不同工况下在隧道 68cm 高程和 73cm 高程处各测点的测压管水位在某时刻的水位连线，某特定点水位随时间变化关系曲线如图 5.19～图 5.24 所示。

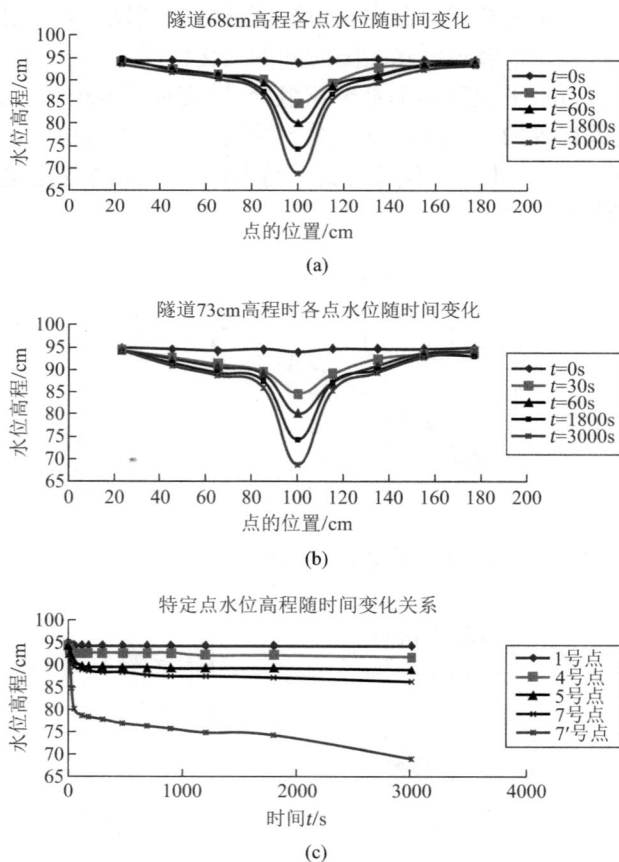

图 5.19　常水头 95cm 时测点水位随时间变化关系

隧道68cm高程处各点在某时刻水位高程连线

t=0s
t=30s
t=60s
t=1800s
t=3000s

(a)

隧道73cm高程处各点在某时刻水位高程连线

t=0s
t=30s
t=60s
t=1800s
t=3000s

(b)

某点水位高程随时间变化关系

1号点
4号点
5号点
7号点

(c)

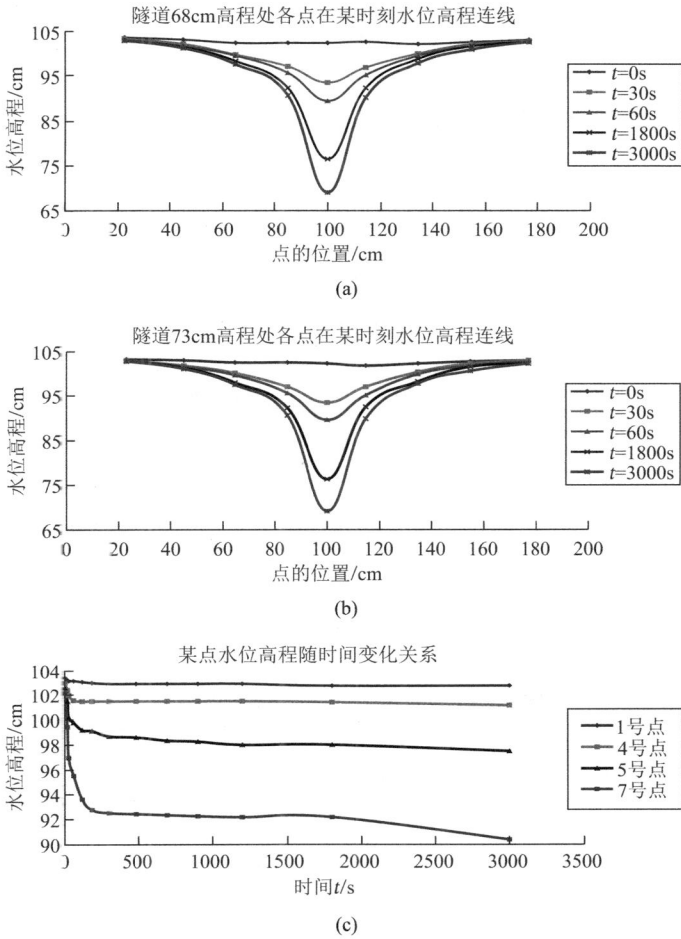

图 5.20 常水头 103cm 时测点水位随时间变化关系

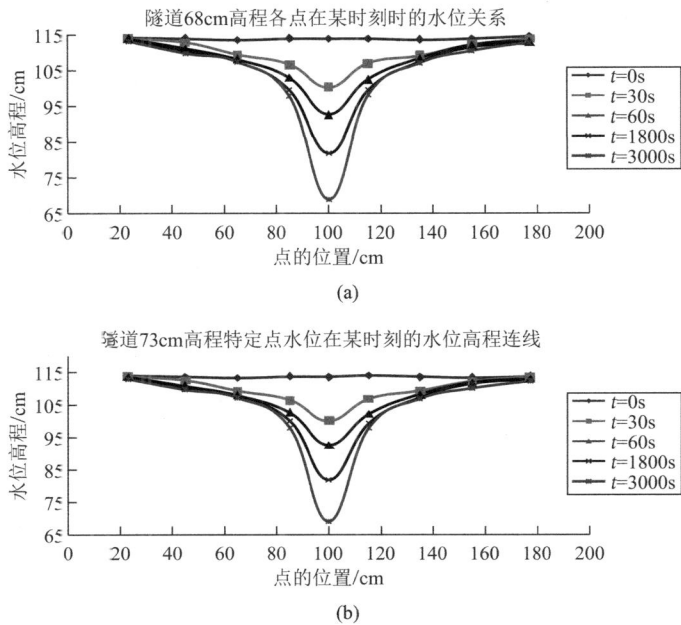

隧道68cm高程各点在某时刻时的水位关系

t=0s
t=30s
t=60s
t=1800s
t=3000s

(a)

隧道73cm高程特定点水位在某时刻的水位高程连线

t=0s
t=30s
t=60s
t=1800s
t=3000s

(b)

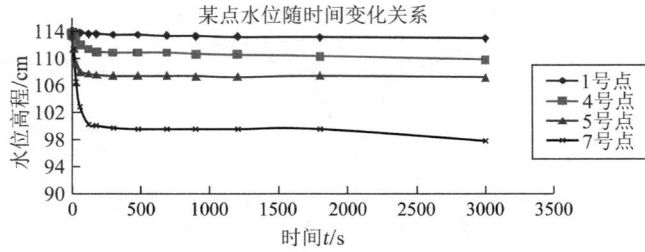

(c)

图 5.21 常水头 113cm 时测点水位随时间变化关系

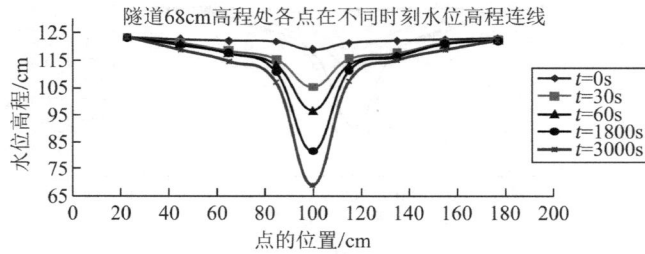

(a)

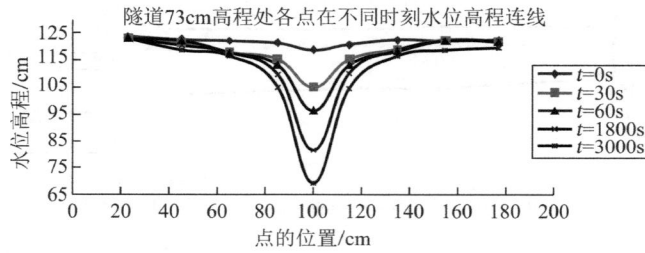

(b)

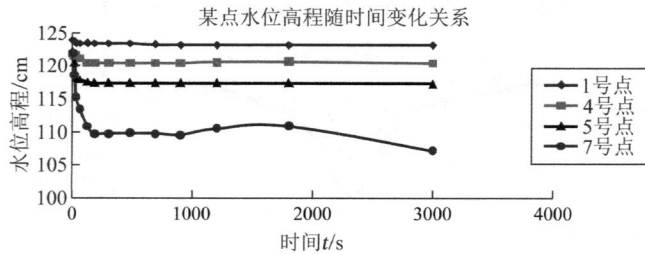

(c)

图 5.22 常水头 123cm 时测点水位随时间变化关系

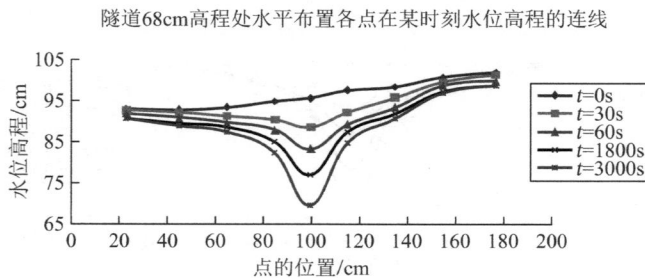

(a)

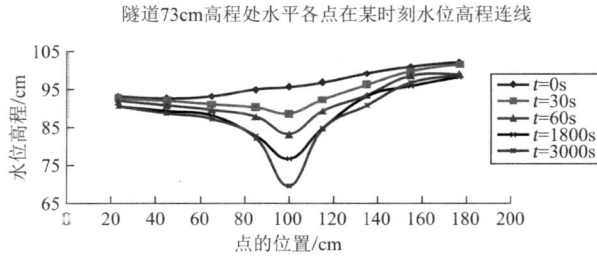

(b)

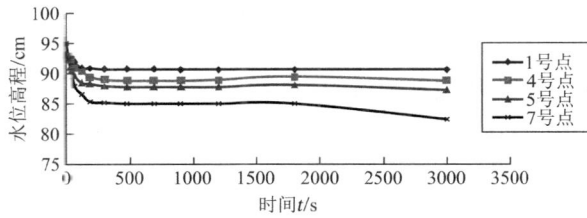

(c)

图 5.23　梯度 0.05 时测点水位随时间变化关系

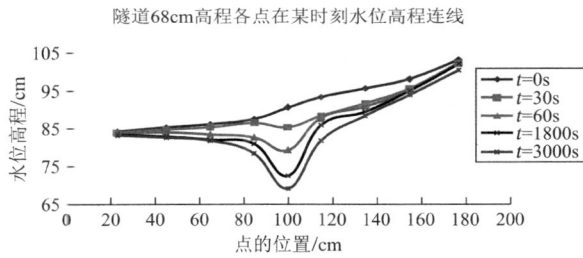

(a)

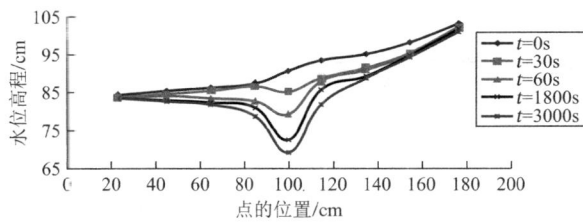

(b)

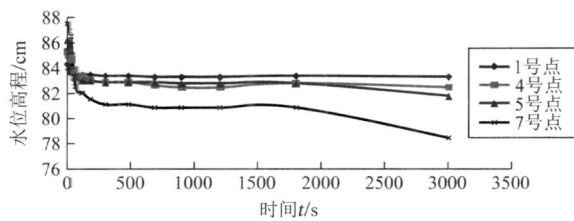

(c)

图 5.24　梯度 0.10 时测点水位随时间变化关系

图中各坐标点与设计图 5.15 中的点从左到右——对应，7 号点对应图 5.6 中隧道轴线竖直方向的点 7，从不同工况下试验数据图和表可以看出：

（1）在隧道开挖的过程中，因为岩体裂隙和岩溶通道等的存在，隧道出现涌水，每种工况下，涌水的累计量会随时间而增长，但整体曲线的斜率降低，开始时刻单位时间内涌水量很大，然后呈减缓趋势，曲线逐渐趋于平缓。

（2）随着水头或梯度的增大，涌水的量也就越大，以 85cm 水头工况和 123cm 工况为例，在同样的 $t = 3000s$ 时刻，前者涌水总量为 21.17kg，而后者达到了 78.35kg。

（3）从图表可以看出，涌水在前 1min 内曲线陡峭。当常水头为 85cm 时，涌水曲线斜率在 1200s 左右时便开始有降低，即涌水速度减小；当常水头为最高水头 123cm 时，涌水曲线斜率则后延至 2400s 后才明显地减小。在试验中遵循了几何相似和运动相似，所以根据模型试验的相似原理，时间相似常数 = 几何常数/运动常数 = 1/300 ≈ 10^{-2}，由 $1200/t = 10^{-2}$ 推算得 $t ≈ 1.39d$，由 $2400/t = 10^{-2}$ 推算得 $t ≈ 2.78d$。

（4）当打开水阀模拟隧道开挖时，隧道两侧水位开始下降，且越靠近隧道周围的测压管中水位下降越快，逐渐形成降落漏斗。从图 5.10 可以看出当常水头为 95cm 时，隧道轴线两侧 20cm 的距离内降落漏斗非常明显，随着涌水稳定，水位最低点几乎在隧道底端高程。随着两侧补给水头升高，影响范围也在扩大，比如到达 123cm 时，影响范围约与隧道轴线相距 60cm，漏斗的形状也越来越细长。

（5）经过对特定参考点的水位下降情况进行分析可知，在开挖初期因为周围水位较高，下降速度很快，随着时间推移，周围水位下降，测压管中水位下降的趋势趋于平缓，甚至在后期基本保持稳定直线。

（6）模型是对称的，所以本试验采用向左渗流的有梯度的试验。从图中看出初始时刻，同高程处各点水位的连线近似为一条左低右高的直线，当隧道开挖时，随着时间变化，左右水位均向隧道补给，左侧水位低，所以补给有限，曲线只呈现出细微向隧道倾斜的趋势；右侧水位高，补给能力强，水位下降明显，形成的降落漏斗在隧道左侧影响范围约为 30cm，在右侧约为 50cm。

5.2.4 裂隙面与水平方向夹角 30°方案与结果分析

将经过钻孔处理的砖如图 5.25 所示铺填，模拟裂隙倾斜 30°时的情况，进行试验。要求测得数据：

（1）两边同水位高程 $h_i(i = 1, 2, 3, 4)$ 时，测定 A：某特定监测点水位高程随时间的变化关系；测定 B：不同常水头情况下，同一高程处各测点在某一时刻的水位高程连线；测定 C：隧道涌水量随时间的变化关系。

（2）两边水位高程存在高程差 $\Delta h_i(i = 1, 2, 3)$ 时。因为此时模拟有 30°倾角的裂隙，所以有梯度时水流的渗流方向对试验结果会有不同，应分别试验向左渗流和向右渗流两种情况。测定：①某特定监测点水位高程随时间变化关系；②某一高程上各测点在某时刻的水位高程连线；③隧道涌水量随时间的变化情况。

本试验方案模拟岩石中裂隙与水平方向成 30°倾角时的组合，共完成 85cm、95cm、105cm、115cm 四组两侧水位高程相等的常水头控制试验，渗流方向向左且三组不同梯度 0.05、0.10、0.15 的试验，以及渗流方向向右且三组不同梯度 0.05、0.10、0.15 的试验。

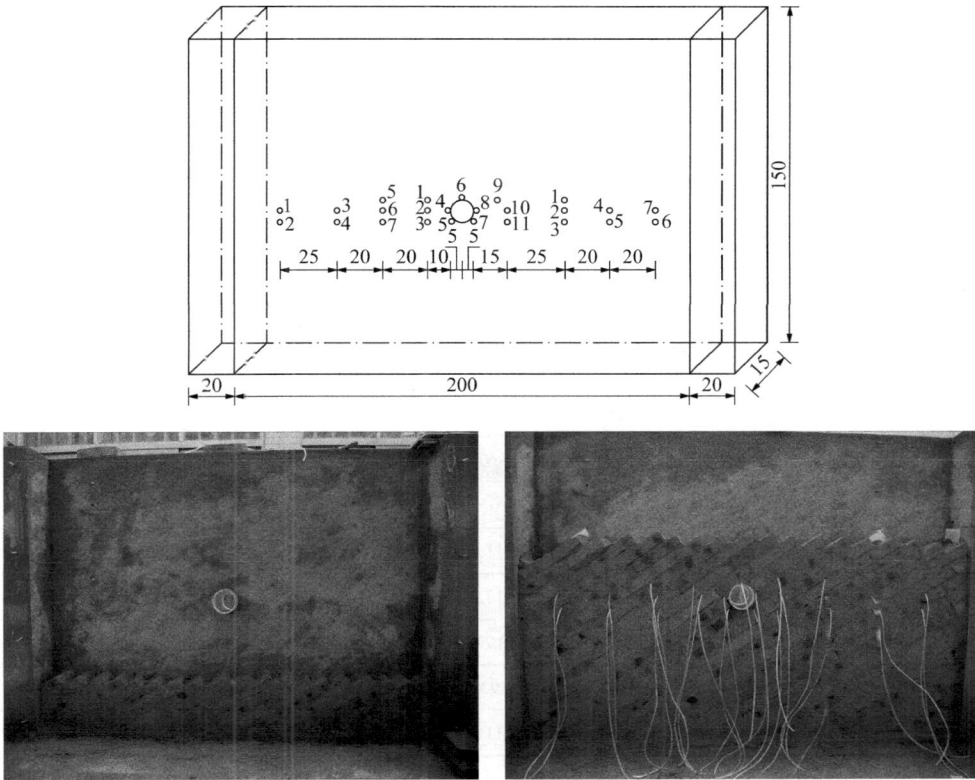

图 5.25　点位布置图和模型填充过程图

试验中，可以观察到隧道开挖前后涌水现象明显。不同工况下涌水量随时间的变化关系曲线如图 5.26～图 5.28 所示，详细数据见表 5.9。

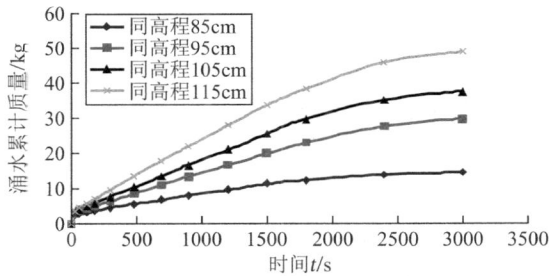

图 5.26　不同常水头工况下隧道涌水随时间变化关系

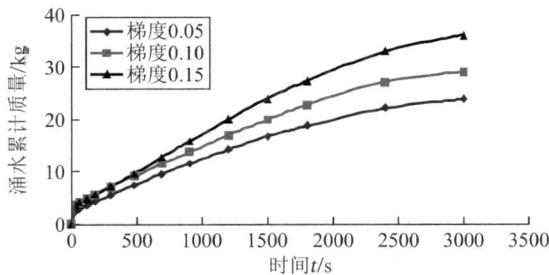

图 5.27　渗流方向向左时各梯度下隧道涌水随时间变化关系

89

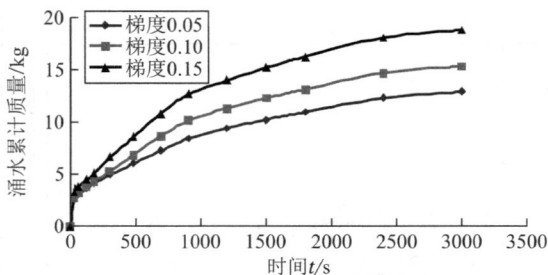

图 5.28 渗流方向向右时各梯度下隧道涌水随时间变化关系

不同工况下隧道涌水随时间变化数据统计表　　　　表 5.9

工况	时间/s												
	30	60	120	180	300	480	690	900	1200	1500	1800	2400	3000
1	2.59	2.85	3.29	3.71	4.50	5.61	6.86	8.05	9.77	11.45	12.38	13.89	14.56
2	3.11	3.68	4.37	5.13	6.57	8.67	11.02	13.37	16.68	20.1	23.16	27.7	29.83
3	3.29	4.12	5.02	5.94	7.72	10.41	13.51	16.64	21.08	25.59	29.82	35.28	37.65
4	3.47	4.49	5.81	7.14	9.67	13.38	17.67	21.92	28.03	33.88	38.55	46.08	49.27
5	2.39	2.78	3.51	4.23	5.55	7.43	9.47	11.47	14.21	16.74	18.83	22.19	23.86
6	3.66	4.15	4.87	5.63	7.04	9.17	11.52	13.79	16.95	19.96	22.74	27.11	29.03
7	3.71	4.26	4.94	5.72	7.23	9.55	12.72	15.81	20.03	24	27.35	33.06	36.03
8	2.73	3.07	3.67	4.15	4.98	6.09	7.31	8.48	9.43	10.24	10.98	12.35	12.96
9	2.79	3.26	3.85	4.36	5.34	6.85	8.68	10.17	11.29	12.3	13.12	14.67	15.32
10	3.28	3.83	4.54	5.16	6.7	8.63	10.84	12.71	14.04	15.25	16.24	18.06	18.79

表 5.9 中工况 1：常水头 85cm 时涌水累计量；工况 2：常水头 95cm 时涌水累计量；工况 3：常水头 105cm 时涌水累计量；工况 4：常水头 115cm 时涌水累计量；工况 5：梯度 0.05 渗流方向向左时涌水累计量；工况 6：梯度 0.10 渗流方向向左时涌水累计量；工况 7：梯度 0.15 渗流方向向左时涌水累计量；工况 8：梯度 0.05 渗流方向向右时涌水累计量；工况 9：梯度 0.10 渗流方向向右时涌水累计量；工况 10：梯度 0.15 渗流方向向右时涌水累计量。

不同工况下在隧道 68cm 高程和 73cm 高程处各测点的测压管水位在某时刻的水位连线如图 5.29～图 5.38 所示。

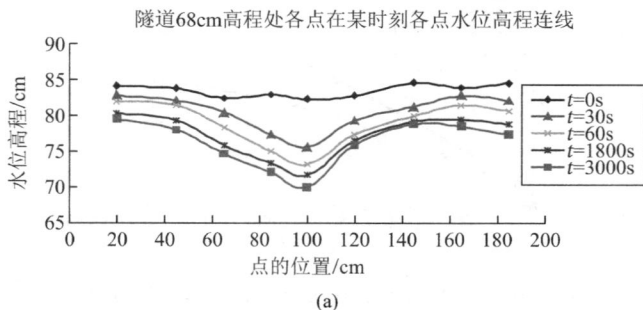

(a)

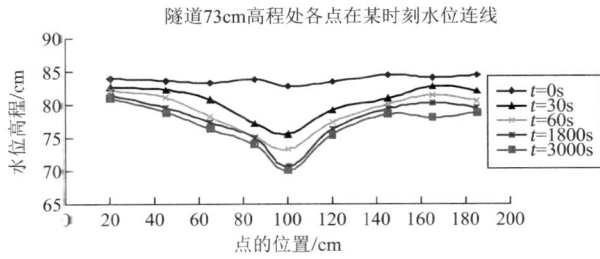

(b)

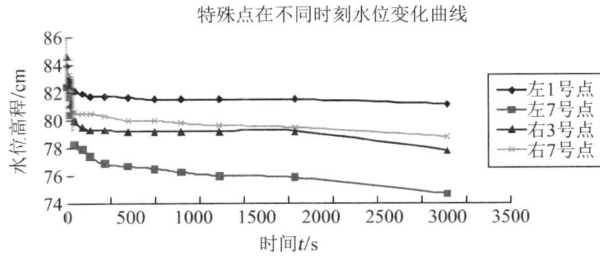

(c)

图 5.29　常水头 85cm 时测点水位随时间变化关系

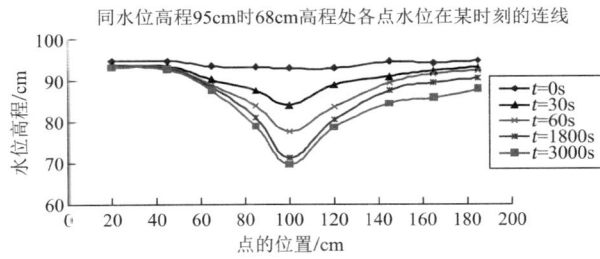

(a)

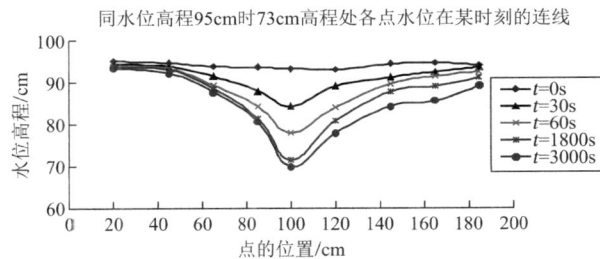

(b)

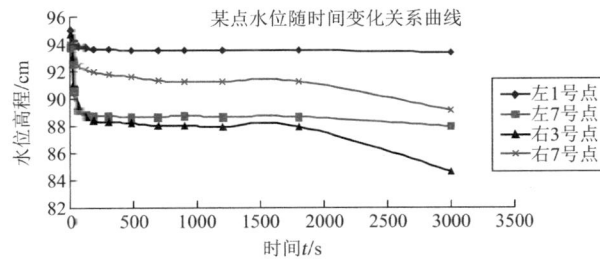

(c)

图 5.30　常水头 95cm 时测点水位随时间变化关系

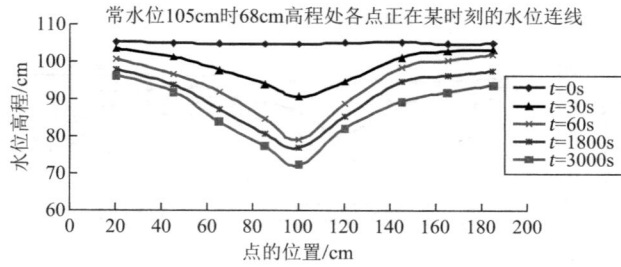

(a)

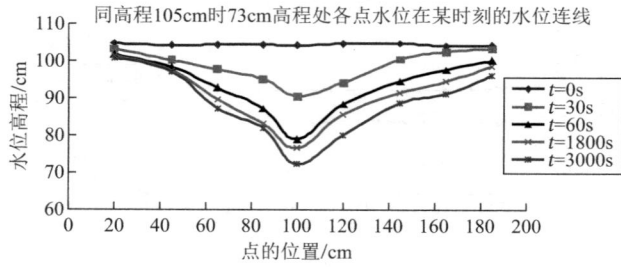

(b)

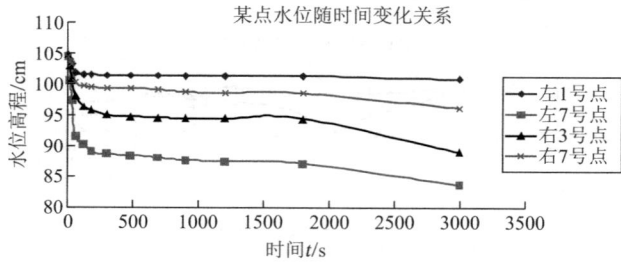

(c)

图 5.31　常水头 105cm 时测点水位随时间变化关系

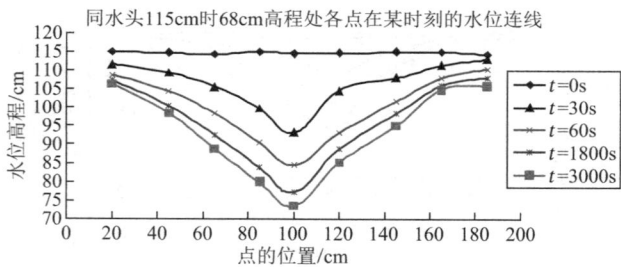

(a)

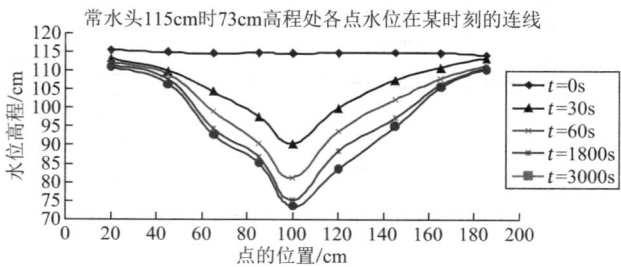

(b)

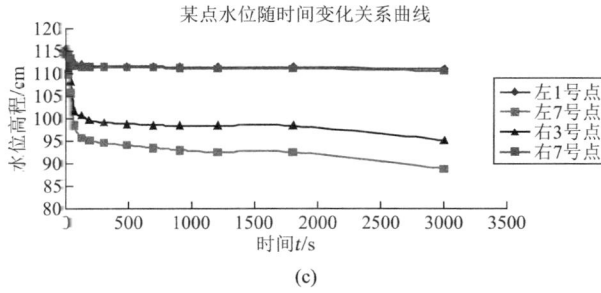

(c)

图 5.32　常水头 115cm 时测点水位随时间变化关系

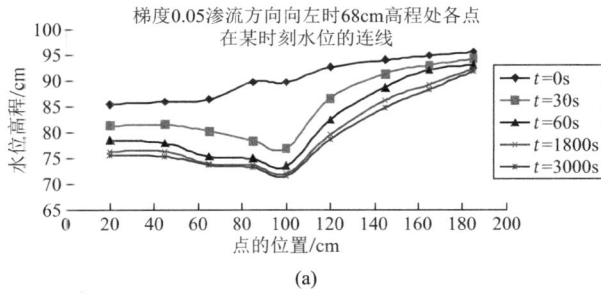

(a)

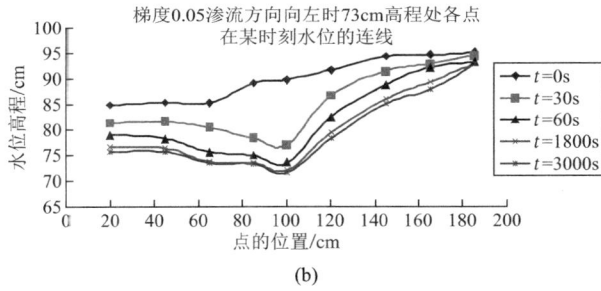

(b)

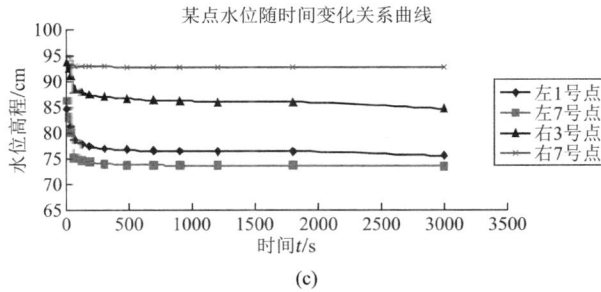

(c)

图 5.33　渗流方向向左梯度 0.05 时测点水位随时间变化关系

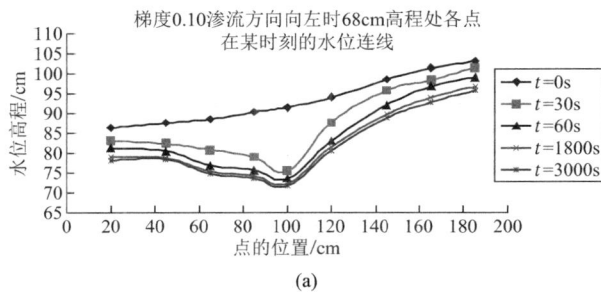

(a)

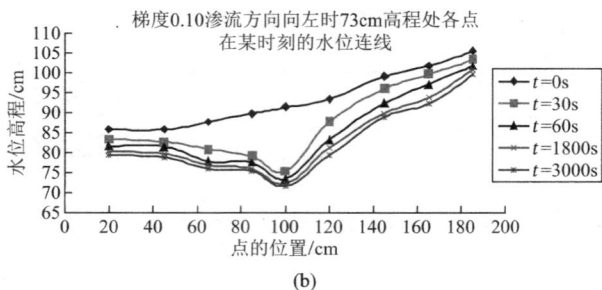

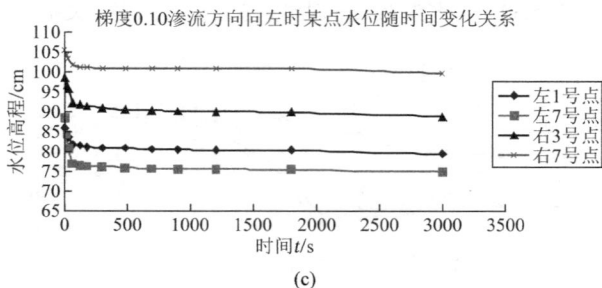

图 5.34 渗流方向向左梯度 0.10 时测点水位随时间变化关系

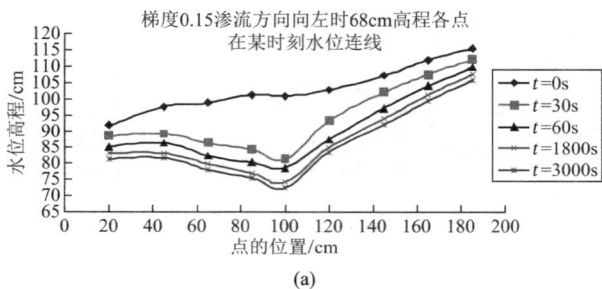

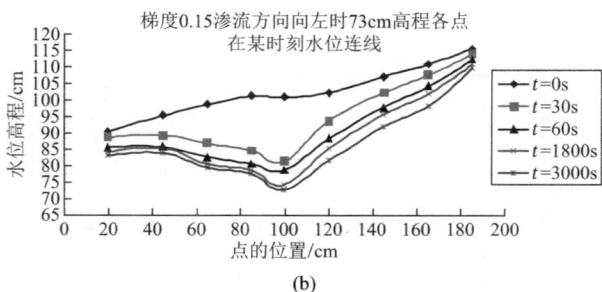

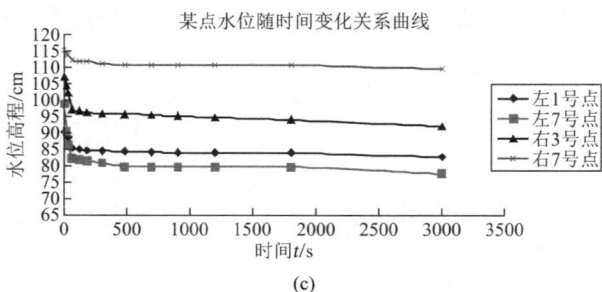

图 5.35 渗流方向向左梯度 0.15 时测点水位随时间变化关系

梯度0.05渗流方向向右时68cm高程各点
在某时刻水位连线

(a)

梯度0.05渗流方向向右时73cm高程各点
在某时刻水位连线

(b)

某点水位高程随时间变化关系

(c)

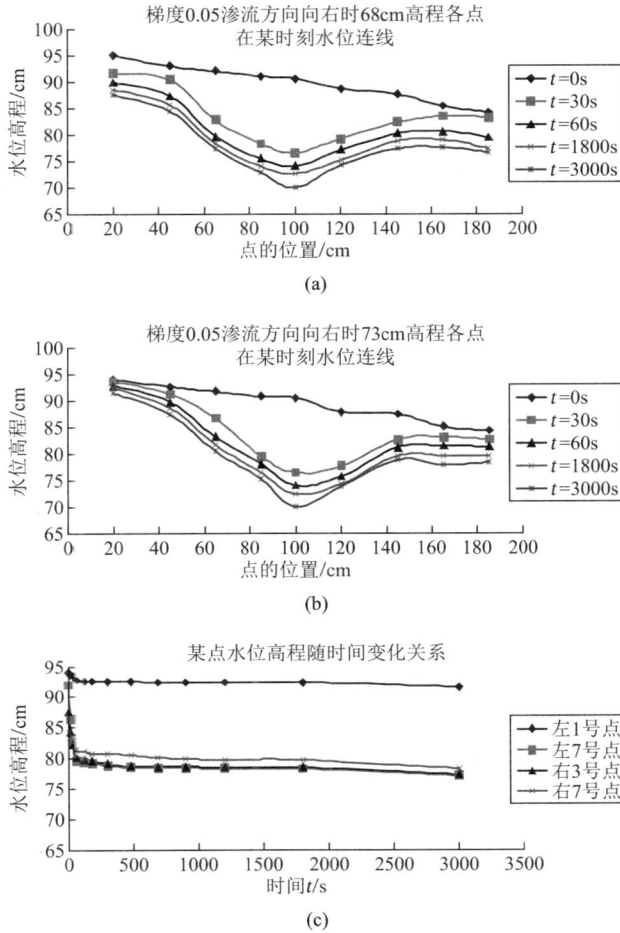

图 5.36 渗流方向向右梯度 0.05 时测点水位随时间变化关系

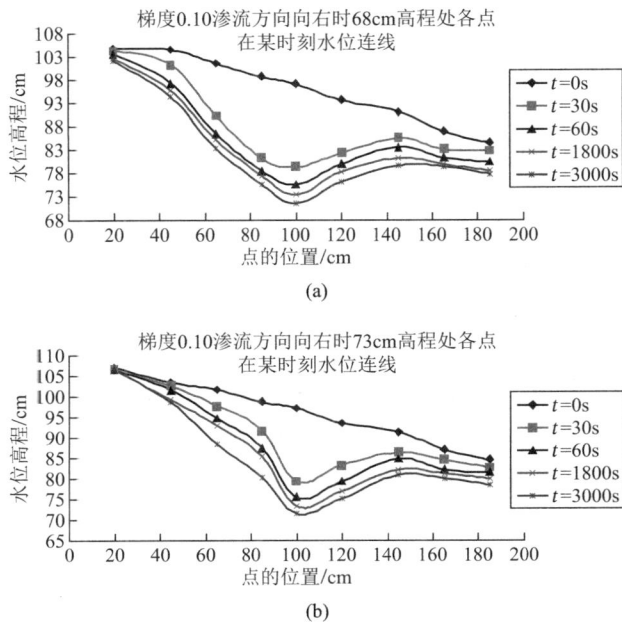

梯度0.10渗流方向向右时68cm高程处各点
在某时刻水位连线

(a)

梯度0.10渗流方向向右时73cm高程处各点
在某时刻水位连线

(b)

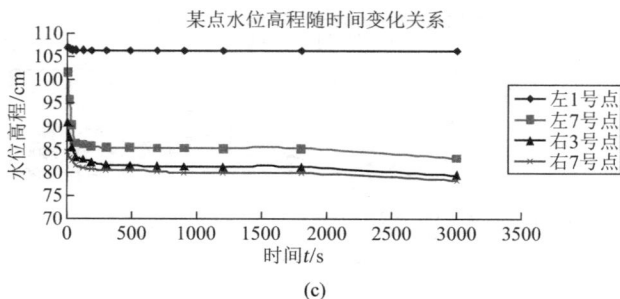

(c)

图 5.37　渗流方向向右梯度 0.10 时测点水位随时间变化关系

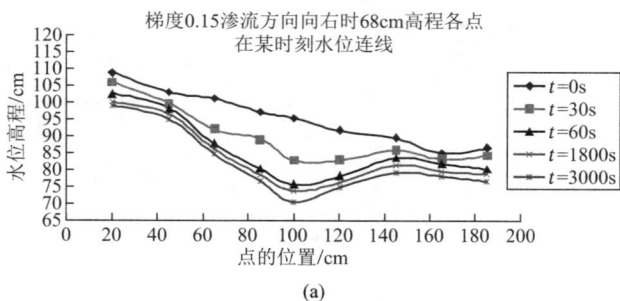

(a)

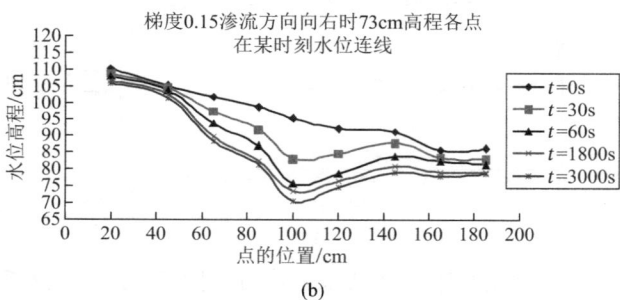

(b)

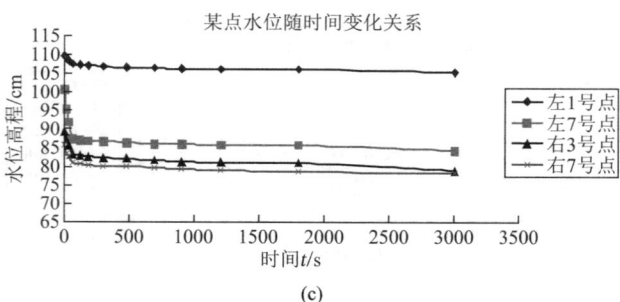

(c)

图 5.38　渗流方向向右梯度 0.15 时测点水位随时间变化关系

　　曲线图中从左到右各点与设计图 5.25 中各点一一对应，7 号点由隧道轴线左右同高程两点取平均值得到。从不同工况下试验数据图和表中可以看出：

　　（1）在隧道开挖的过程中，隧道出现涌水，各种工况下，涌水的累计量都随时间而增长，但整体曲线的斜率逐渐减小，开始时刻单位时间内涌水量很大，然后呈减缓趋势，累计量曲线逐渐趋于渐近线。

　　（2）在不同工况下。当两侧水头为等高常水头时，随着水头的增大，涌水的总量也就越大，如 85cm 高程补给水头时，3000s 时的累计量为 14.56kg，而 115cm 补给高程时累计量为 49.27kg，这是因为水从周围向隧道的补给能力更大。当存在梯度时，相同渗流方向上同一时刻累计量随着梯度的增大也比较低梯度时大；但渗流方向向左（与倾角方向一致）时，渗流能力明显强于渗流方向向右（与倾角方向相反）时的渗流量，如梯度 0.05 时，前者在 3000s 时的涌水总量是 23.86kg，而后者仅为 12.96kg。

（3）从图表中可以看出，涌水在前 1min 内曲线陡峭。常水头 85cm 时，约在 1500s 曲线斜率减小；常水头 115cm 时约在 2400s 曲线斜率减小；渗流方向向左梯度 0.05 时，曲线斜率约在 1200s 开始减小，渗流方向向右梯度 0.05 时，曲线斜率约在 1200s 开始减小。各试验工况的涌水均在 2500～3000s 左右达到稳定。在试验中遵循了几何相似和运动相似，根据模型试验的相似原理，由 $1200/t = 10^{-2}$ 推算得 $t \approx 1.39d$，由 $3000/t = 10^{-2}$ 推算得 $t \approx 3.47d$，即在隧道开挖的过程中出现的涌水累计量会在 2～4d 时达到稳定，速度减小。

（4）当打开水阀模拟隧道开挖时，隧道两侧水位开始下降，且越靠近隧道周围的测压管中水位下降越快，逐渐形成降落漏斗。常水头时，随水头从 85～115cm，漏斗的影响范围由隧道轴线左右 20cm 增长到 70～80cm，且形状矮粗，右侧曲线各点的水位明显低于左侧对应各点。当存在梯度时，初始时刻水位连线近似一条倾斜的直线。当渗流方向向左时，隧道开挖仍会形成降落漏斗，且相比之下左侧水位补给较少，曲线平缓，右侧水位下降较快，而且对水位较高一侧地下水的影响范围更广，约为 80cm。当渗流方向向右时，以梯度 0.10 为例可以看出，初始时刻水位连线近似一条向右倾斜的直线，开挖过程中，左侧较高水位迅速向隧道补给，右侧水位虽然较低，但是也会流向隧道周围，形成降落漏斗，与前者不同的是该漏斗对左侧的影响范围约为 60cm，对右侧的影响范围也达到了 50cm。这说明裂隙与渗流方向一致时会加大影响。

（5）经过对特定参考点的水位下降情况进行分析，在开挖初期因为隧道周围水位较高，下降速度很快，随着时间推移，周围水位下降，测压管中水位下降的趋势趋于平缓，甚至在后期基本保持稳定直线。

5.2.5 裂隙面与水平方向夹角 60°方案与结果分析

将经过钻孔处理的砖类似如图 5.25 所示铺填，铺填时模拟主要裂隙倾斜 60°时的情况，进行试验，点位布置如图 5.39 所示。要求测得如下数据：

（1）两边同水位高程 $h_i(i = 1,2,3,4)$ 时，测定 A：某特定监测点水位高程随时间的变化关系；测定 B：不同常水头情况下，同一高程处各测点在某一时刻的水位高程连线；测定 C：隧道涌水量随时间的变化关系。

（2）两边水位高程存在高程差 $\Delta h_i(i = 1,2,3)$ 时。分别试验向左渗流和向右渗流两种情况。测定 A：某特定监测点水位高程随时间变化关系；测定 B：某一高程上各测点在某时刻的水位高程连线；测定 C：隧道涌水量随时间的变化情况。

本试验方案是模拟岩石中主要裂隙方向与水平方向成 60°倾角时的试验，共完成了 85cm、95cm、105cm、115cm 四组两侧水位高程相等的常水头控制试验，渗流方向向左，三组不同梯度 0.05、0.10、0.15 的试验以及渗流方向向右，三组不同梯度 0.05、0.10、0.15 的试验。

试验中，可以观察到隧道开挖前后涌水现象突出。不同工况下涌水量随时间的变化关系曲线如图 5.40～图 5.42 所示，测试数据详见表 5.10。

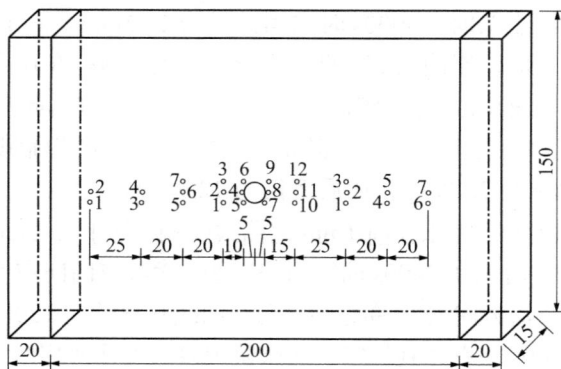

图 5.39　倾角 60°时模型点位布置图

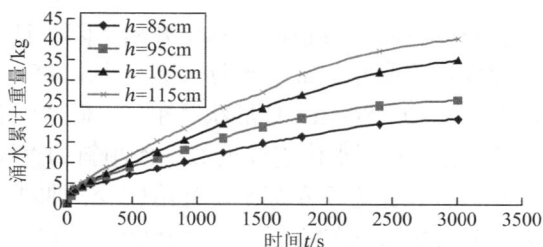

图 5.40　不同常水头工况下隧道涌水随时间变化关系

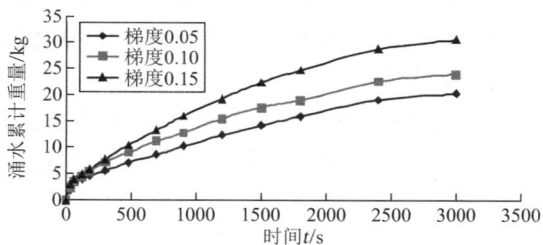

图 5.41　渗流方向向左时各梯度下隧道涌水随时间变化关系

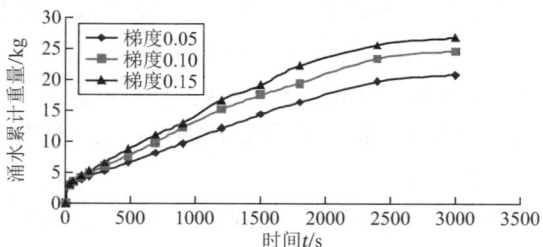

图 5.42　渗流方向向右时各梯度下隧道涌水随时间变化关系

不同工况下隧道涌水随时间变化数据统计表　　　　表 5.10

工况	时间/s												
	30	60	120	180	300	480	690	900	1200	1500	1800	2400	3000
1	1.68	2.87	4.03	4.58	5.59	6.99	8.57	10.16	12.52	14.73	16.32	19.37	20.59

工况	时间/s												
	30	60	120	180	300	480	690	900	1200	1500	1800	2400	3000
2	2.01	3.16	4.17	5.27	6.75	8.8	11	13.07	16.06	18.73	20.88	23.89	25.21
3	2.87	3.49	4.53	5.47	7.27	9.82	12.66	15.49	19.41	23.3	26.44	31.96	34.93
4	3.01	3.86	5.23	6.42	8.83	11.91	15.25	18.36	23.45	27.13	31.61	37.11	40.16
5	1.87	3.12	4.01	4.58	5.6	7.03	8.64	10.24	12.32	14.23	15.96	19.1	20.31
6	2.31	3.44	4.51	5.42	7.16	9.07	11.19	12.73	15.46	17.59	18.98	22.57	23.94
7	3.03	3.98	4.94	5.89	7.71	10.38	13.31	16.05	19.26	22.31	24.7	28.71	30.62
8	2.82	3.32	3.84	4.32	5.22	6.54	8.08	9.63	12.1	14.36	16.33	19.74	20.79
9	2.91	3.57	4.2	4.85	6.04	7.68	9.78	12.21	15.18	17.61	19.43	23.36	24.59
10	3.05	3.62	4.52	5.24	6.53	8.78	11.04	12.93	16.64	19.15	22.31	25.54	26.77

表 5.10 中工况 1：常水头 85cm 时涌水累计量；工况 2：常水头 95cm 时涌水累计量；工况 3：常水头 105cm 时涌水累计量；工况 4：常水头 115cm 时涌水累计量；工况 5：梯度 0.05 渗流方向向左时涌水累计量；工况 6：梯度 0.10 渗流方向向左时涌水累计量；工况 7：梯度 0.15 渗流方向向左时涌水累计量；工况 8：梯度 0.05 渗流方向向右时涌水累计量；工况 9：梯度 0.10 渗流方向向右时涌水累计量；工况 10：梯度 0.15 渗流方向向右时涌水累计量。

不同工况下在隧道 68cm 高程和 73cm 高程处各测点的测压管水位在某时刻的水位连线如图 5.43～图 5.52 所示。曲线图中从左到右各点与设计图 5.39 中各点一一对应，7 号点由隧道轴线左右同高程两点取平均值得到。

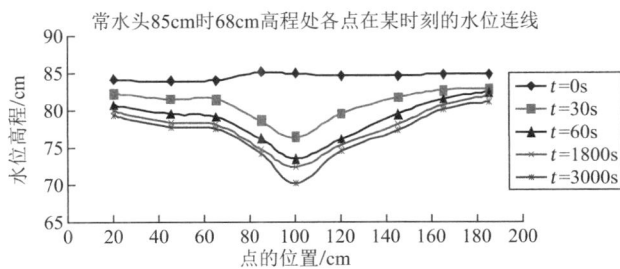

(a)

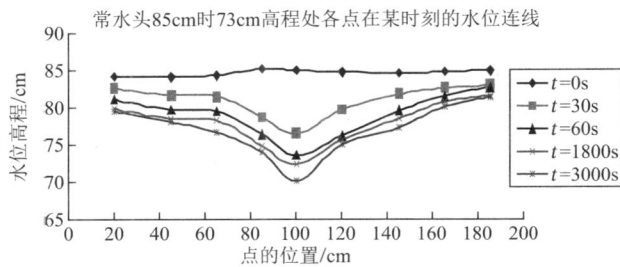

(b)

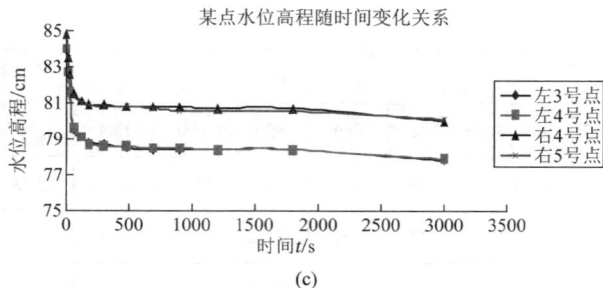

(c)

图 5.43 常水头 85cm 时测点水位随时间变化关系

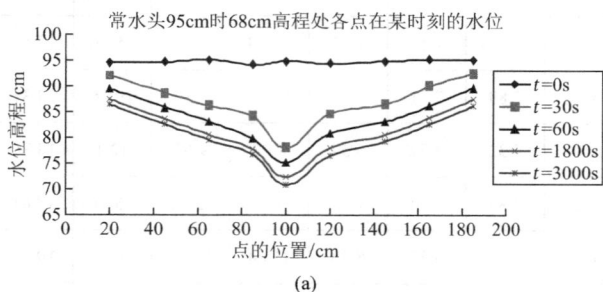

(a)

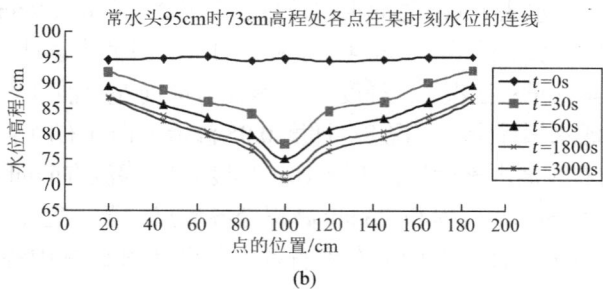

(b)

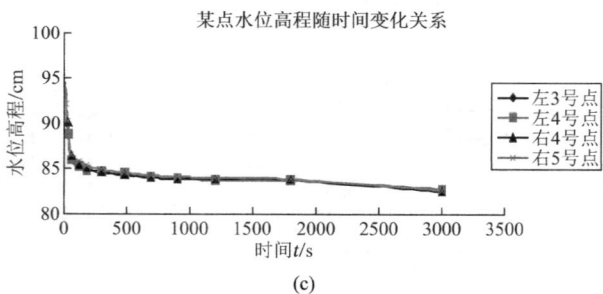

(c)

图 5.44 常水头 95cm 时测点水位随时间变化关系

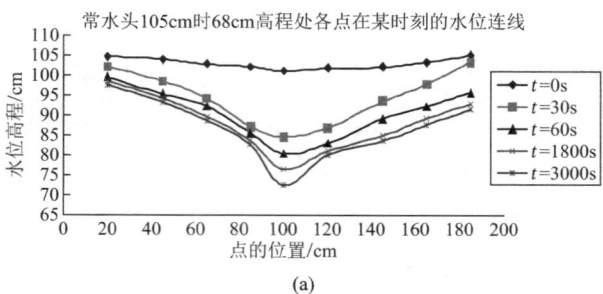

(a)

常水头105cm时73cm高程处各点在某时刻的水位连线

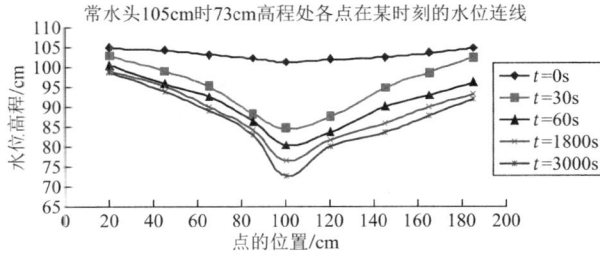

(b)

某点水位随时间变化关系

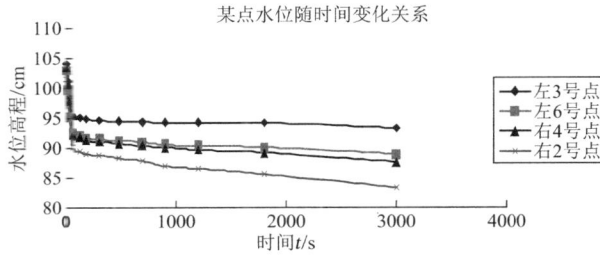

(c)

图 5.45　常水头 105cm 时测点水位随时间变化关系

常水头115cm时68cm高程处各点在某时刻的水位连线

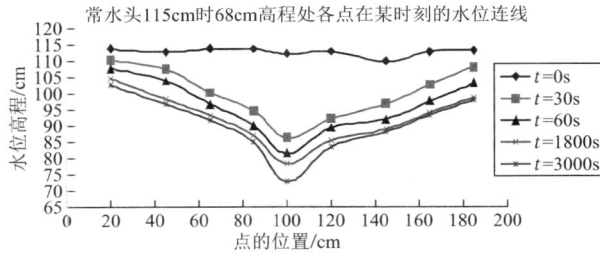

(a)

常水头115cm时73cm高程处各点在某时刻的水位连线

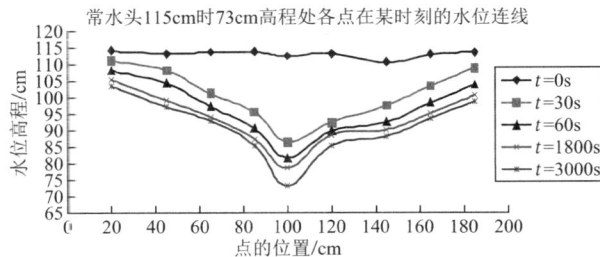

(b)

某点水位高程随时间变化关系

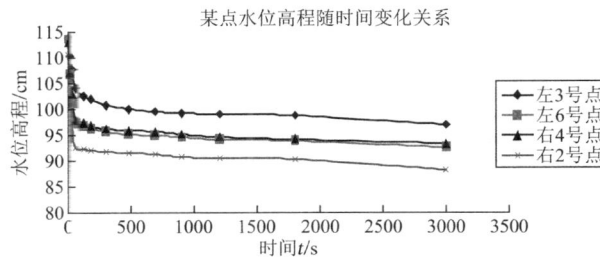

(c)

图 5.46　常水头 115cm 时测点水位随时间变化关系

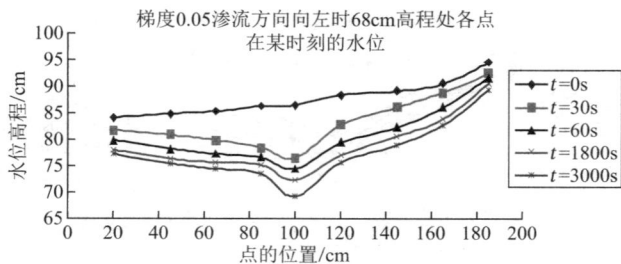

(a)

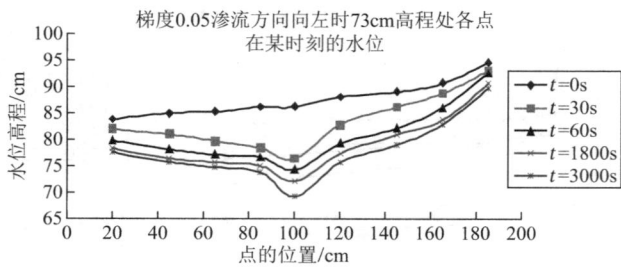

(b)

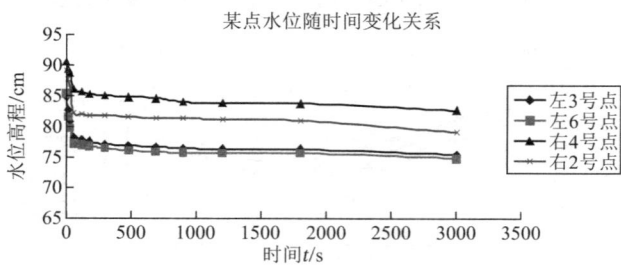

(c)

图 5.47　渗流方向向左梯度 0.05 时测点水位随时间变化关系

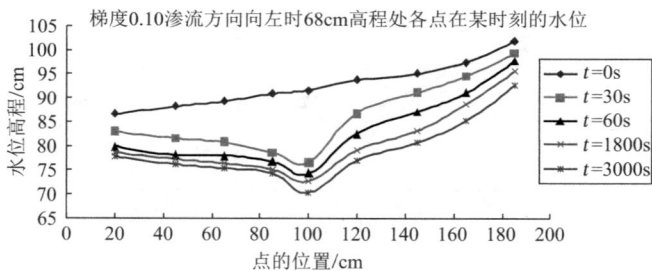

(a)

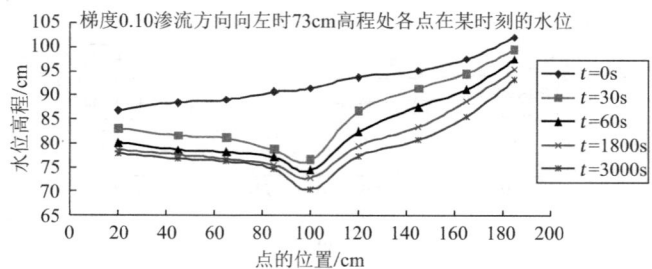

(b)

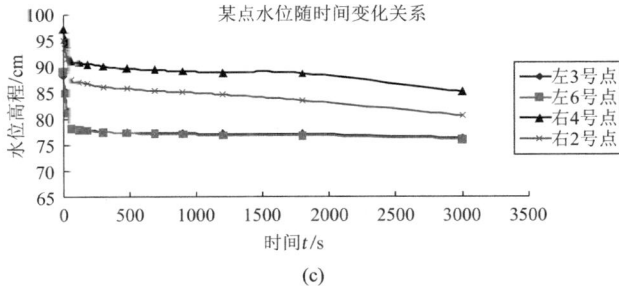

(c)

图 5.48　渗流方向向左梯度 0.10 时测点水位随时间变化关系

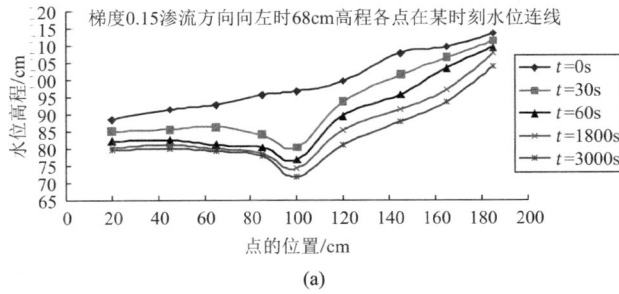

(a)

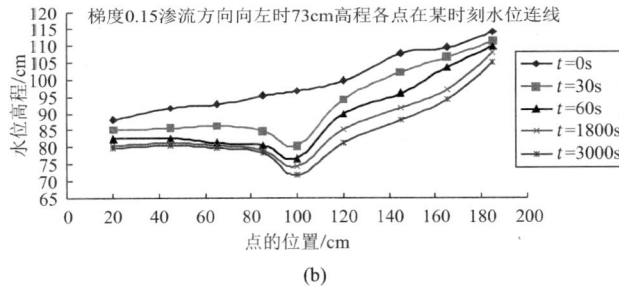

(b)

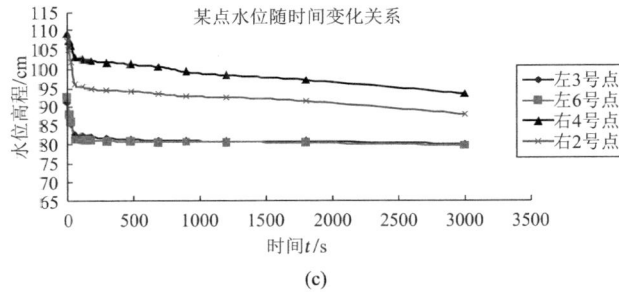

(c)

图 5.49　渗流方向向左梯度 0.15 时测点水位随时间变化关系

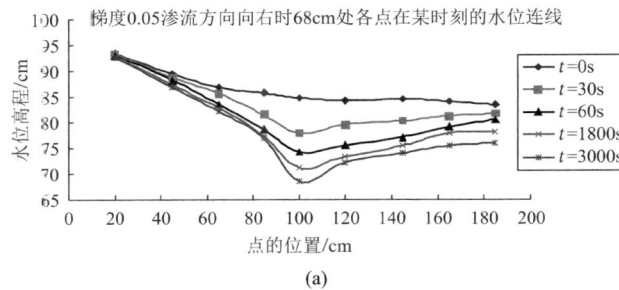

(a)

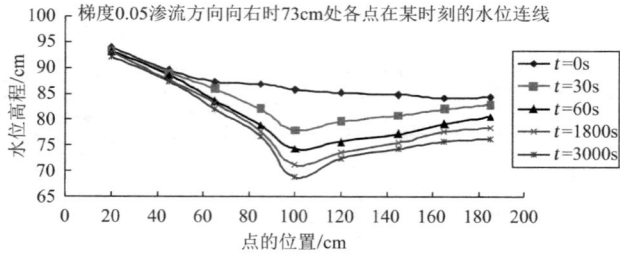

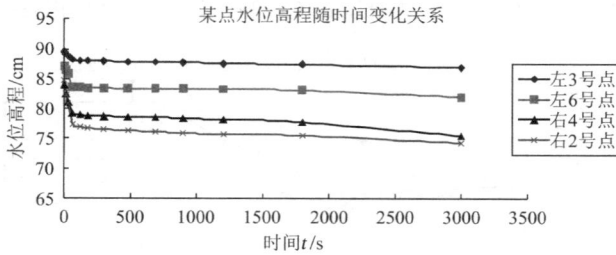

图 5.50 渗流方向向右梯度 0.05 时测点水位随时间变化关系

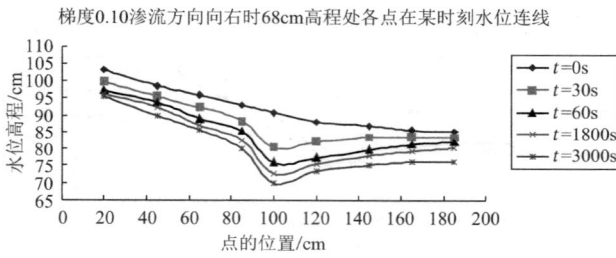

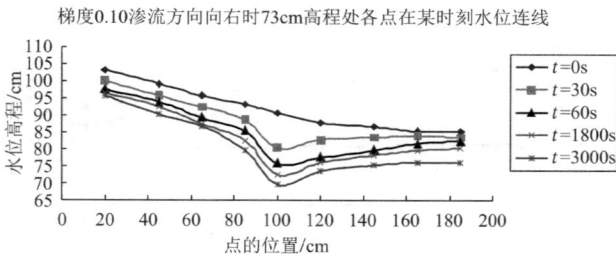

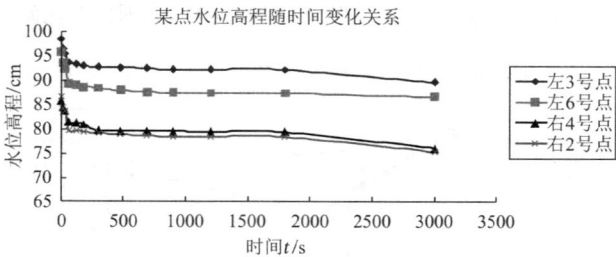

图 5.51 渗流方向向右梯度 0.10 时测点水位随时间变化关系

(a)

(b)

(c)

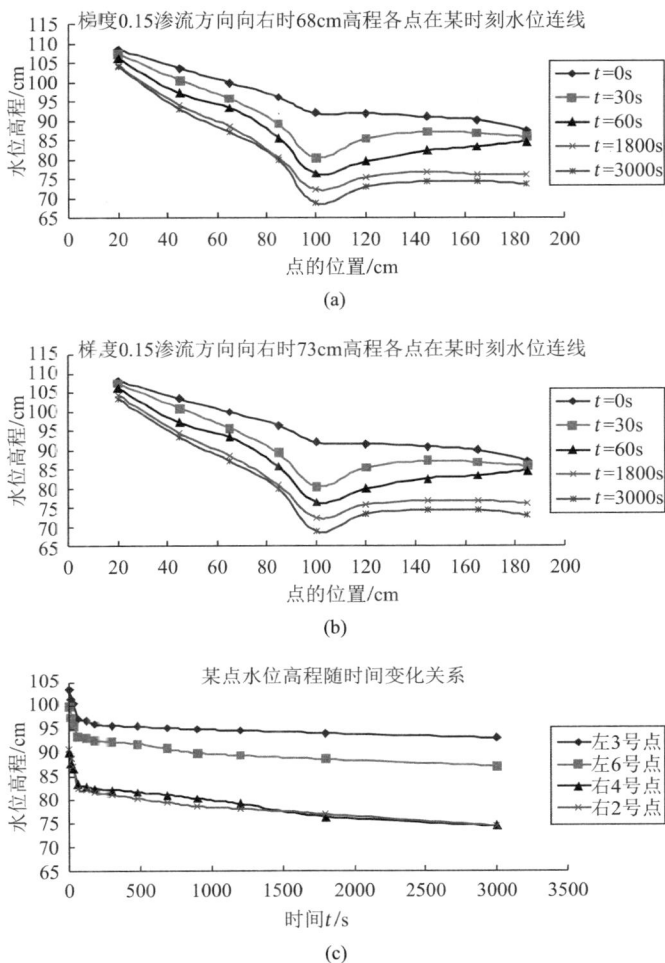

图 5.52　渗流方向向右梯度 0.15 时测点水位随时间变化关系

从试验数据图 5.43～图 5.52 和表 5.10 中可以看出：

（1）在隧道开挖的过程中，隧道出现涌水，各种工况下，涌水的累计量都会随时间而增长，但整体曲线的斜率逐渐减小，开始时刻单位时间内涌水量很大，然后呈减缓趋势，累计量曲线逐渐趋于渐近线。

（2）在不同工况下。当两侧水头为等高常水头时，随着水头的增大，涌水的总量也就越大，如 85cm 补给常水头时，在 3000s 时刻的涌水累计量为 20.59kg，在 115cm 补给常水头时的涌水累计量为 40.16kg。当两侧存在水头差时，渗流方向向左与渗流方向向右的情况基本相似，但在同一时刻，前者涌水量略大于后者。

（3）从图表中可以看出，涌水在前 1min 内曲线陡峭，在 1500～2400s 范围内曲线开始趋于平缓，3000s 后曲线斜率趋近于 0 但不为 0。在试验中遵循了几何相似和运动相似，根据模型试验的相似原理，由 $1500/t = 10^{-2}$ 推算得 $t \approx 1.74\mathrm{d}$，由 $3000/t = 10^{-2}$ 推算得 $t \approx 3.47\mathrm{d}$，即在隧道开挖的过程中出现的涌水累计量会在 2～4d 时达到稳定，速度减小。

（4）当打开水阀模拟隧道开挖时，隧道两侧水位开始下降，且越靠近隧道周围的测压管中水位下降越快，逐渐形成降落漏斗。两侧为常水头时，降落漏斗形状较为对称，但"矮胖"。随着两侧补给常水头的增高，影响范围呈现为距离隧道轴线左右各 20～80cm。当存在梯度时，初始时刻水位的连线呈近似直线形，随着隧道开挖，以渗流方向向左为例，左右水位均向隧道补给，形成不对称降落漏斗，左侧水位补给能力弱，水位曲线下降趋势小，右侧水位补给能力强，曲线下降快。

（5）经过对特定参考点的水位下降情况进行分析可知，在开挖初期因为隧道周围水位较高，下降速度很快，随着时间推移，周围水位下降，测压管中水位下降的趋势趋于平缓，甚至在后期基本保持稳定直线。

第6章

隧道开挖涌水敏感性分析

山区岩溶隧道
涌水分析与防控

6.1

计算模型建立

1）建模边界确定

为了定量分析研究隧道开挖过程遭遇溶腔发育时溶腔对隧道涌水的影响，分别就隧道纵断面和隧道横断面，通过建立长轴方向与水平线成不同夹角的椭圆形溶腔来研究溶腔发育位置对隧道涌水量的影响；其中，溶腔长轴与X轴正方向的夹角按90°、60°、30°、0°、−30°五种情况进行分析讨论。通过每个方向建立五个不同大小的溶腔来研究溶腔大小对隧道涌水量的影响；其中，溶腔长轴按8m、6m、4m、2m、1m五种情况进行分析讨论。由于实际中溶腔往往具有较好的水力联系，因此在模型中为溶腔给定了有利的水力通道，为了避免水力通道的不确定性影响隧道涌水量计算结果，给定的水力通道角度统一为70°，宽度为0.5m。

根据上述计算思路设计的分析模型如图6.1、图6.2所示，椭圆溶腔采用其形心在隧道开挖边界上的分布形式，由于隧道开挖形状为马蹄形，相同大小的溶腔在开挖后的揭露的实际影响面积不尽相同，但这部分面积相较溶腔整体对隧道涌水量的影响较小，故而不考虑这部分面积变化，按溶腔面积从小到大依次编号，以使后续分析口指代方便。

计算模型的长度200m，高度为120m，隧道形态根据实际隧道形态，由于开挖瞬间的涌水量与溶腔早期实际储水量密切相关，敏感性分析主要针对开挖后的稳定渗流场，因此计算模型的上、侧边界分别施加与实际相应的定水头边界，开挖面及溶腔边界假定其自由出流，设置为零压力水头边界。

2）模型参数确定

计算模型建立后，根据不同材料性质的差异，分别添加相应材料，并赋予相关属性。渗流分析以大关至永善高速公路（大永高速）的莲峰1号、2号隧道为反演依托工程，作为参数选取依据。将岩体简化为均质材料，岩体及水力通道的透水率q和水压力饱和渗透系数综合参考《水文地质手册》（2012）、《水文地质学原理》（2010）及类似岩土工程的经验取值，其中水力通道的透水率取150Lu，岩体的透水率介于0.1～1.0Lu之间，溶腔考虑为极端的无充填情况。水头边界的确定主要是依据研究对象的区域水文地质资料和现场水文地质调查，经分析：隧道埋深较大，建立如图6.1、图6.2所示的计算模型，模型顶部边界实际对应的地质部位仍有100～200m的压力水头存在。

为了细化边界条件和模型参数，以横剖面为例，对边界水头和岩体透水率进行参数反演。以不同边界水头和岩体透水率为变量，根据上述方法取得的参数取值范围，分别取顶部压力水头为120m、140m、160m、180m、200m，岩体透水率为0.2Lu、0.4Lu、0.6Lu、0.8Lu、1.0Lu，将不同水头边界和岩体透水率分别进行组合分析。基于水文地质调查分析计算得出的莲峰1号、2号隧道单洞流量为依据，挑选出最为接近隧址区实际地质条件的参数组合。计算所得隧道单洞流量表及不同参数组合计算所得隧道流量如

表 6.1、表 6.2 所示。

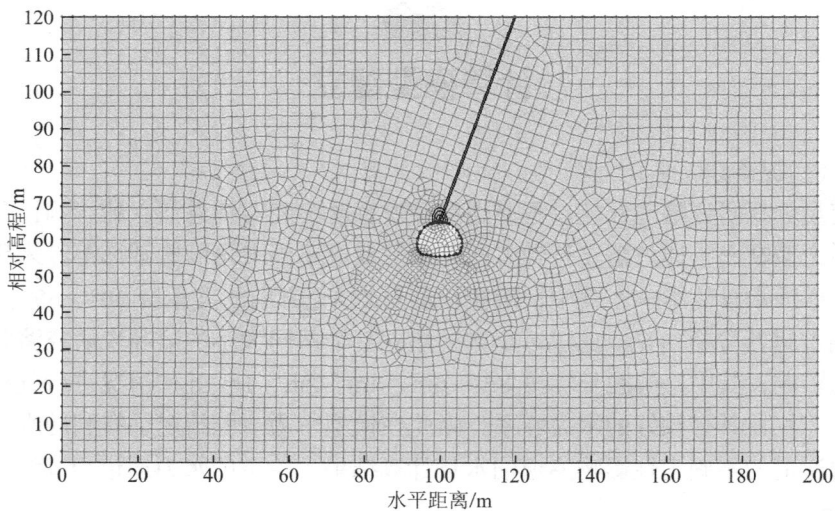

(a) 有限元模型

(b) 溶腔布置

图 6.1 横剖面计算模型示意图

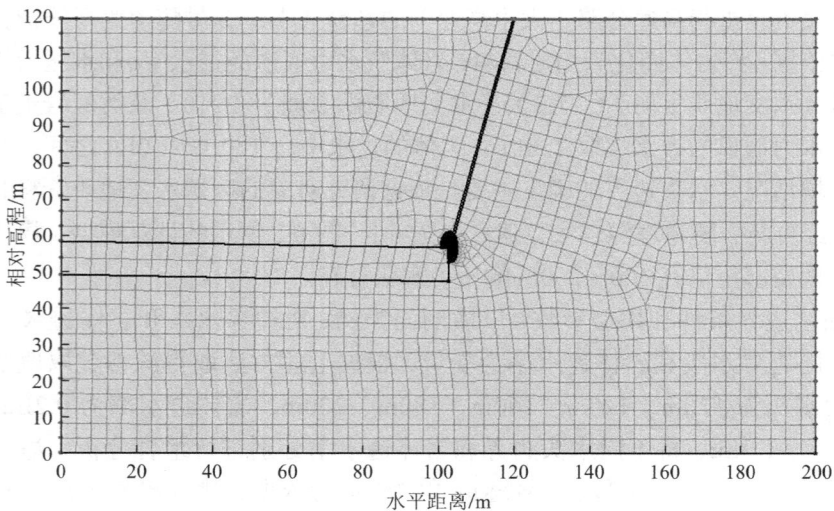

(a) 有限元模型

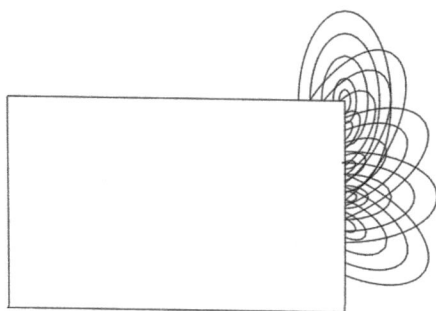

(b) 溶腔布置

图 6.2　纵剖面计算模型示意图

通过表 6.1、表 6.2 对比发现，当模型顶部边界压力水头取 120m，岩体透水率取 0.4Lu 时，计算所得单洞单宽流量为 $1.62 \times 10^{-5} \mathrm{m}^3/\mathrm{s}$，与水文地质计算的隧址区综合流量取值 $1.63 \times 10^{-5} \mathrm{m}^3/\mathrm{s}$ 最为接近。因此，取实际计算模型顶部压力水头为 120m，但考虑在试算模型中将初始实际岩体环境考虑为均质材料，未单独考虑断层、裂隙等优势水力联系通道，将岩体材料的透水率最终取值为 0.3Lu。

计算隧道单洞单宽流量表　　　　　　　　　　　表 6.1

隧道名称	洞长/m	正常流量/（m³/d）	正常单宽流量/（m³/d）	正常单宽流量/（m³/s）	综合取值/（m³/s）
莲峰 1 号	11000	15500	1.41	1.63×10^{-5}	1.81×10^{-5}
莲峰 2 号	2930	5000	1.71	1.98×10^{-5}	

不同参数组合试算单洞单宽流量表（流量单位：m³/s）　　　　　表 6.2

水头/m	透水率/Lu				
	0.2	0.4	0.6	0.8	1.0
100	6.50×10^{-6}	1.30×10^{-5}	1.95×10^{-5}	2.60×10^{-5}	3.25×10^{-5}
120	7.31×10^{-6}	1.46×10^{-5}	2.19×10^{-5}	2.93×10^{-5}	3.65×10^{-5}
140	8.12×10^{-6}	1.62×10^{-5}	2.44×10^{-5}	3.25×10^{-5}	4.06×10^{-5}
160	8.94×10^{-6}	1.79×10^{-5}	2.68×10^{-5}	3.58×10^{-5}	7.47×10^{-8}
180	9.76×10^{-6}	1.95×10^{-5}	2.93×10^{-5}	3.90×10^{-5}	4.87×10^{-5}
200	1.06×10^{-5}	2.11×10^{-5}	3.17×10^{-5}	4.23×10^{-5}	5.29×10^{-5}

6.2

横剖面分析

6.2.1　数值计算结果

1）水头计算结果

计算得出横剖面在不同溶腔方位、大小影响下的水头等势线如图 6.3～图 6.27 所示。

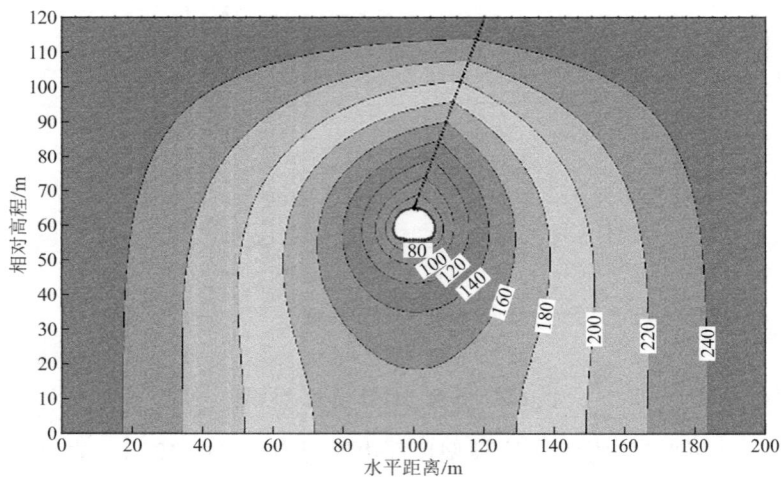

(a) 总水头

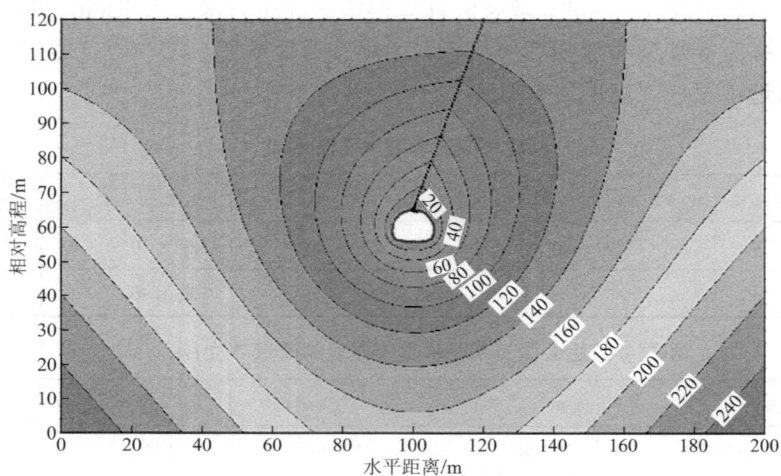

(b) 压力水头

图 6.3　90°溶腔位置①号溶腔渗流场结果

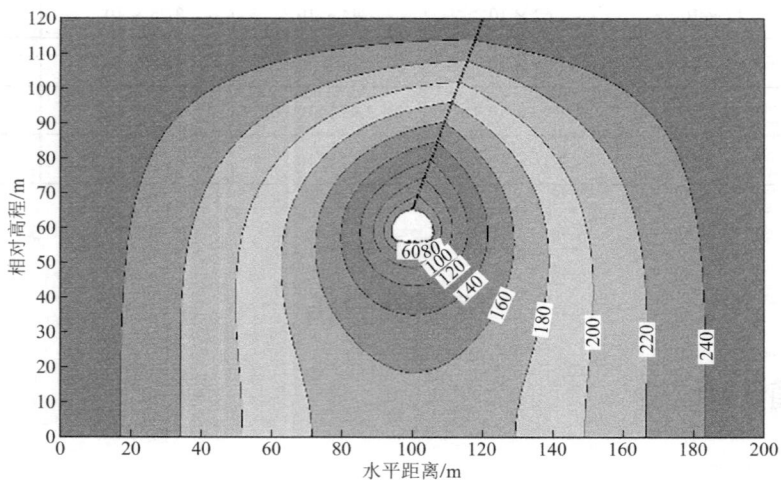

(a) 总水头

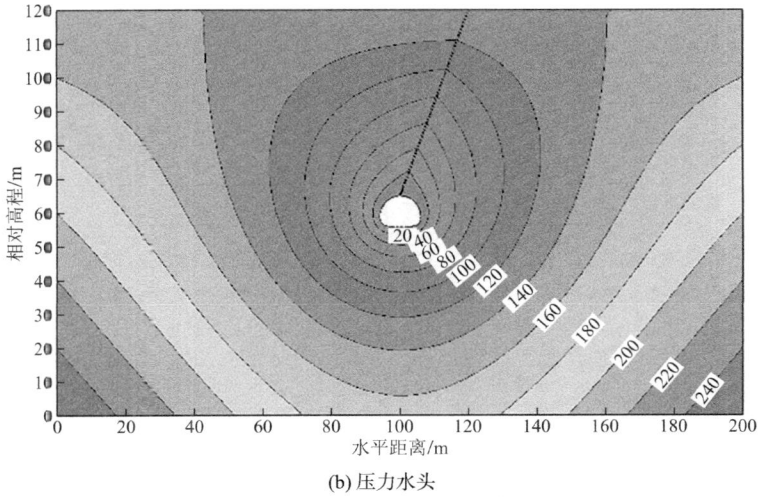

(b) 压力水头

图 6.4　90°溶腔位置②号溶腔渗流场结果

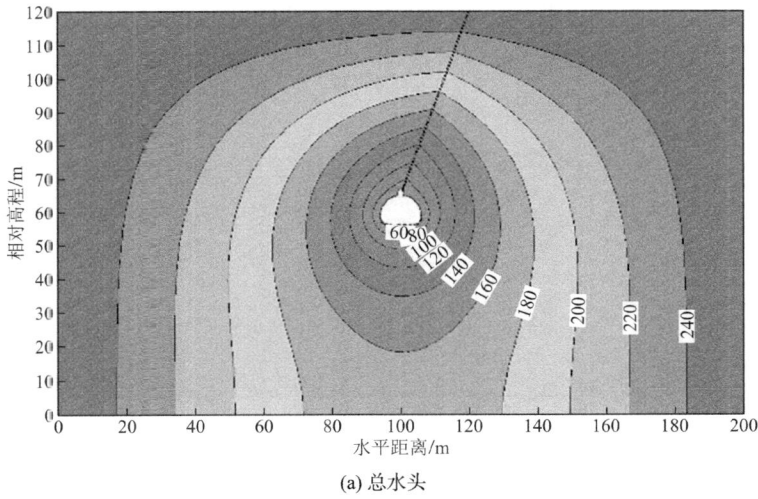

(a) 总水头

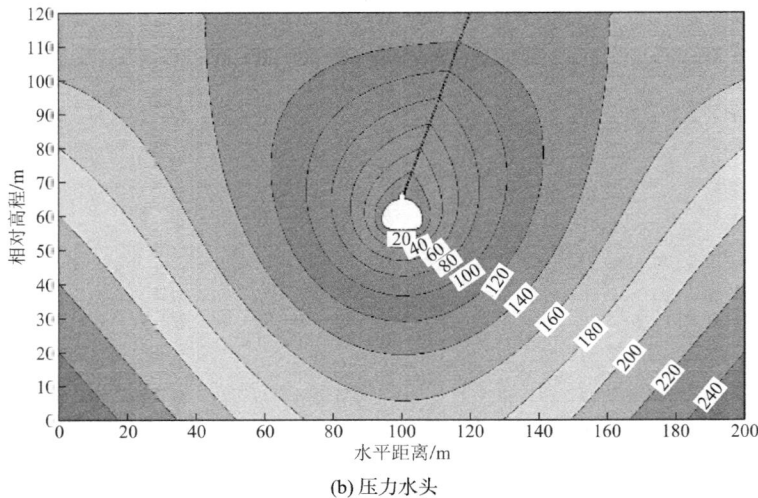

(b) 压力水头

图 6.5　90°溶腔位置③号溶腔渗流场结果

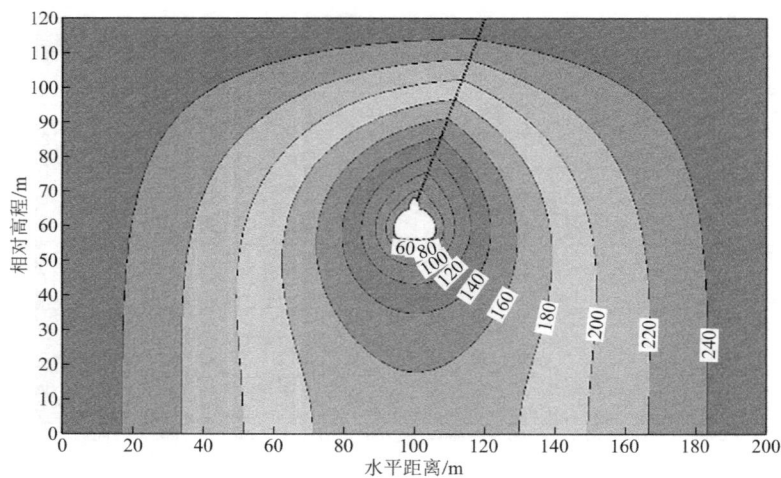

(a) 总水头

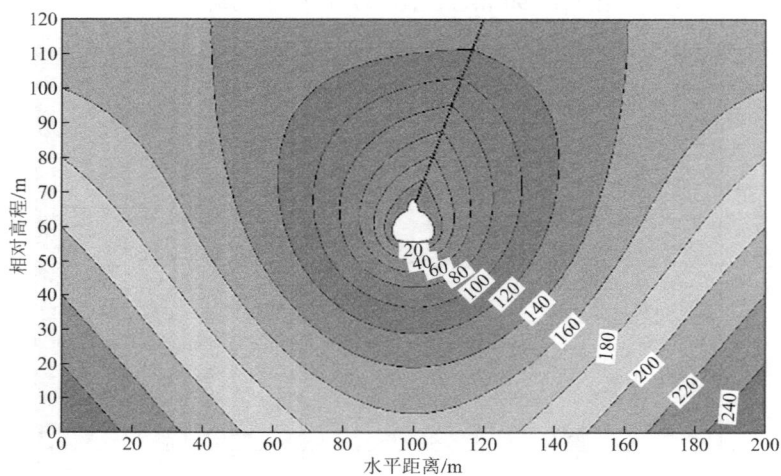

(b) 压力水头

图 6.6 90°溶腔位置④号溶腔渗流场结果

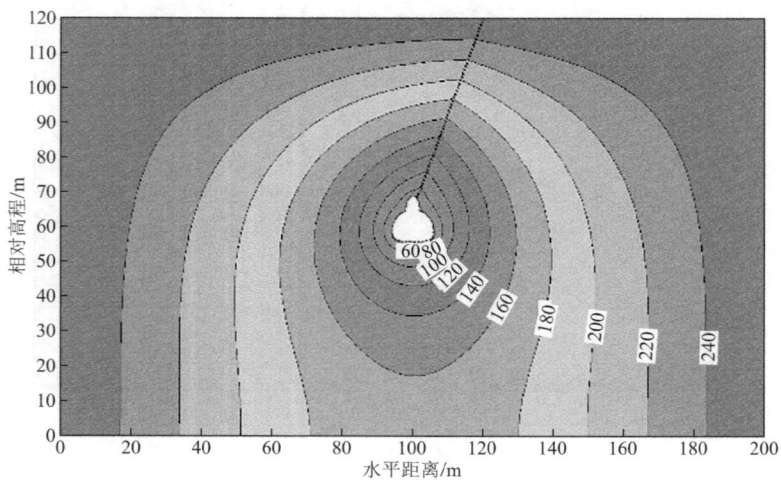

(a) 总水头

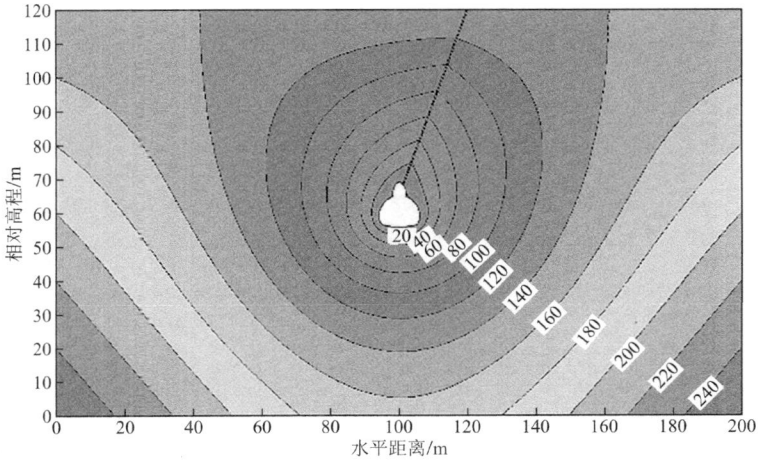

(b) 压力水头

图 6.7　90°溶腔位置⑤号溶腔渗流场结果

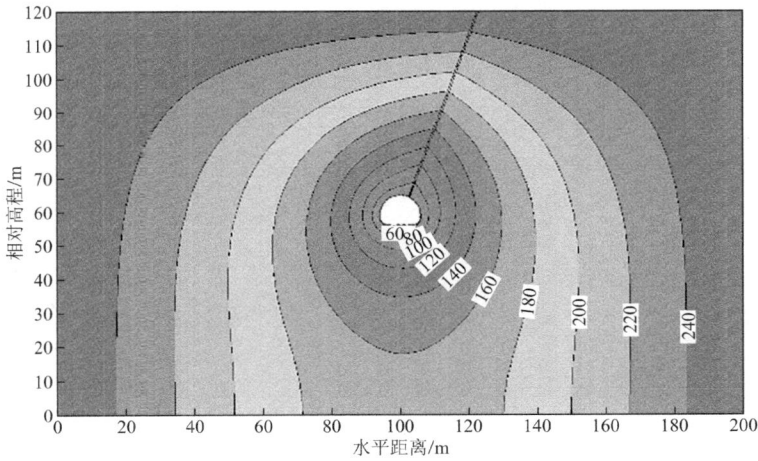

(a) 总水头

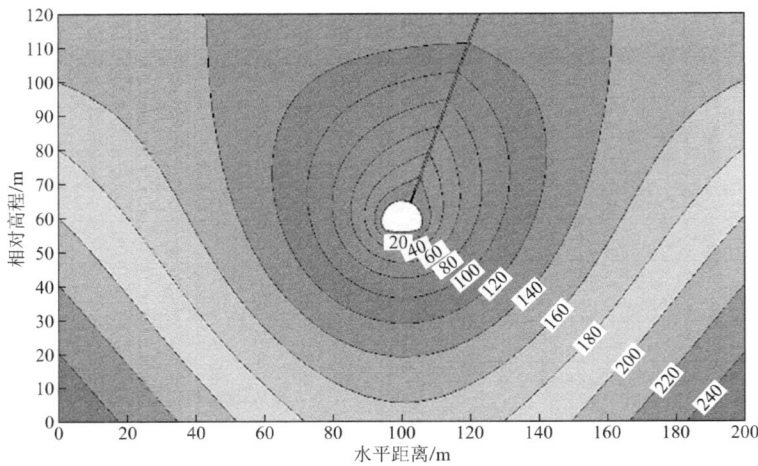

(b) 压力水头

图 6.8　60°溶腔位置①号溶腔渗流场结果

115

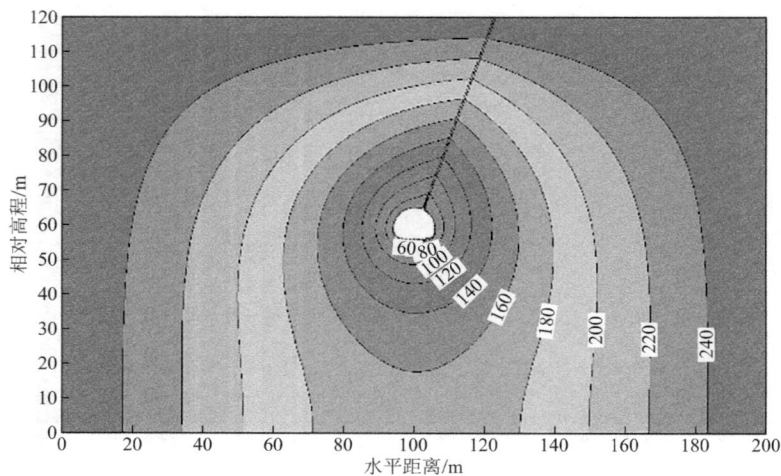

(a) 总水头

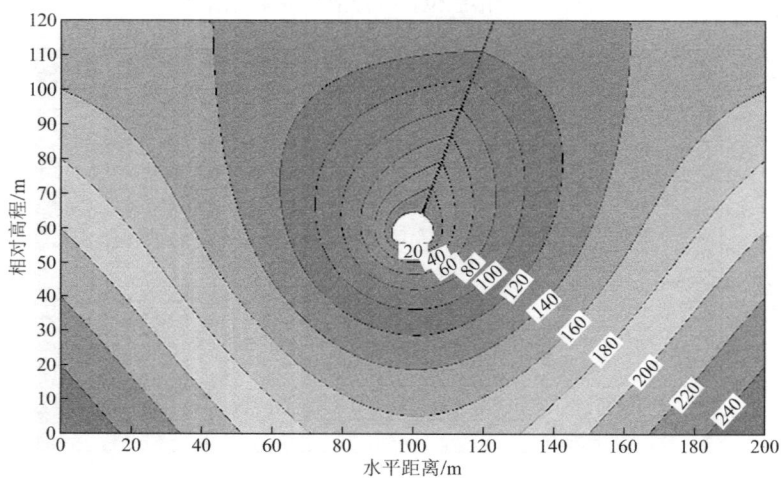

(b) 压力水头

图 6.9　60°溶腔位置②号溶腔渗流场结果

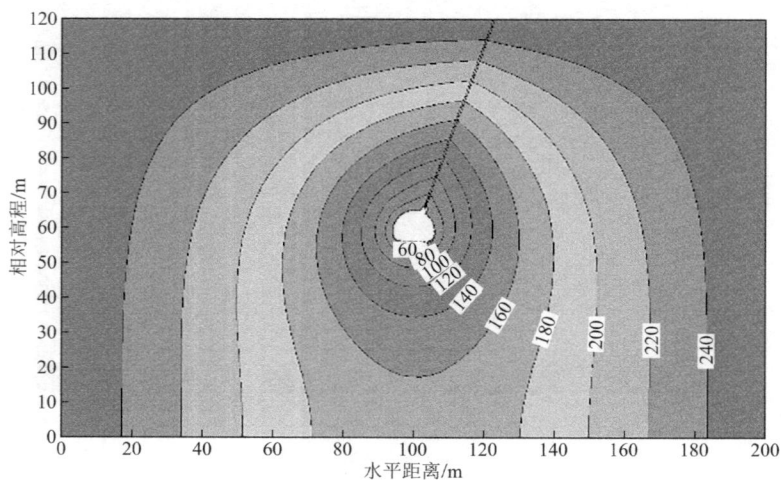

(a) 总水头

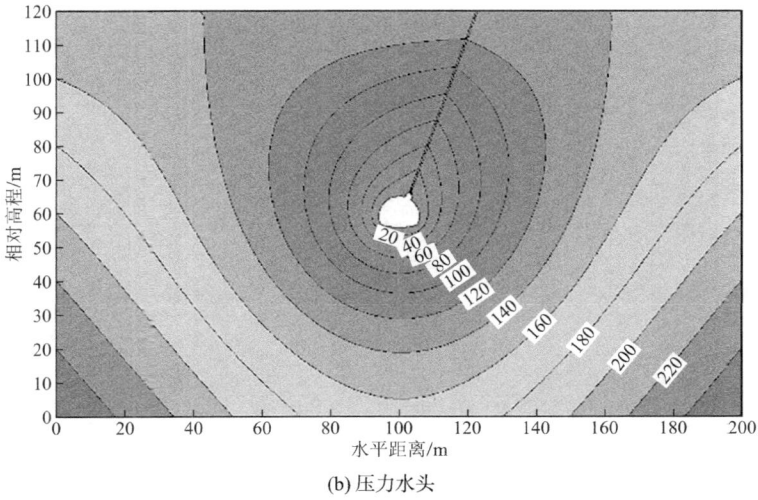

(b) 压力水头

图 6.10　60°溶腔位置③号溶腔渗流场结果

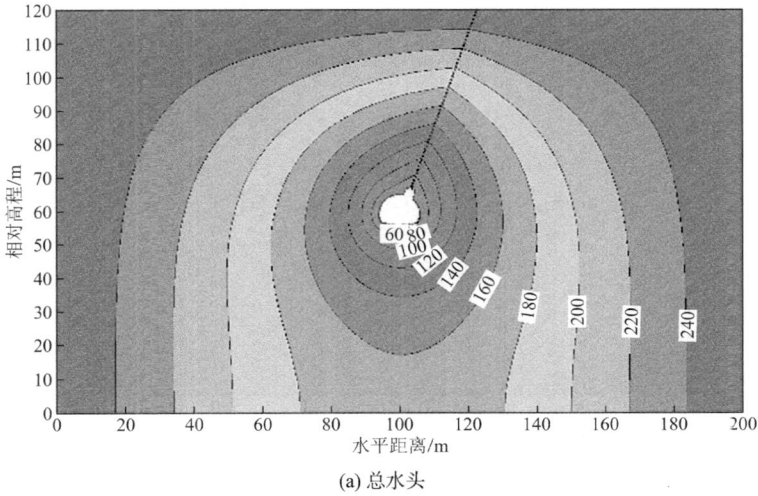

(a) 总水头

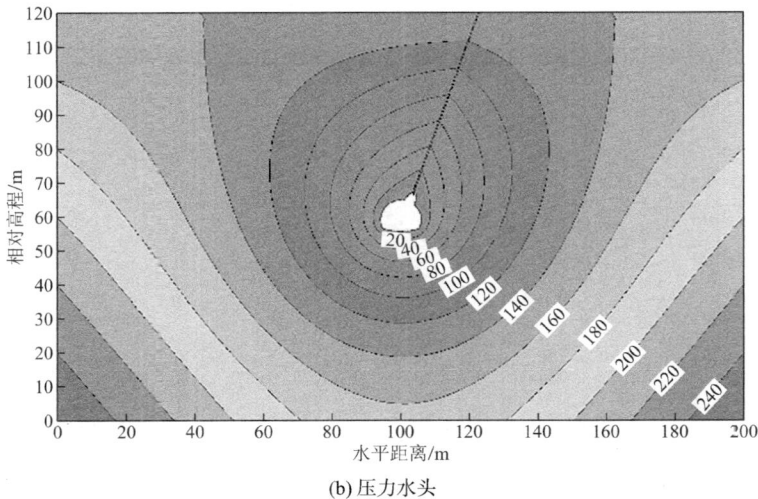

(b) 压力水头

图 6.11　60°溶腔位置④号溶腔渗流场结果

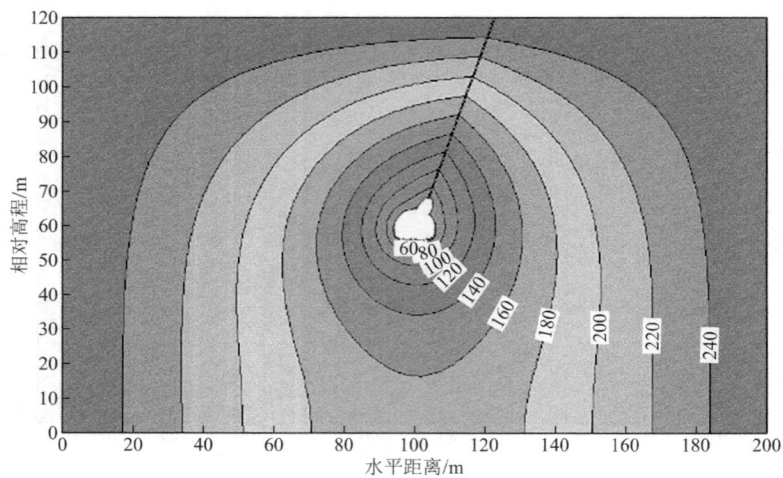

(a) 总水头

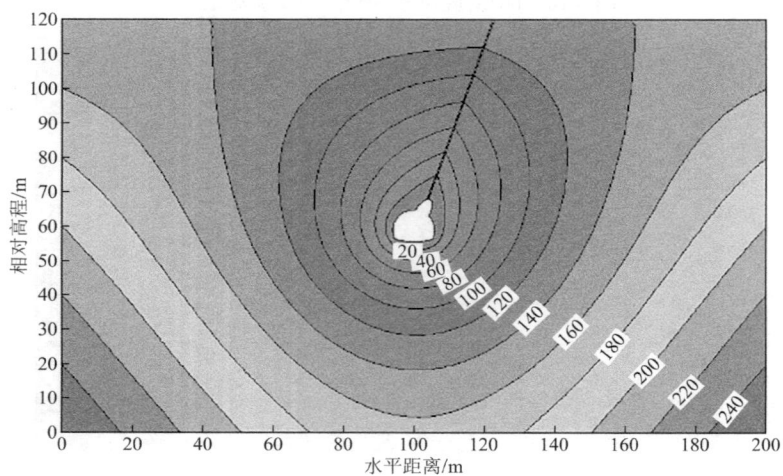

(b) 压力水头

图 6.12　60°溶腔位置⑤号溶腔渗流场结果

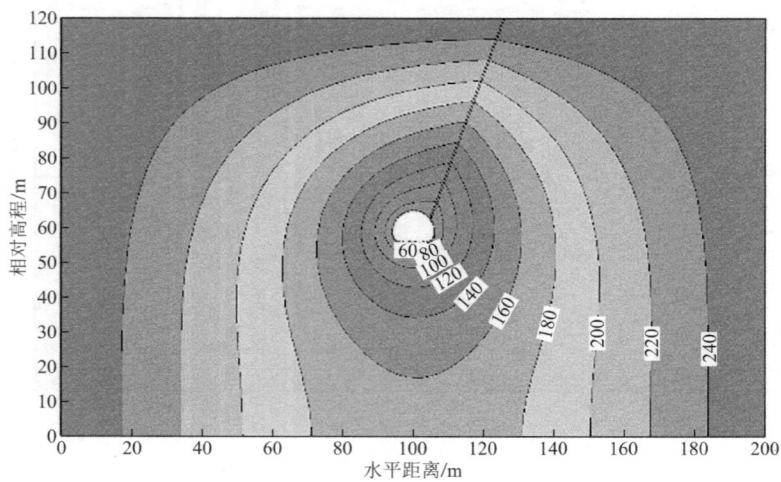

(a) 总水头

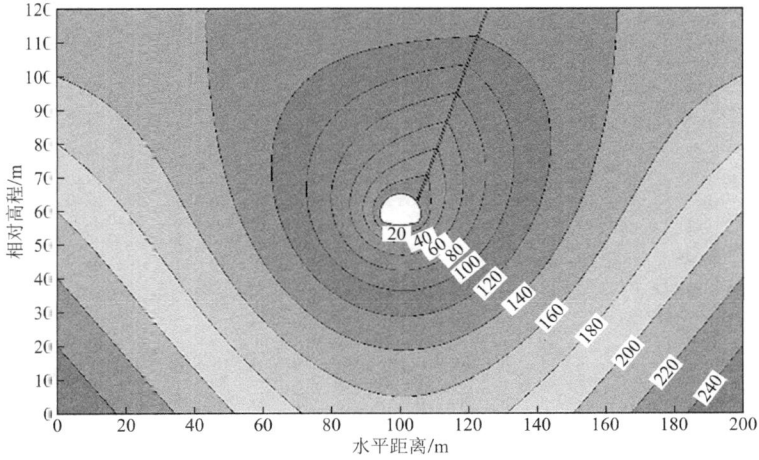

(b) 压力水头

图 6.13 30°溶腔位置①号溶腔渗流场结果

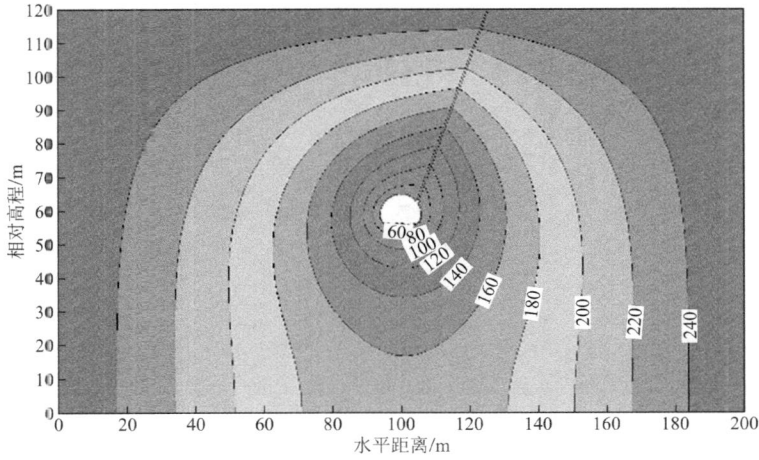

(a) 总水头

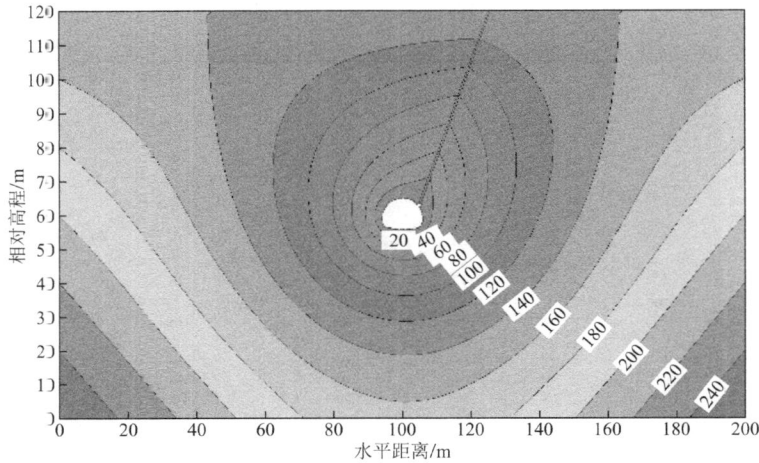

(b) 压力水头

图 6.14 30°溶腔位置②号溶腔渗流场结果

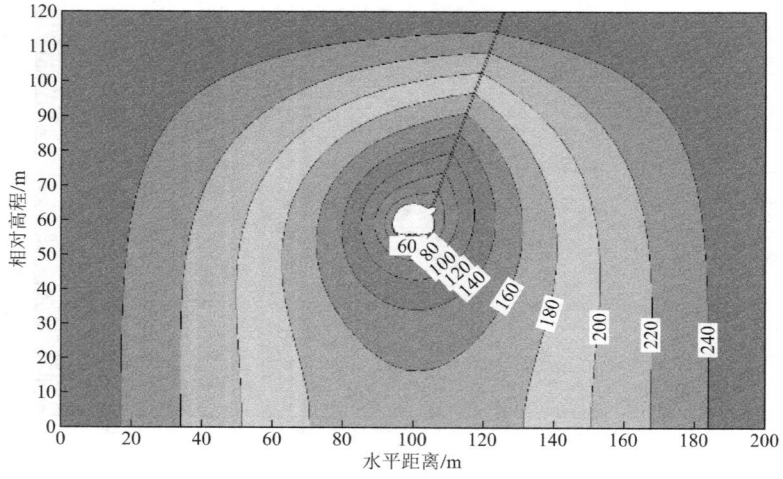

(a) 总水头

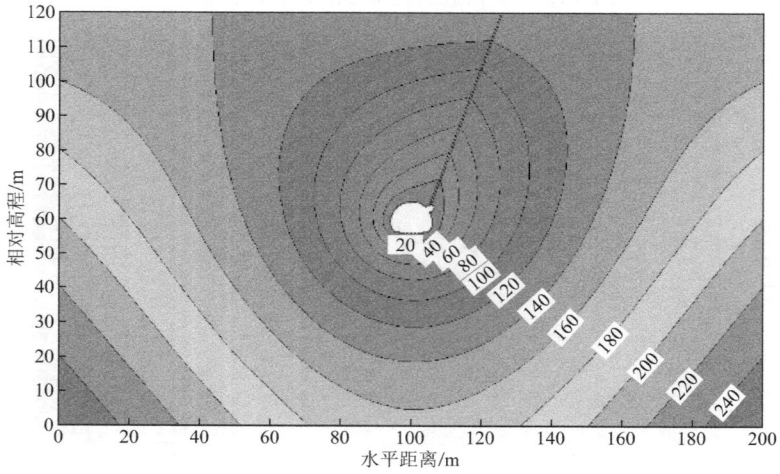

(b) 压力水头

图 6.15　30°溶腔位置③号溶腔渗流场结果

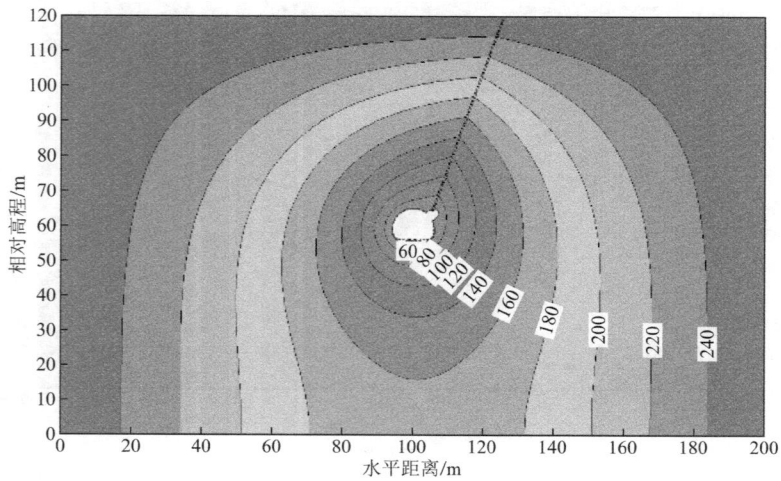

(a) 总水头

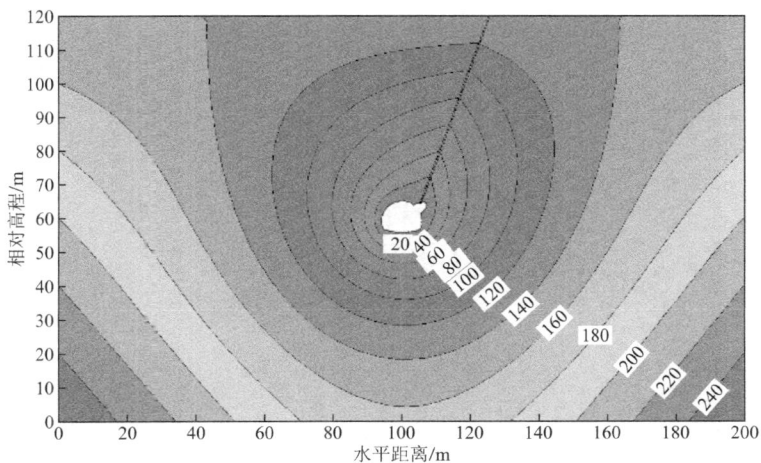

(b) 压力水头

图 6.16　30°溶腔位置④号溶腔渗流场结果

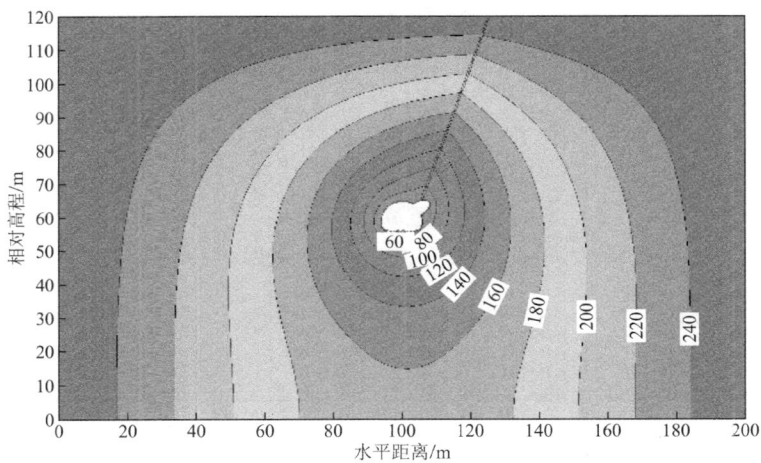

(a) 总水头

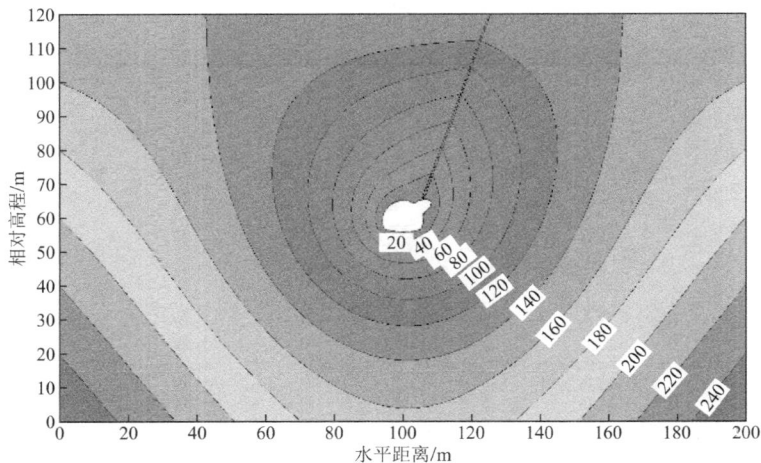

(b) 压力水头

图 6.17　30°溶腔位置⑤号溶腔渗流场结果

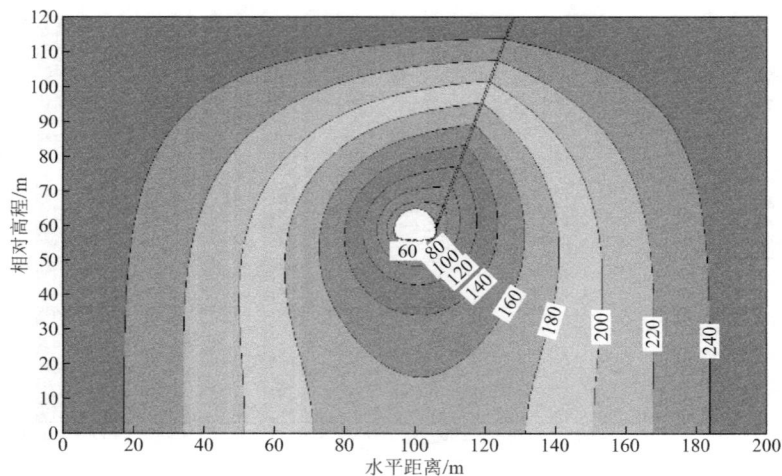

(a) 总水头

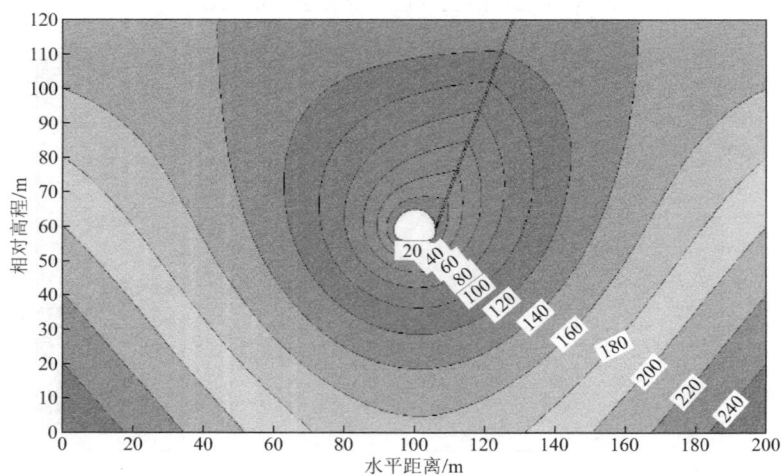

(b) 压力水头

图 6.18　0°溶腔位置①号溶腔渗流场结果

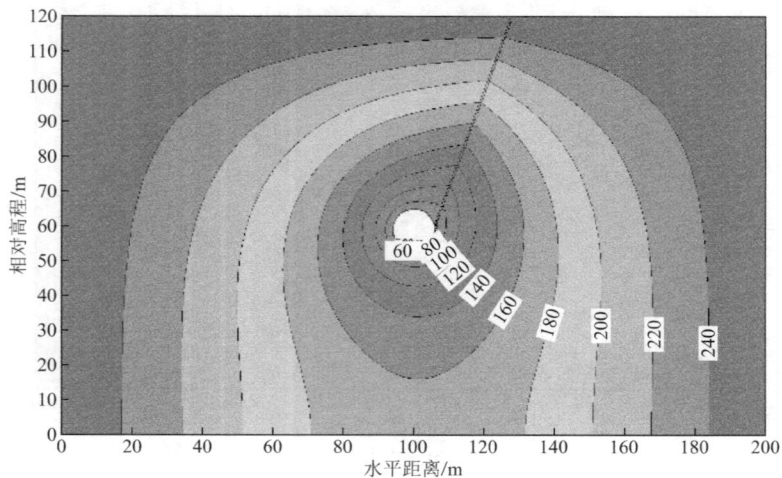

(a) 总水头

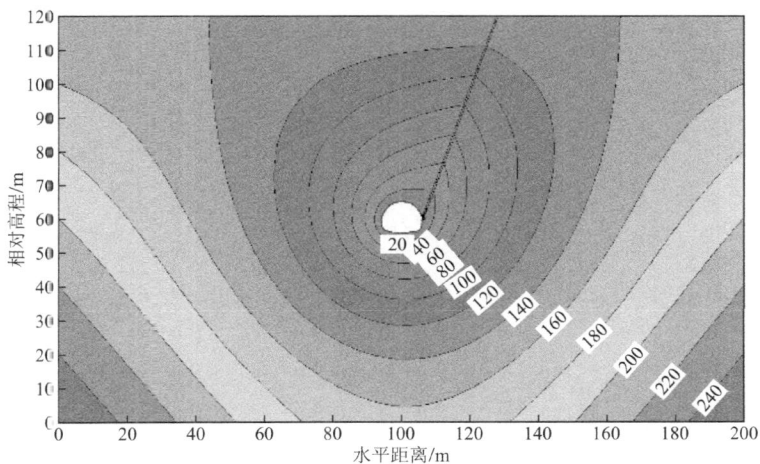

(b) 压力水头

图 6.19 0°溶腔位置②号溶腔渗流场结果

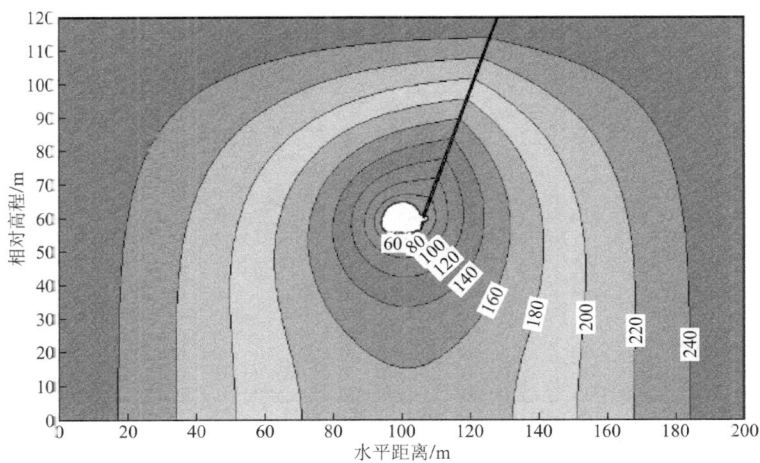

(a) 总水头

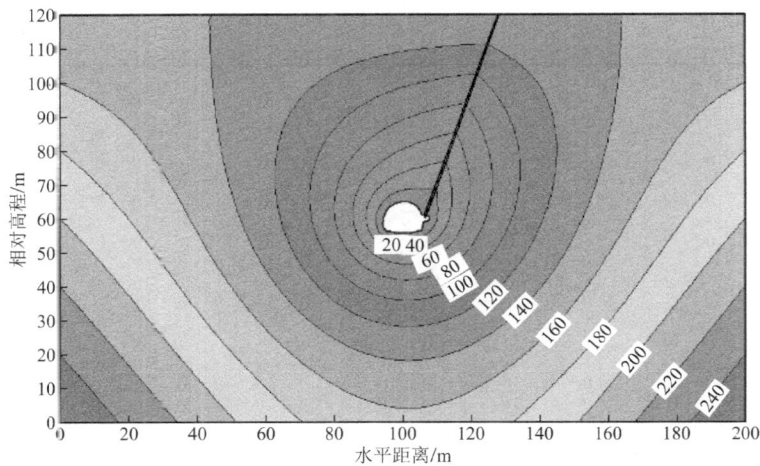

(b) 压力水头

图 6.20 0°溶腔位置③号溶腔渗流场结果

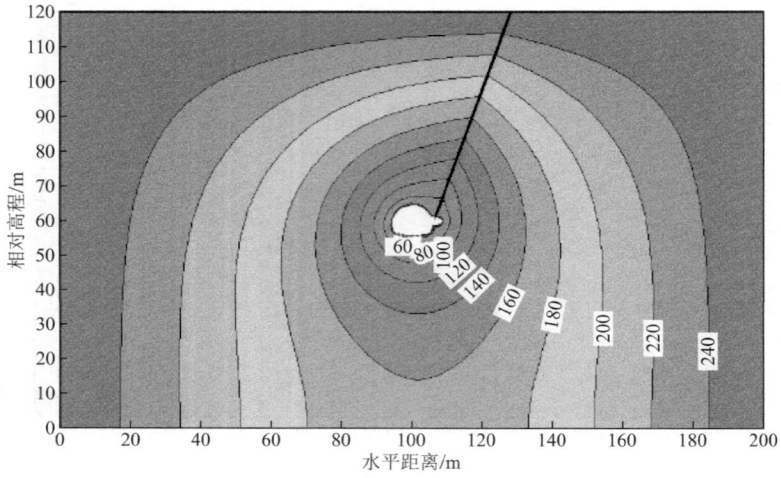

(a) 总水头

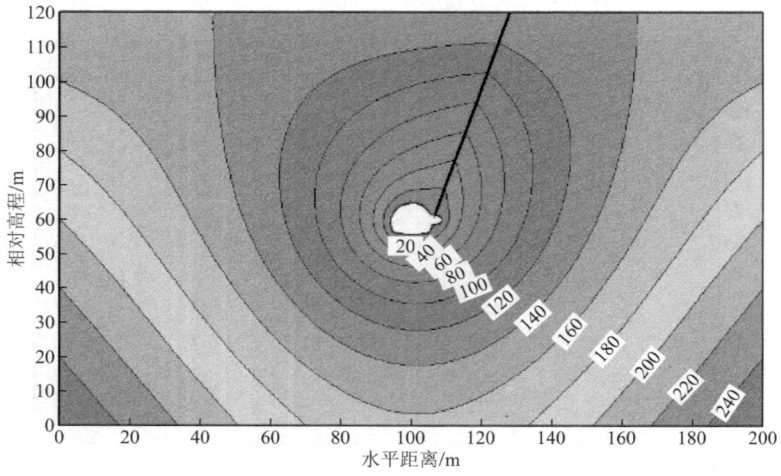

(b) 压力水头

图 6.21　0°溶腔位置④号溶腔渗流场结果

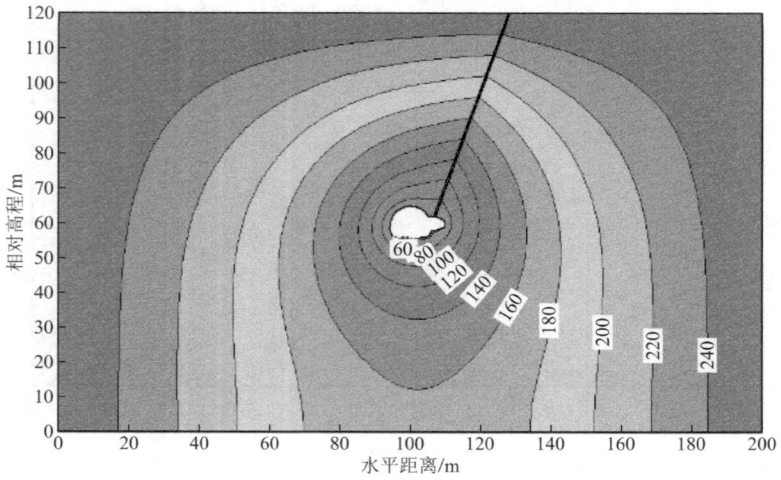

(a) 总水头

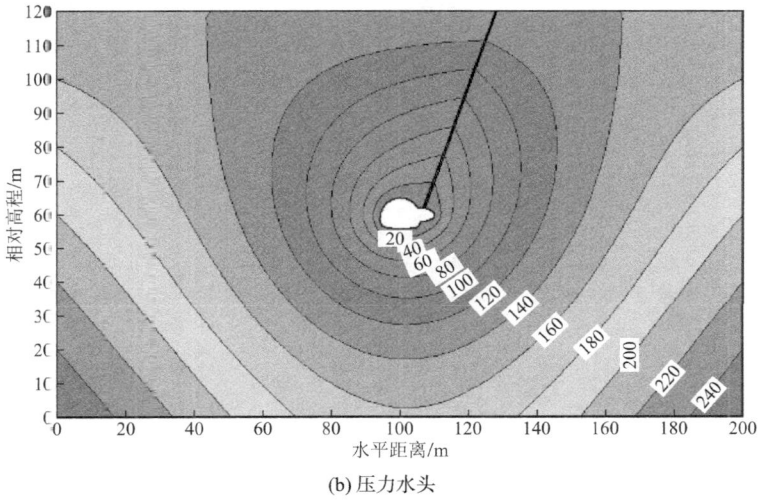

(b) 压力水头

图 6.22　0°溶腔位置⑤号溶腔渗流场结果

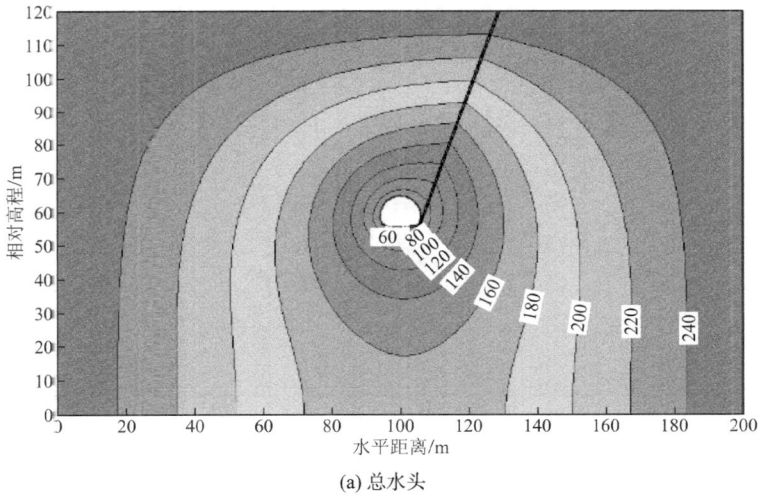

(a) 总水头

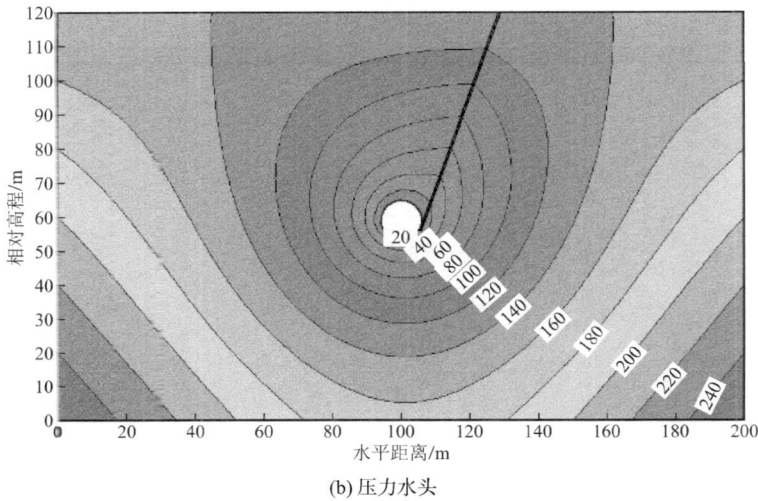

(b) 压力水头

图 6.23　−30°溶腔位置①号溶腔渗流场结果

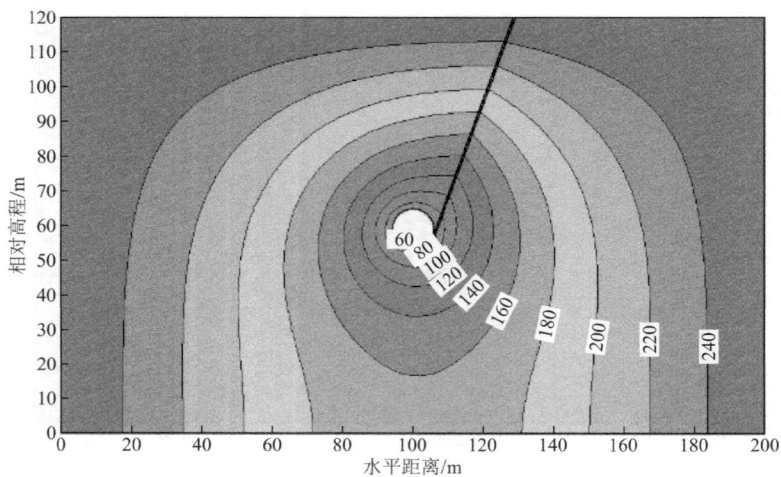

(a) 总水头

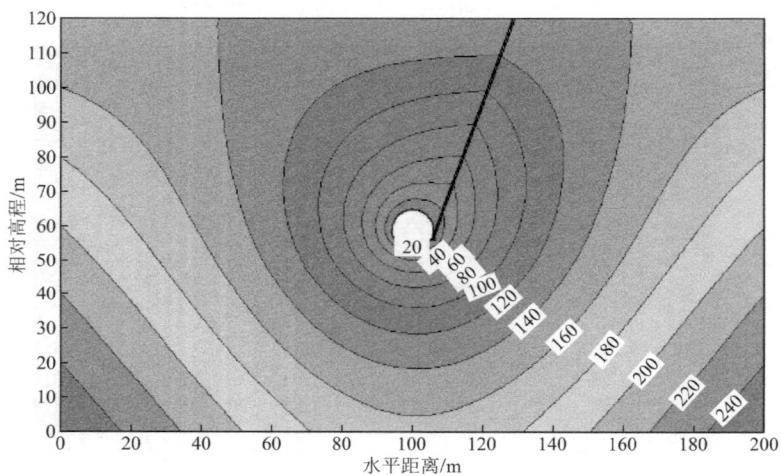

(b) 压力水头

图 6.24　−30°溶腔位置②号溶腔渗流场结果

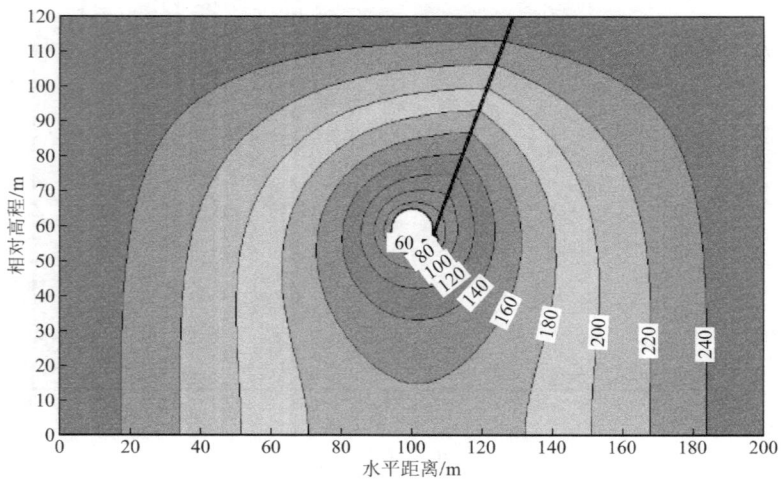

(a) 总水头

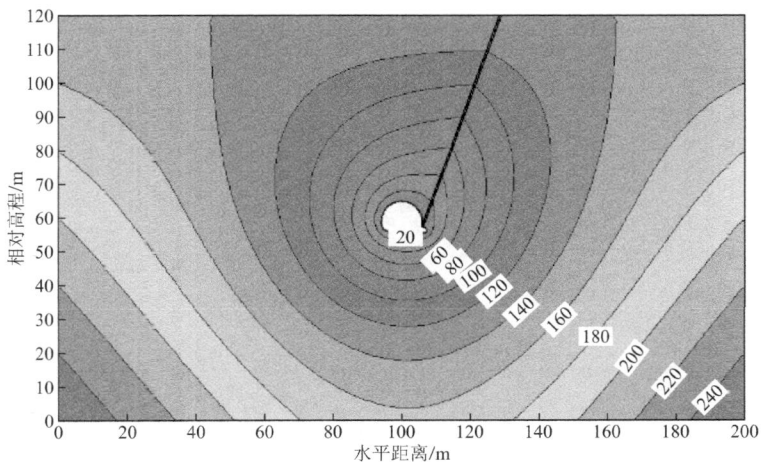

(b) 压力水头

图 6.25 −30°溶腔位置③号溶腔渗流场结果

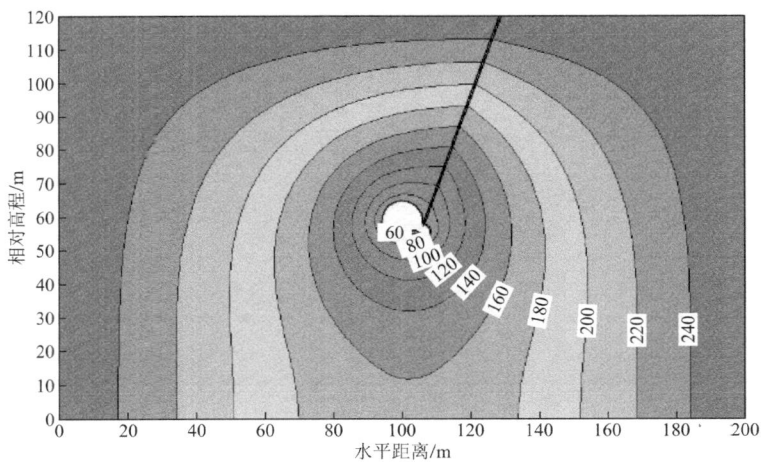

(a) 总水头

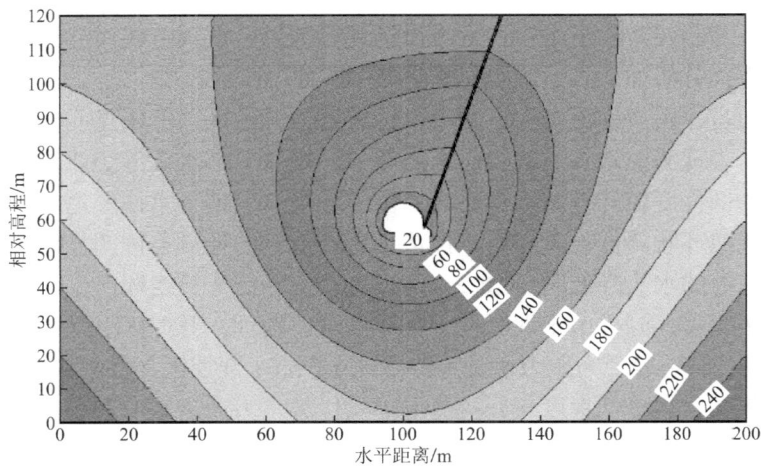

(b) 压力水头

图 6.26 −30°溶腔位置④号溶腔渗流场结果

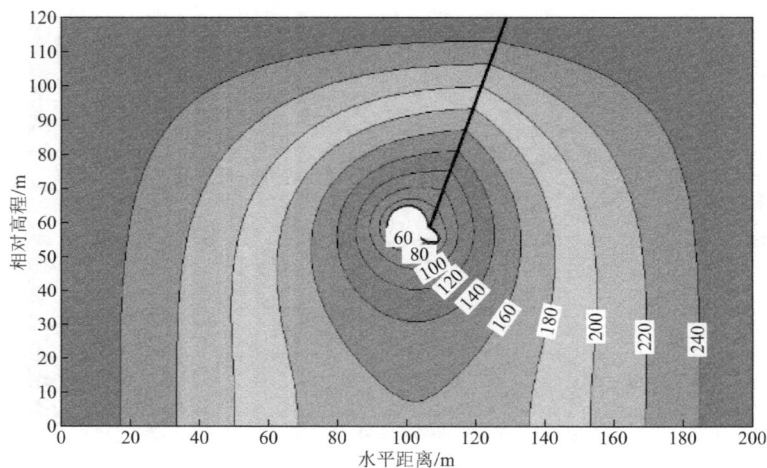

(a) 总水头

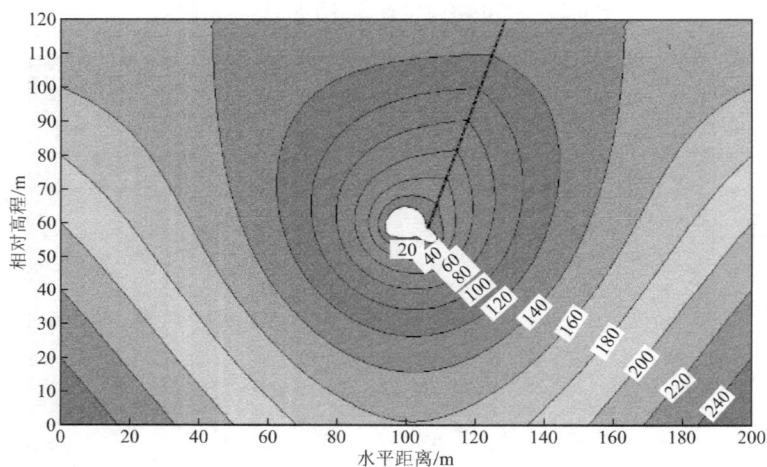

(b) 压力水头

图 6.27　−30°溶腔位置⑤号溶腔渗流场结果

　　根据图 6.3～图 6.27 所示的横剖面渗流场计算结果，发现溶腔对隧道渗流场的影响具有很强的规律性，分析如下。

　　就总水头而言，由于埋深较大，距潜水位较远，开挖区上部未见明显的大范围下凹形降水漏斗，而是表现为总水头等势线向上凸起；开挖区下部水头等势线向下凹陷，总水头明显降低，且降低程度较开挖区上部略大；由于隧道周围地下水往隧道方向出流，隧道周围的总水头呈近似环状降低；此外由于优势水力通道处的径流条件明显好于周围岩体，因此优势水力通道处的水头降低明显增快，使得总水头降低等势线环产生显著外突。

　　就压力水头而言，同样由于埋深较大，距潜水位较远，开挖区上部未见明显的大范围下凹形降水漏斗，而是表现为压力水头等势线向上凸起；开挖区下部水头等势线向下凹陷，压力水头明显降低，但降低程度与开挖区上部受优势水力通道影响较小部位接近；由于隧道周围地下水往隧道方向出流，隧道周围的压力水头呈近似环状降低；但由于优势水力联系通道处的径流条件明显好于周围岩体，因此优势水力通道处的水头降低明显增快，使得压力水头降低等势线环产生显著外突。

此外，通过详细对比各溶腔发育方位和溶腔发育大小条件下的总水头等势线和压力水头等势线，可以观察得出：随溶腔方位的下移及溶腔体积的增大，总水头等势线和压力水头等势线均表现出一定的向下偏移。且开挖区下部的总水头等势线和压力水头等势线随溶腔方位下移及溶腔体积增大的向下偏移较开挖区上部尤为明显，而开挖区上部的总水头等势线和压力水头等势线偏移较集中发生在优势水力联系通道部位附近，这主要是由于优势水力联系通道的存在能显著改变周围的渗流场。

2）最大水力梯度计算结果

前面主要讨论了溶腔方位和大小对隧道周围水压力场分布的影响。但是溶腔方位和大小除影响隧道周围水压力场分布外，还会对隧道边界附近的水力梯度变化产生显著影响。表 6.3～表 6.5 列举了在不同溶腔方位和大小条件下隧道周围、溶腔附近、优势水力联系通道部位出现的最大水力梯度变化。

隧道周围最大水力梯度统计 表 6.3

溶腔面积编号	溶腔长轴与X轴正方向夹角/°				
	90	60	30	0	−30
1	13	13	13	13	13
2	13	13	13	13	13
3	13	13	13	13	13
4	13	13	13	13	13
5	13	13	13	13	13

溶腔附近最大水力梯度统计 表 6.4

溶腔面积编号	溶腔长轴与X轴正方向夹角/°				
	90	60	30	0	−30
1	5	4	6	10	18
2	7	5	9	14	19
3	9	6	10	15	20
4	9	7	11	16	18
5	9	7	11	17	16

水力通道部位最大水力梯度统计 表 6.5

溶腔面积编号	溶腔长轴与X轴正方向夹角/°				
	90	60	30	0	−30
1	4	4	4	4	6
2	5	4	4	4	6
3	5	4	4	4	5
4	5	5	4	4	5
5	5	5	4	4	5

根据表 6.3~表 6.5 计算结果，不考虑溶腔及优势水力联系通道，隧道的最大水力梯度出现在隧道下部两侧，且最大水力梯度基本稳定在 13 左右，受溶腔方位及大小变化的影响较小。

由于受隧道开挖及溶腔揭露后的地下水补给渗流场的影响，溶腔附近部位的最大水力梯度受溶腔方位及大小变化的影响较为明显，且受溶腔方位变化的影响尤为明显。主要表现为随溶腔增大，溶腔附近部位产生的最大水力梯度增大；而受渗流场发育及优势水力通道对流场改变的共同影响，溶腔附近部位的最大水力梯度随溶腔长轴与 X 轴正方向的夹角从 90°变化至-30°，呈现出先减小再增大的变化趋势。其中溶腔长轴与 X 轴正方向的夹角为-30°时，溶腔附近部位产生的最大水力梯度最大，这可能是与隧道自身在附近位置水力梯度最大的叠加效果；而溶腔长轴与 X 轴正方向的夹角为 60°时，溶腔部位最大水力梯度的减小可能是由于固定方位优势水力联系通道在此条件下的输水条件较好。此外，发现当溶腔长轴与 X 轴正方向的夹角为-30°时，随溶腔增大至一定程度，溶腔部位的最大水力梯度反而有所降低，这可能是溶腔输水能力提升带来的影响。

而优势水力联系通道处，由于地下水的径流条件较好，此处的最大水力梯度随溶腔方位及溶腔大小的变化相对较小，基本保持在 4~5 之间。该水力梯度明显超过了断层、破碎带、软弱夹层等软弱带内可能充填的细小颗粒物质的允许水力梯度，会发生潜在的突泥等渗透破坏，在设计和开挖过程中应充分考虑优势水力联系通道的性质及充填情况，确保施工运营期间的工程安全。

3）截面流量计算结果

表 6.6、表 6.7 列举了在不同溶腔方位和大小条件下隧道全截面及溶腔处的流量变化。

全截面流量统计（流量单位：m^3/s）　　　　　　　　　　表 6.6

溶腔面积编号	溶腔长轴与X轴正方向夹角/°				
	90	60	30	0	-30
1	3.53×10^{-5}	3.72×10^{-5}	3.87×10^{-5}	3.74×10^{-5}	3.33×10^{-5}
2	3.59×10^{-5}	3.74×10^{-5}	3.89×10^{-5}	3.77×10^{-5}	3.34×10^{-5}
3	3.63×10^{-5}	3.77×10^{-5}	3.90×10^{-5}	3.79×10^{-5}	3.35×10^{-5}
4	3.66×10^{-5}	3.82×10^{-5}	3.95×10^{-5}	3.82×10^{-5}	3.38×10^{-5}
5	3.72×10^{-5}	3.88×10^{-5}	4.00×10^{-5}	3.85×10^{-5}	3.39×10^{-5}

溶腔流量统计（流量单位：m^3/s）　　　　　　　　　　表 6.7

溶腔面积编号	溶腔长轴与X轴正方向夹角/°				
	90	60	30	0	-30
1	2.60×10^{-5}	2.76×10^{-5}	2.93×10^{-5}	2.81×10^{-5}	2.22×10^{-5}
2	2.63×10^{-5}	2.80×10^{-5}	2.97×10^{-5}	2.86×10^{-5}	2.34×10^{-5}
3	2.67×10^{-5}	2.87×10^{-5}	3.03×10^{-5}	2.92×10^{-5}	2.47×10^{-5}

续表

溶腔面积编号	溶腔长轴与X轴正方向夹角/°				
	90	60	30	0	−30
4	2.78×10^{-5}	2.95×10^{-5}	3.09×10^{-5}	2.99×10^{-5}	2.57×10^{-5}
5	2.87×10^{-5}	3.04×10^{-5}	3.17×10^{-5}	3.06×10^{-5}	2.65×10^{-5}

根据表 6.6、表 6.7 所列的截面流量统计结果可知，截面流量受溶腔方位及溶腔大小的影响较大，且呈现出明显的规律性，而截面流量又是隧道施工及抽排水设计过程中需要特别关心的关键信息。因此，对溶腔方位和大小对截面流量的变化做单独的参数敏感性分析，总结得出其一般影响规律，以便指导类似工程的科学设计及施工。

6.2.2 溶腔位置敏感性分析

根据表 6.6、表 6.7 所示的截面流量统计成果，绘制出了如图 6.28、图 6.29 所示的流量-夹角曲线图。

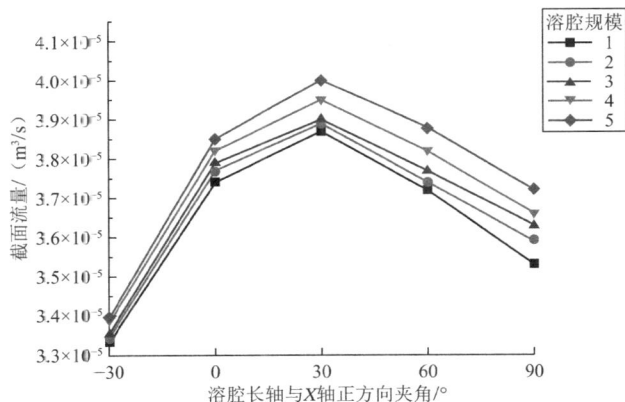

图 6.28 夹角与全截面流量关系曲线

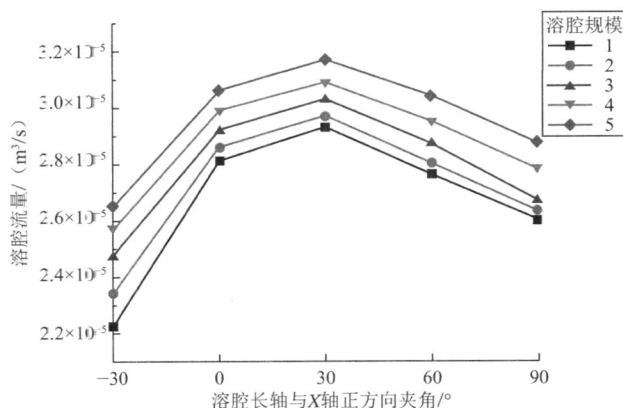

图 6.29 夹角与溶腔流量关系曲线

根据图 6.28 可以看出，随溶腔长轴与X轴正方向的夹角自−30°变化至 90°，隧道全截面的流量变化呈现出先增大后减小的趋势，以溶腔规模介于中间的③号溶腔为例，随夹角从小到大，截面流量自 $-30°$ 夹角时的 $3.35 \times 10^{-5} \mathrm{m}^3/\mathrm{s}$ 增大至 $30°$ 夹角时的 $3.90 \times 10^{-5} \mathrm{m}^3/\mathrm{s}$，再随夹角增大至 $90°$ 减小为 $3.63 \times 10^{-5} \mathrm{m}^3/\mathrm{s}$。

而根据图 6.29 可以看出，溶腔流量变化也呈现出这种随夹角增大先增加后减小的变化趋势。同样以溶腔规模介于中间的③号溶腔为例，随夹角从小到大，截面流量自 $-30°$ 夹角时的 $2.47 \times 10^{-5} \mathrm{m}^3/\mathrm{s}$ 增大至 $30°$ 夹角时的 $3.03 \times 10^{-5} \mathrm{m}^3/\mathrm{s}$，再随夹角增大至 $90°$ 减小为 $2.67 \times 10^{-5} \mathrm{m}^3/\mathrm{s}$。

对比全截面和溶腔处的流量变化发现，在溶腔规模一致条件下，全截面与溶腔处二者随夹角变化而产生的流量变化较为接近，说明全截面流量产生此类变化的原因主要是溶腔流量存在此种变化规律。溶腔流量这种变化规律主要是受洞室开挖后补给渗流场特征的影响，同时优势水力联系通道的位置变化也会对渗流场起到一定的改造作用。

6.2.3 溶腔大小敏感性分析

根据表 6.6、表 6.7 所示的截面流量统计成果，绘制出了如图 6.30、图 6.31 所示的流量-溶腔规模曲线图。

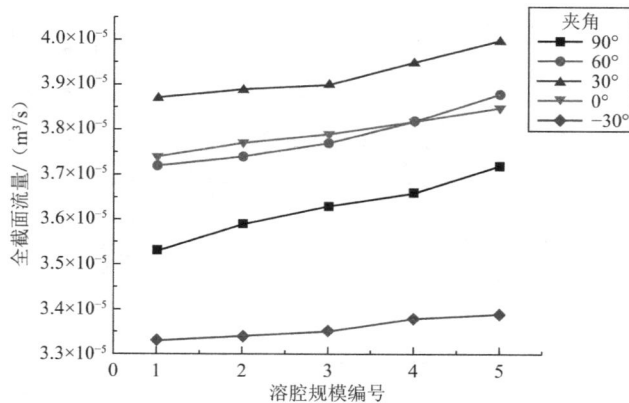

图 6.30　溶腔规模与全截面流量关系曲线

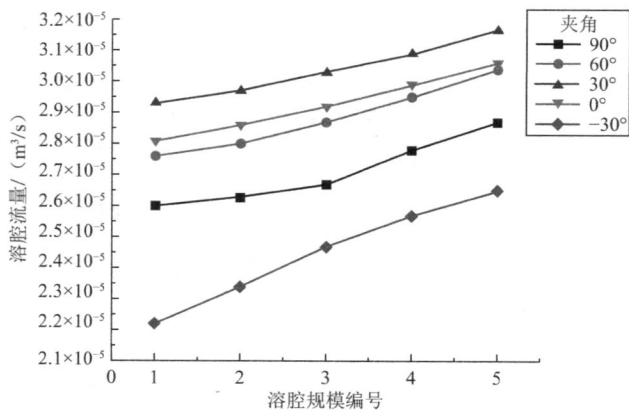

图 6.31　溶腔规模与溶腔流量关系曲线

根据图 6.30 可以看出，随溶腔规模变大，隧道全截面的流量变化呈现出持续增大的变化趋势，以流量最大的溶腔长轴与 X 轴正方向夹角为 $30°$ 的溶腔为例，随溶腔规模由①号增大至⑤号，截面流量由 $3.87 \times 10^{-5} \text{m}^3/\text{s}$ 增大至 $4.00 \times 10^{-5} \text{m}^3/\text{s}$。

根据图 6.31 可以看出，溶腔流量也呈现出随溶腔规模的变大而持续增大的变化趋势，同样以流量最大的溶腔长轴与 X 轴正方向夹角为 30° 的溶腔为例，随溶腔规模由①号增大至⑤号，截面流量由 $2.93 \times 10^{-5} \text{m}^3/\text{s}$ 增大至 $3.17 \times 10^{-5} \text{m}^3/\text{s}$。

对比全截面和溶腔处的流量变化发现，在溶腔方位一致条件下，溶腔处随溶腔规模变化而产生的流量变化较全截面流量变化更大，说明随溶腔规模变大，溶腔处的流量有所增加，而其隧道其他部位的流量反而有所减少。分析这种现象产生的原因是随溶腔体积增大，溶腔周围地下水的排泄面变大，排泄条件变好，且受优势水力联系通道影响，溶腔周围的地下水补给条件更好，因此溶腔附近部位的流量自然随溶腔，即排泄面的增大而增大；但更多的地下水从溶腔处流出，改变了原有的渗流场，使其他部位的地下水补给变少，从而进一步导致其他部位的流量变小。

6.3

纵剖面分析

6.3.1 数值计算结果

1）水头计算结果

纵剖面溶腔位置影响同样分析五种情况，考虑溶腔长轴与隧道轴线的夹角分别为 0°、30°、60°、90°、120°，即隧道掌子面正上方（0°）、隧道掌子面上前方（30°）、隧道掌子面上前方（60°）、隧道掌子面下前方（90°）、隧道掌子面右下方（120°）。溶腔大小影响分析同样分析五种情况，溶洞简化为椭圆形状，椭圆长短轴之比为 2∶1，五种椭圆溶腔长轴分别为 4.0m（⑤号）、3.0m（④号）、2.0m（③号）、1.0m（②号）、0.5m（①号），椭圆溶腔短轴分别为 2.0m、1.5m、1.0m、0.5m、0.25m。

五个位置考虑五种不同溶腔大小，共计 25 种工况，其他的数值参数条件都是相同的。计算结果如图 6.32～图 6.56 所示。

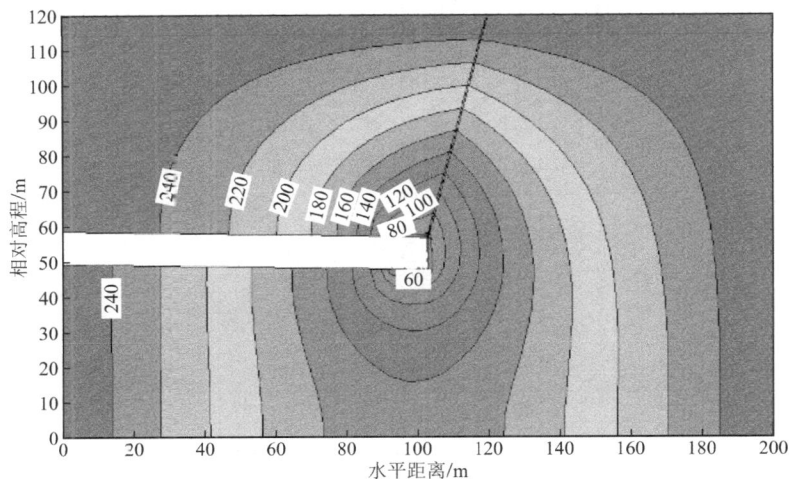

(a) 总水头

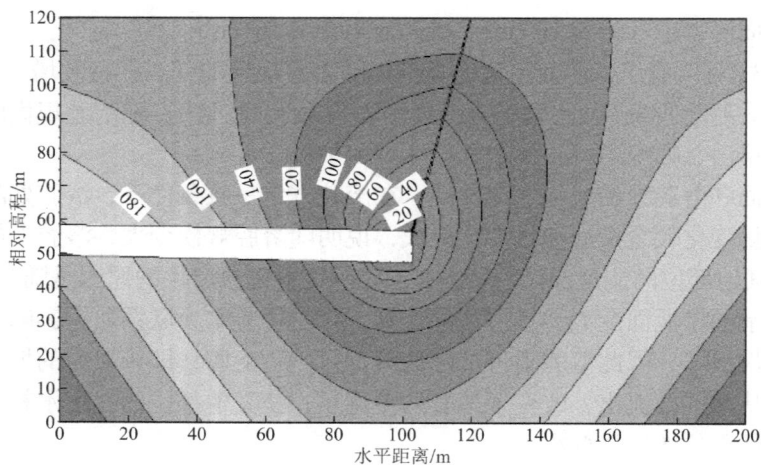

(b) 压力水头

图 6.32　0°位置①号溶洞渗流结果

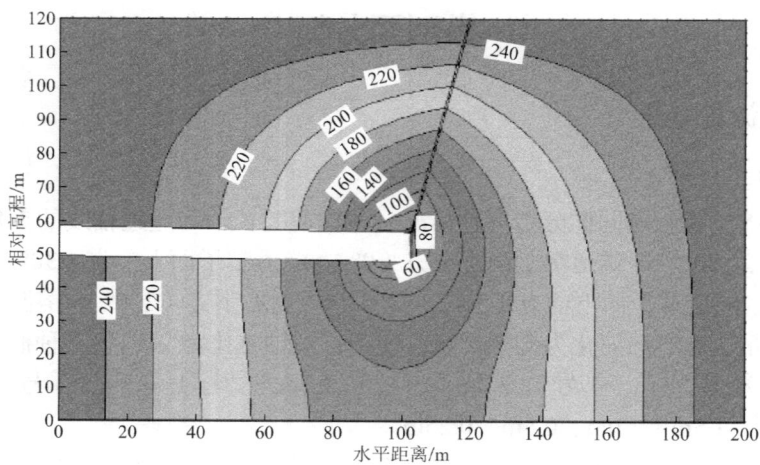

(a) 总水头

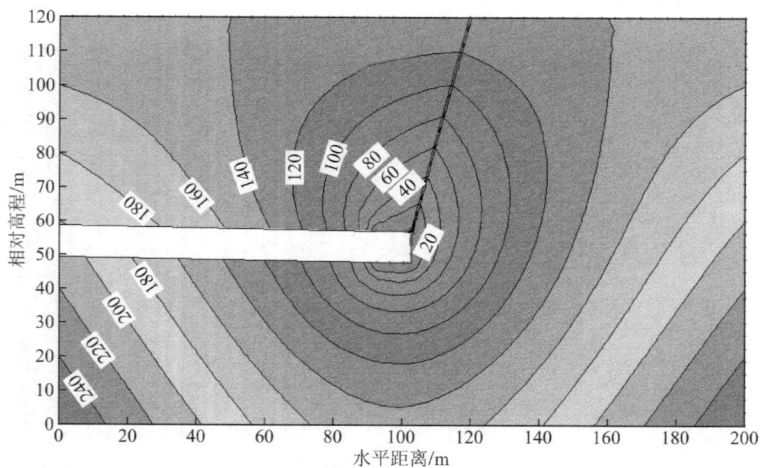

(b) 压力水头

图 6.33　0°位置②号溶洞渗流结果

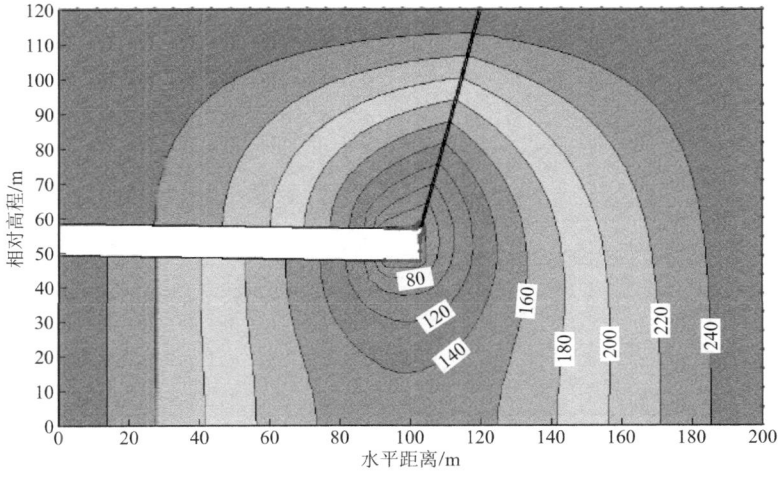

(a) 总水头

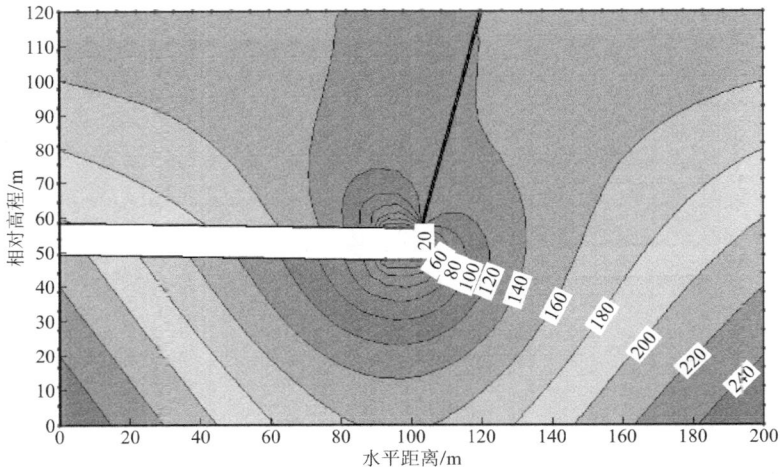

(b) 压力水头

图 6.34　0°位置③号溶洞渗流结果

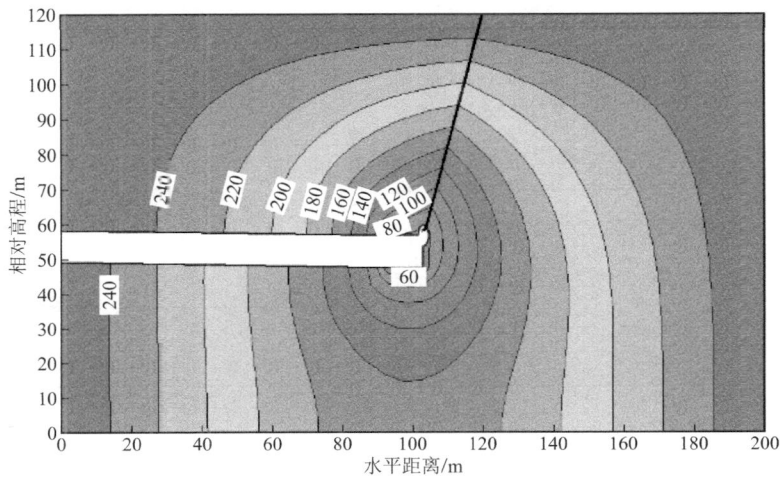

(a) 总水头

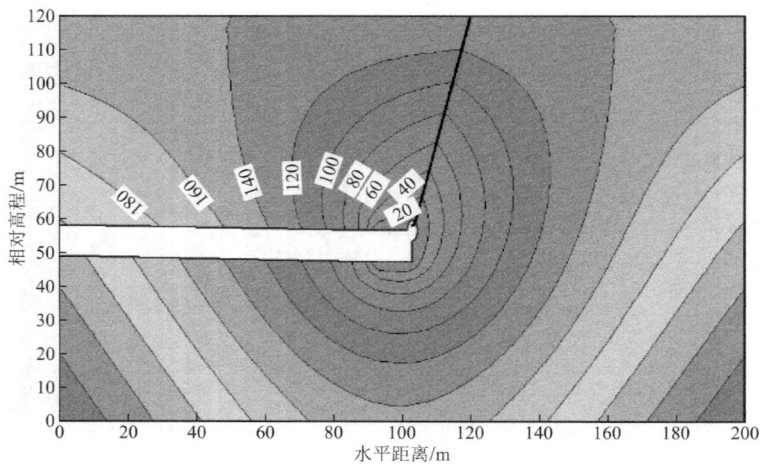

(b) 压力水头

图 6.35　0°位置④号溶洞渗流结果

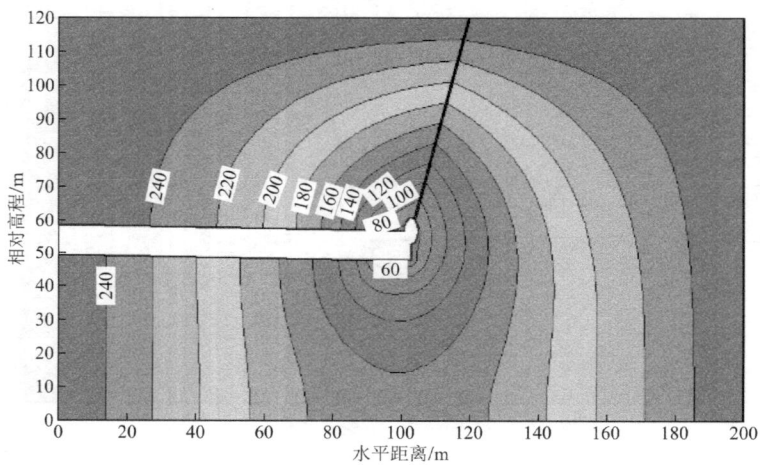

(a) 总水头

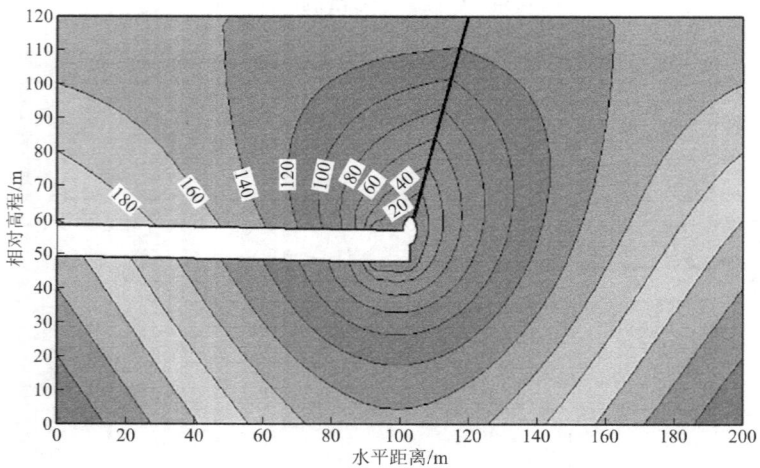

(b) 压力水头

图 6.36　0°位置⑤号溶洞渗流结果

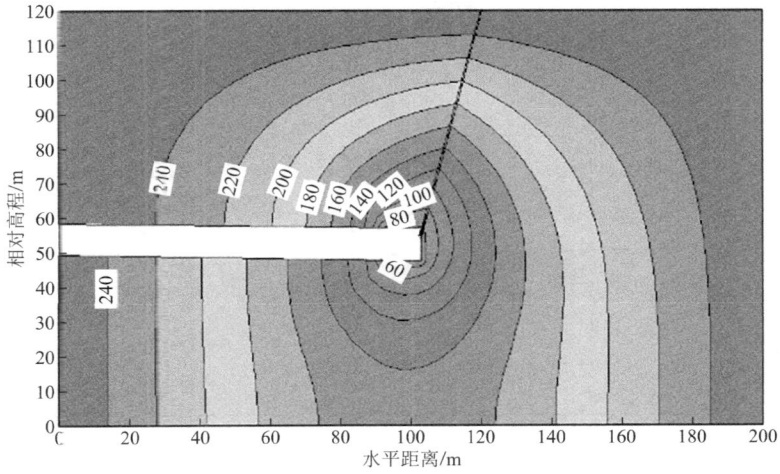

(a) 总水头

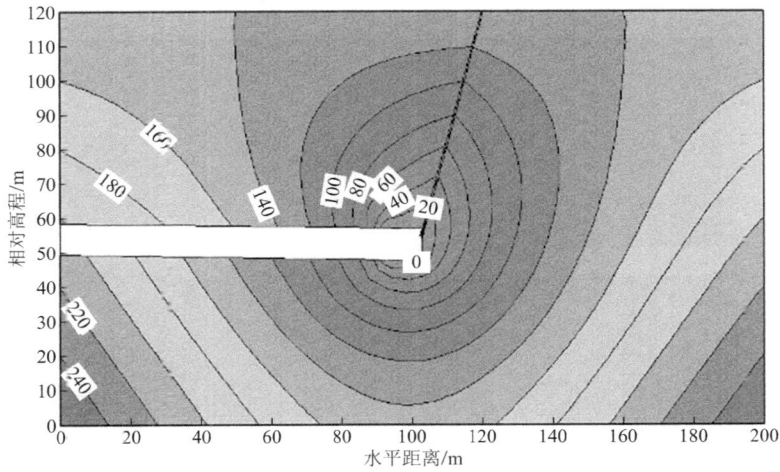

(b) 压力水头

图 6.37　30°位置①号溶洞渗流结果

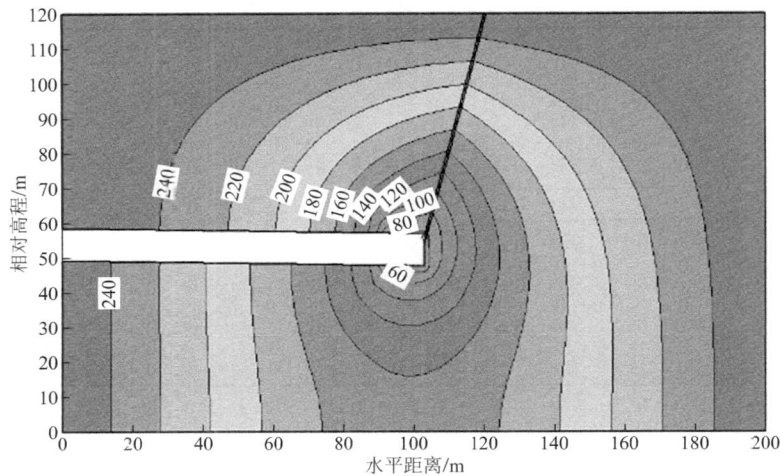

(a) 总水头

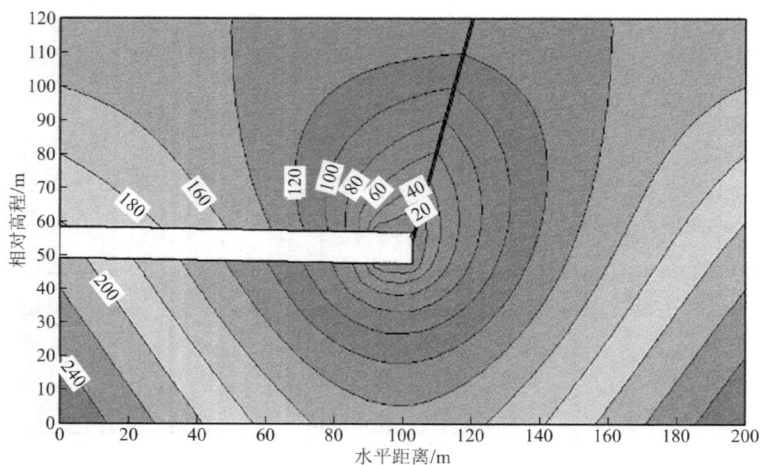

(b) 压力水头

图 6.38　30°位置②号溶洞渗流结果

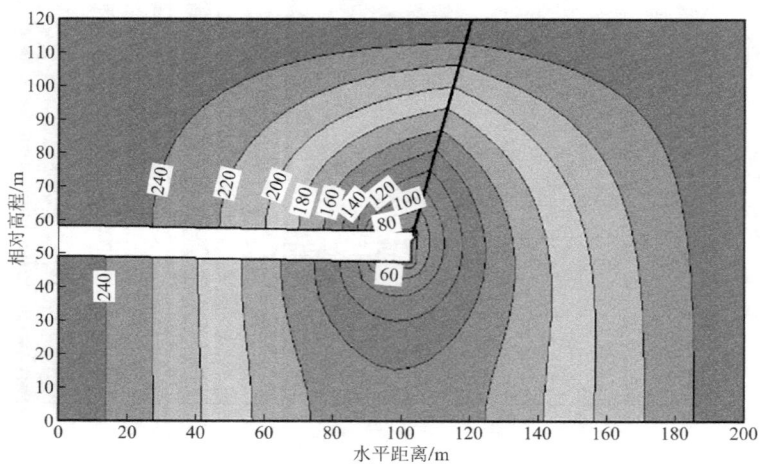

(a) 总水头

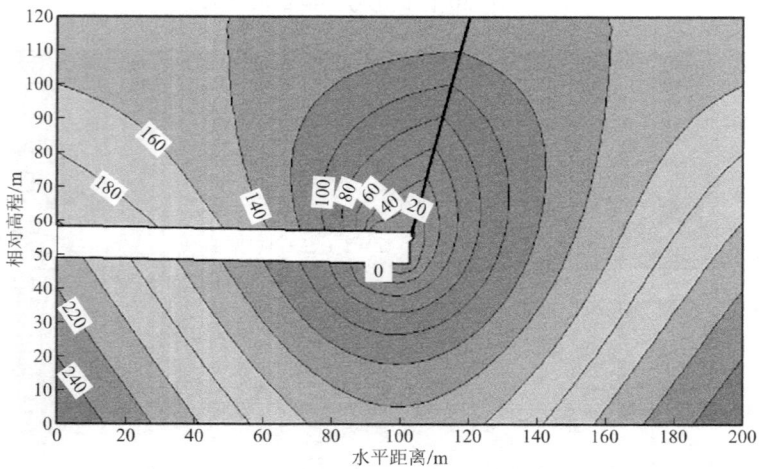

(b) 压力水头

图 6.39　30°位置③号溶洞渗流结果

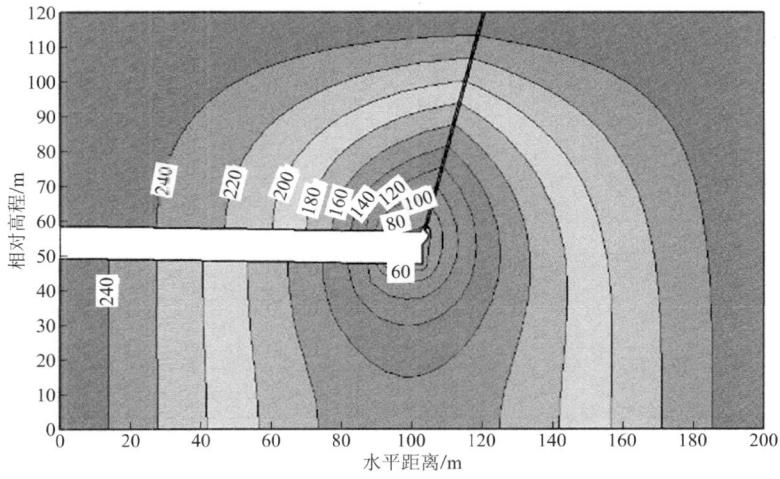

(a) 总水头

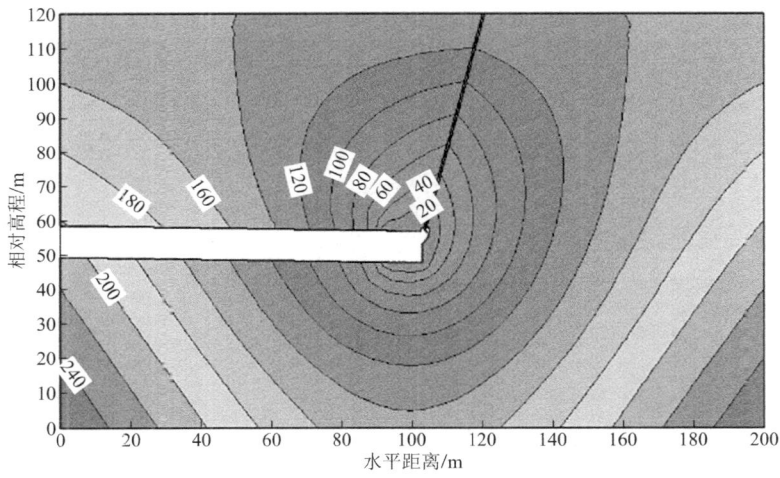

(b) 压力水头

图 6.40　30°位置④号溶洞渗流结果

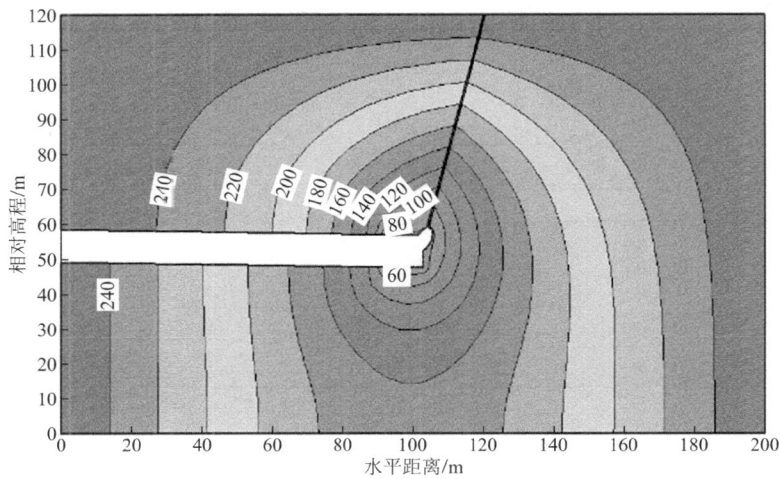

(a) 总水头

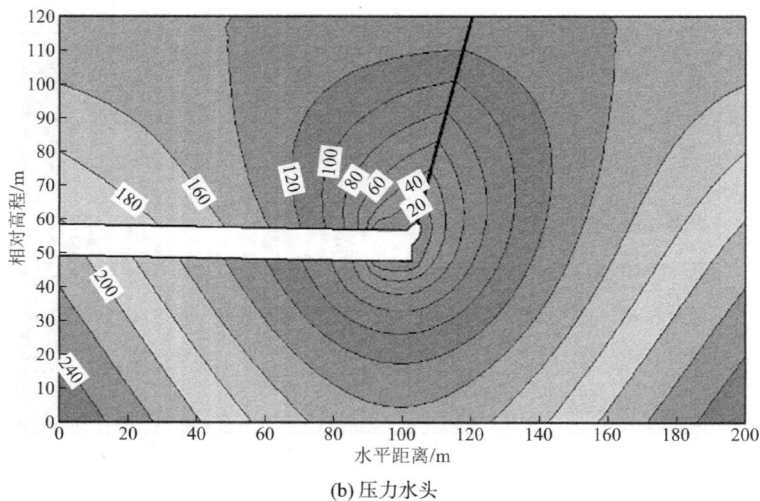

(b) 压力水头

图 6.41   30°位置⑤号溶洞渗流结果

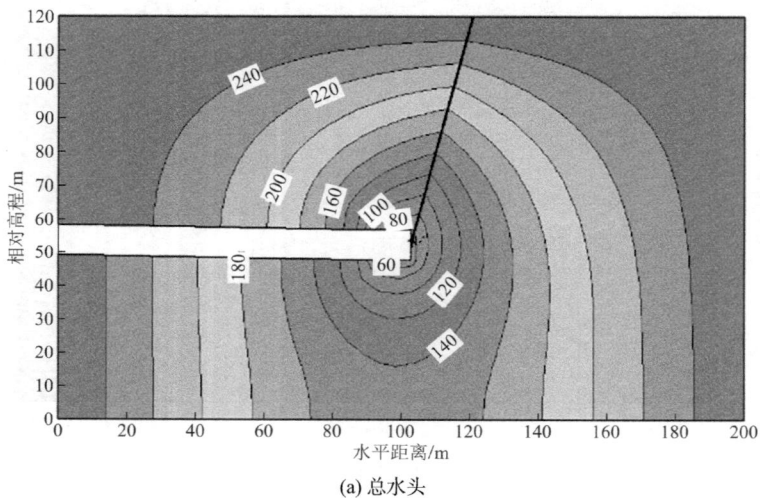

(a) 总水头

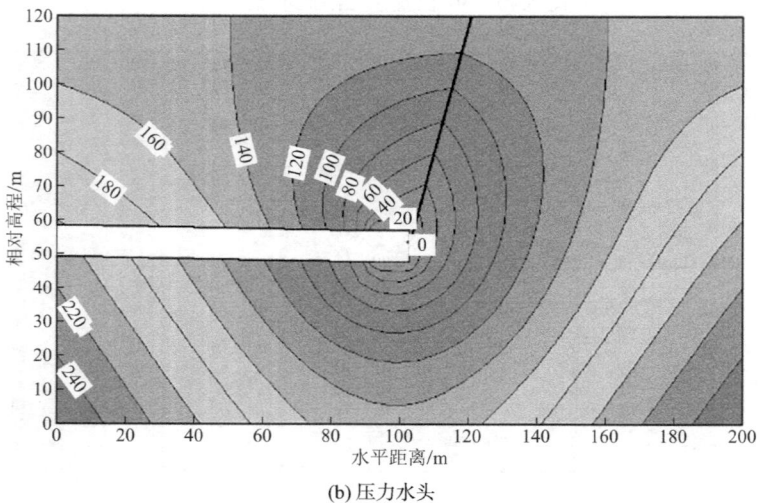

(b) 压力水头

图 6.42   60°位置①号溶洞渗流结果

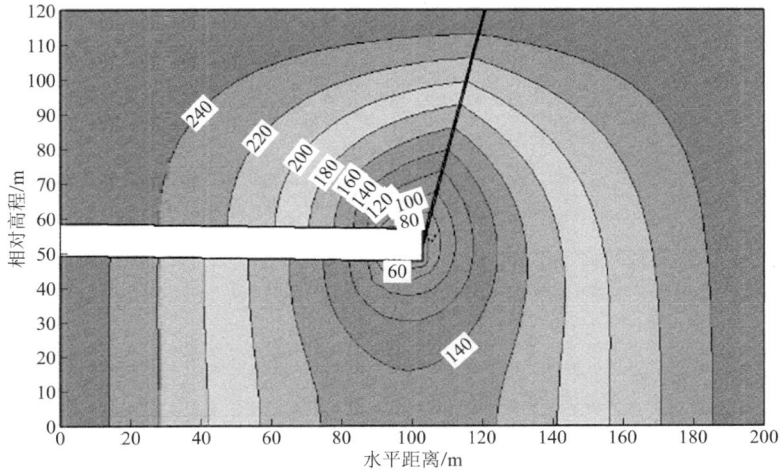

(a) 总水头

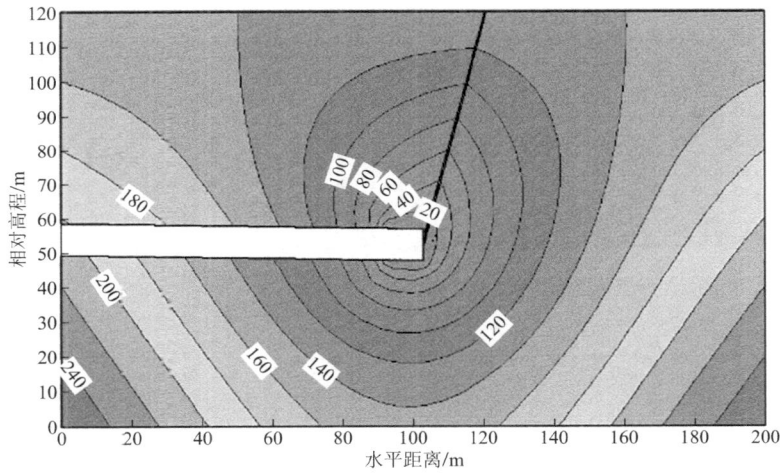

(b) 压力水头

图 6.43　60°位置②号溶洞渗流结果

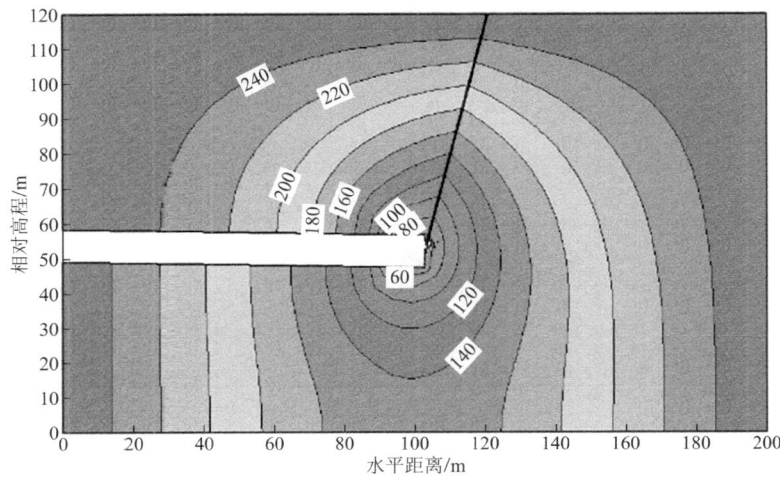

(a) 总水头

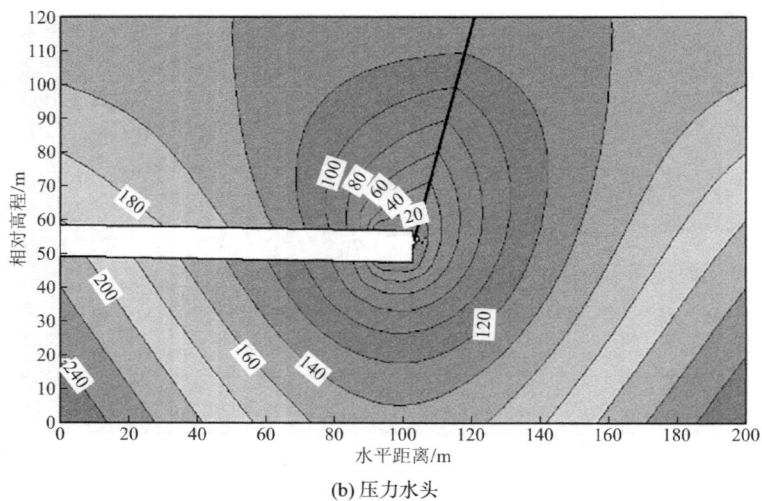

(b) 压力水头

图 6.44　60°位置③号溶洞渗流结果

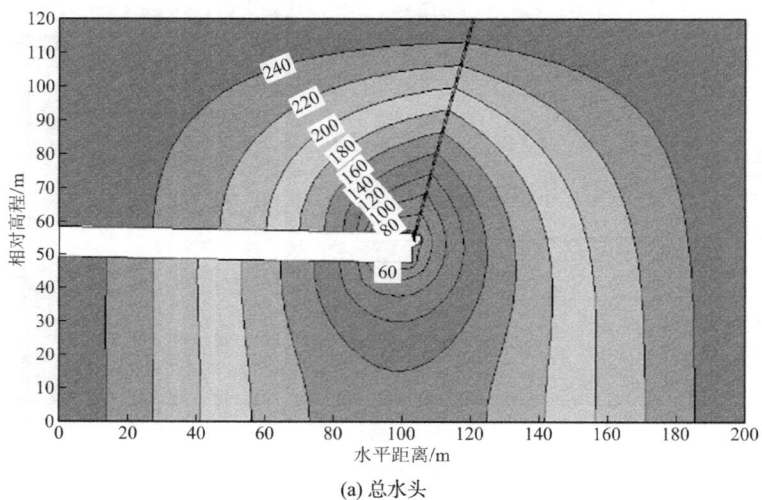

(a) 总水头

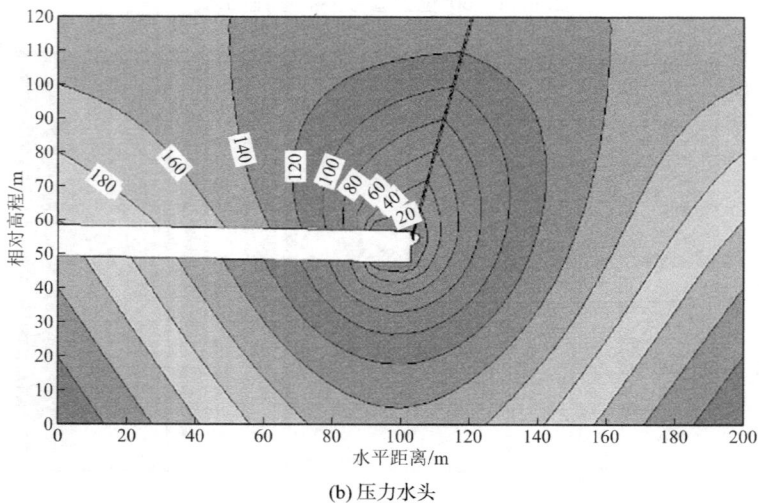

(b) 压力水头

图 6.45　60°位置④号溶洞渗流结果

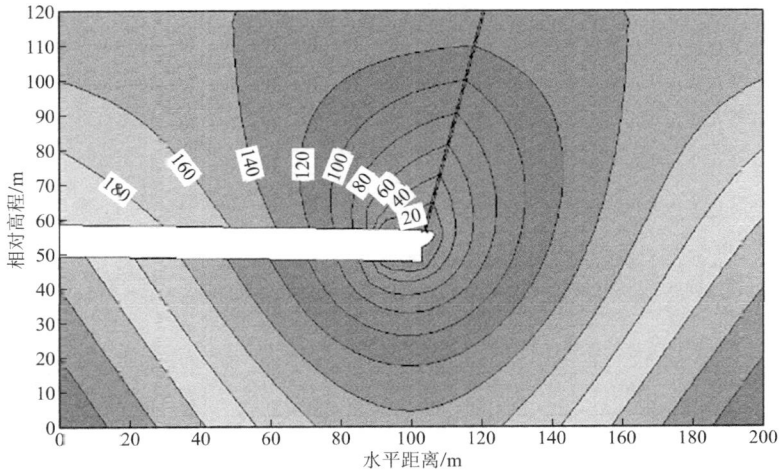

(a) 总水头

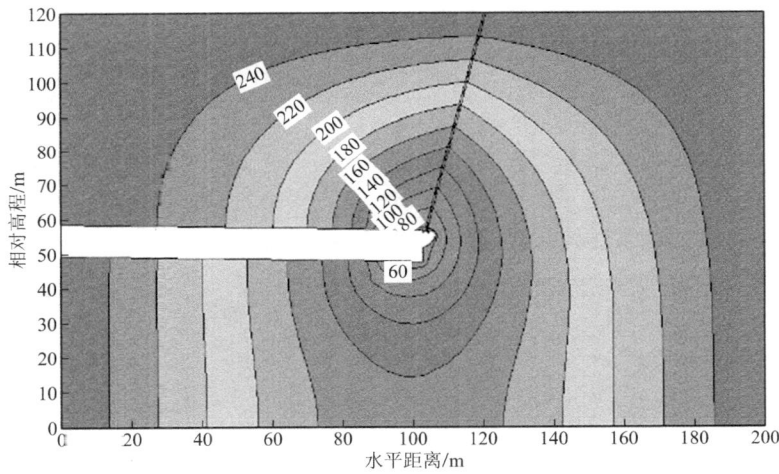

(b) 压力水头

图 6.46　60°位置⑤号溶洞渗流结果

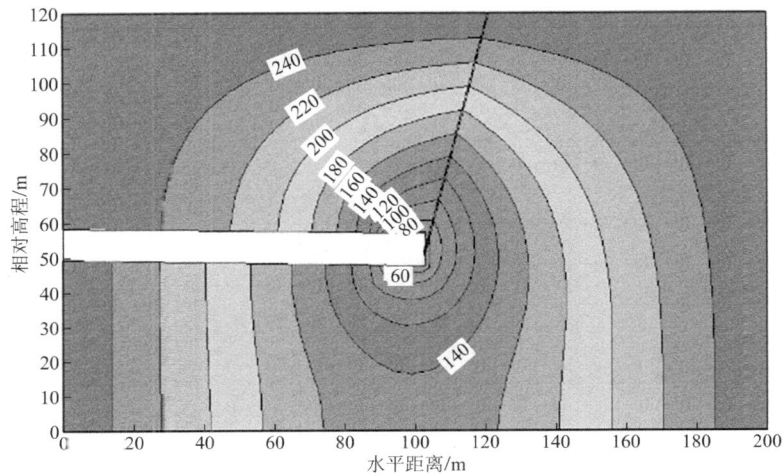

(a) 总水头

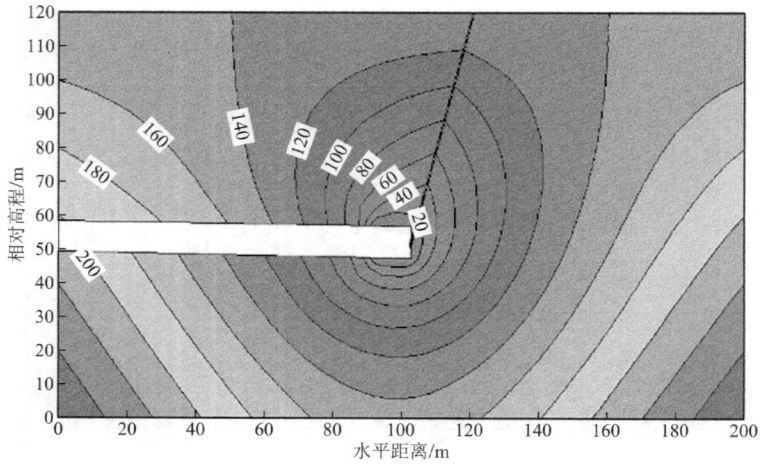

(b) 压力水头

图 6.47　90°位置①号溶洞渗流结果

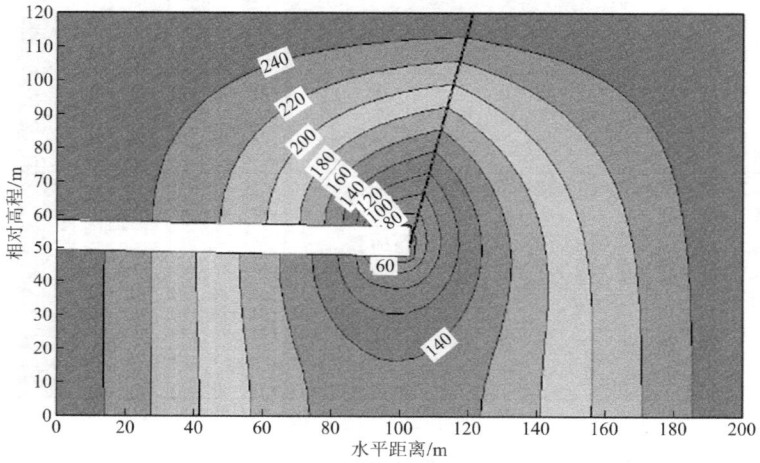

(a) 总水头

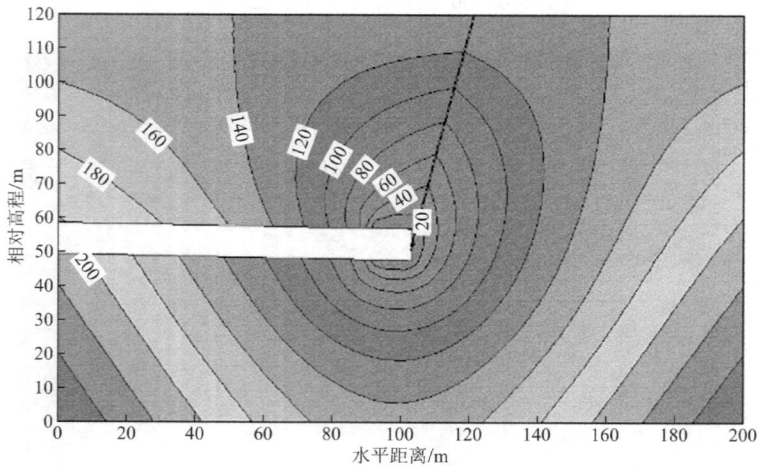

(b) 压力水头

图 6.48　90°位置②号溶洞渗流结果

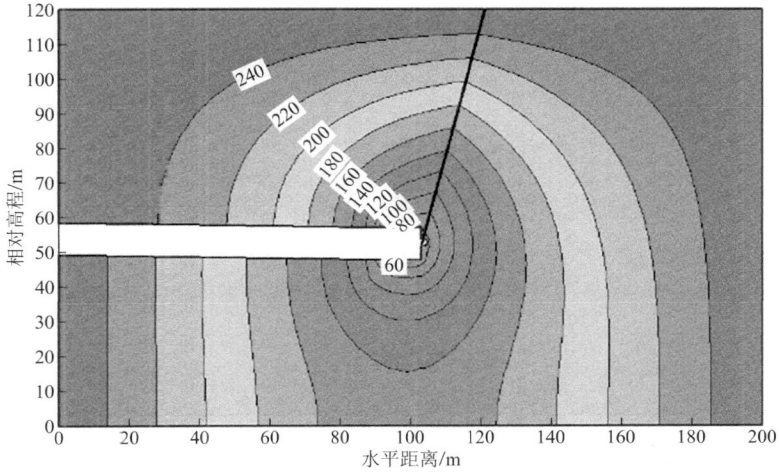

(a) 总水头

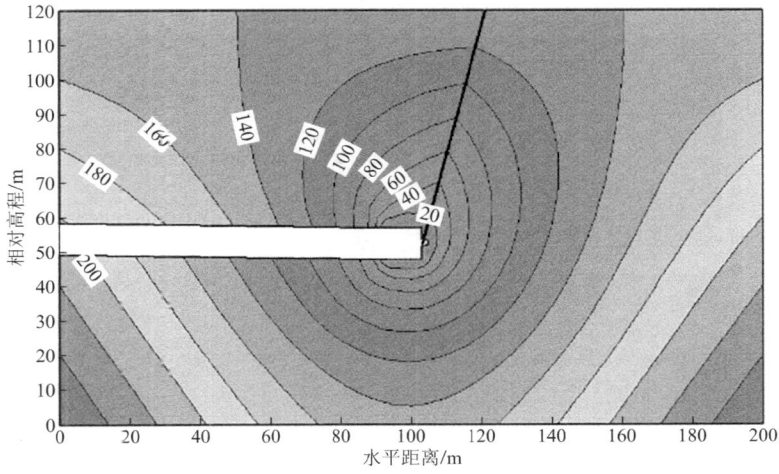

(b) 压力水头

图 6.49　90°位置③号溶洞渗流结果

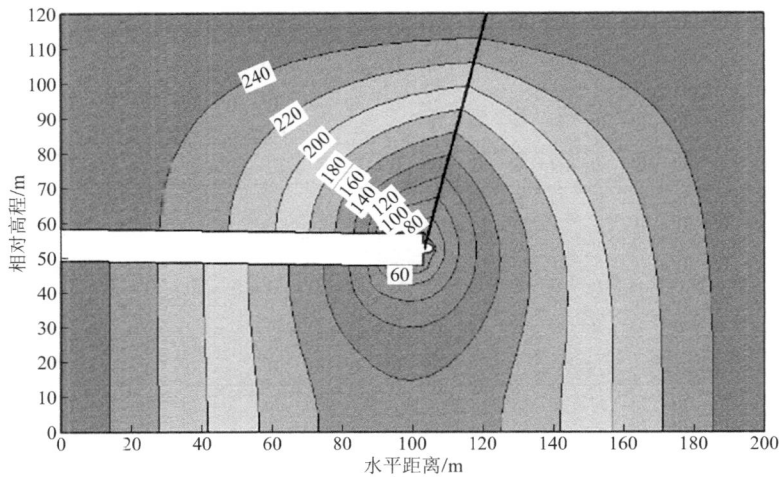

(a) 总水头

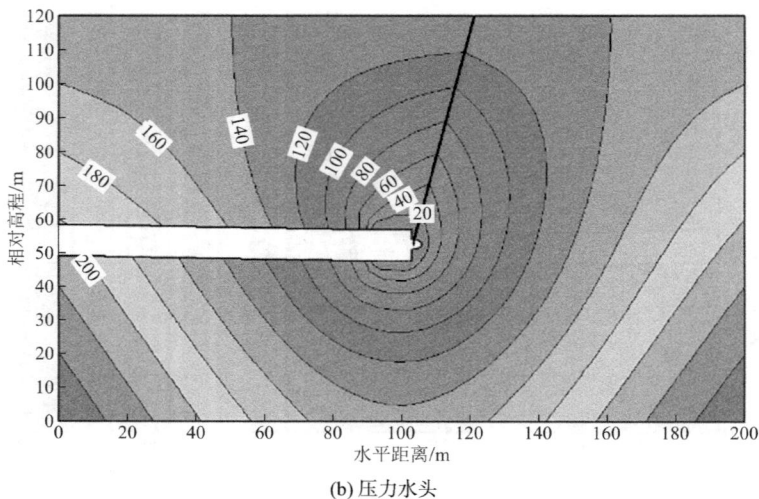

(b) 压力水头

图 6.50   90°位置④号溶洞渗流结果

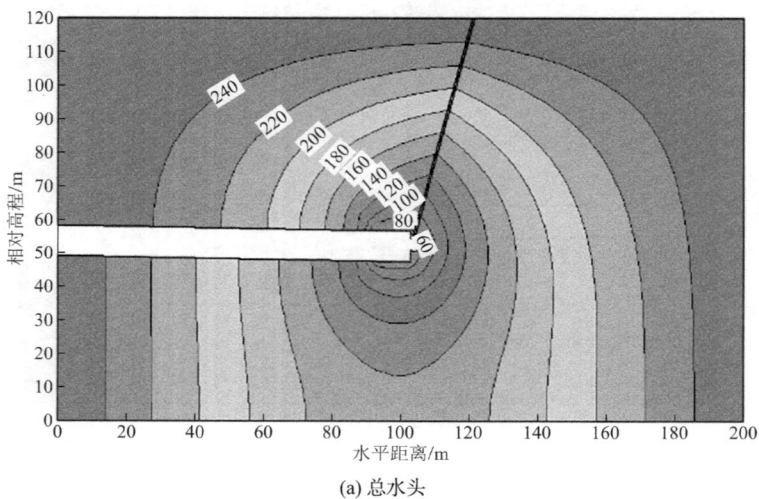

(a) 总水头

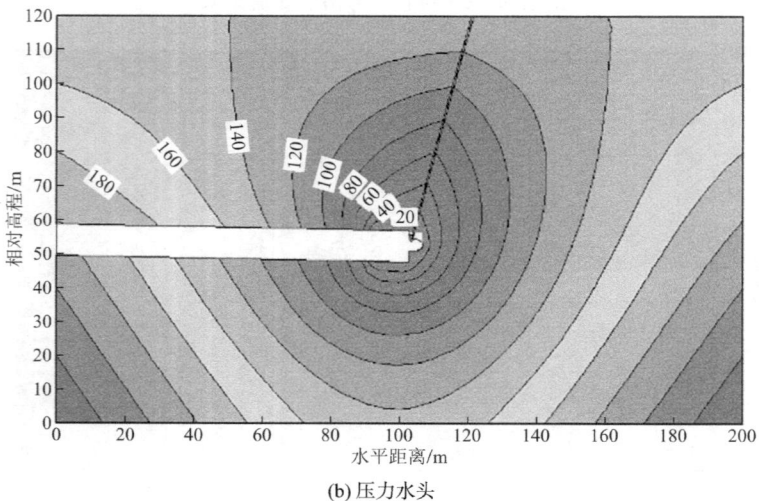

(b) 压力水头

图 6.51   90°位置⑤号溶洞渗流结果

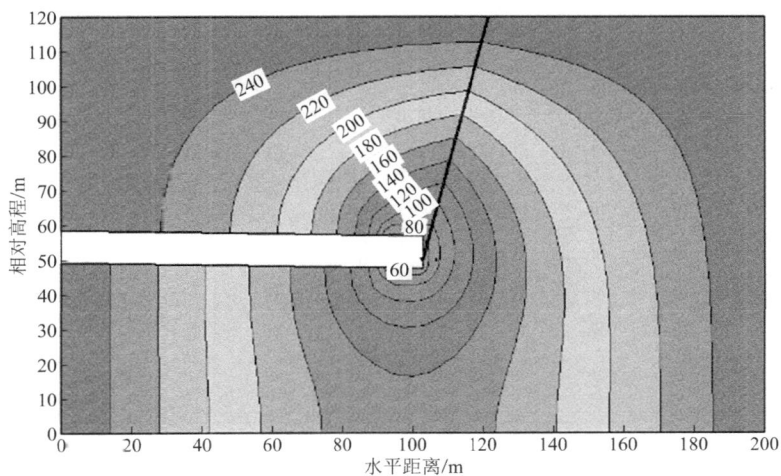

(a) 总水头

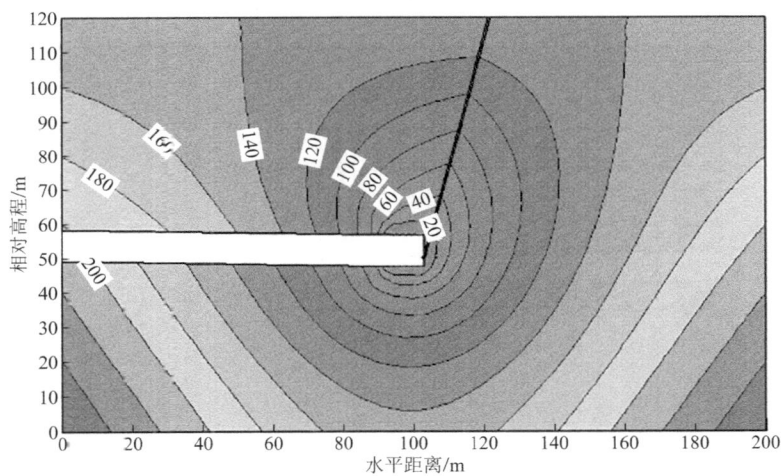

(b) 压力水头

图 6.52　120°位置①号溶洞渗流结果

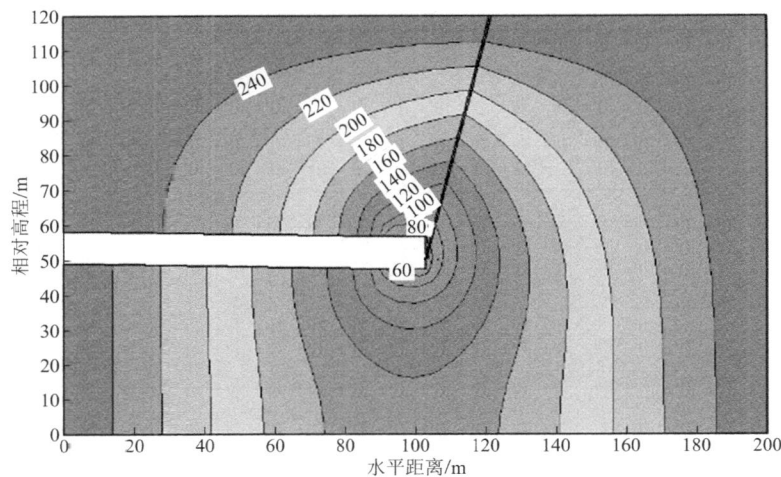

(a) 总水头

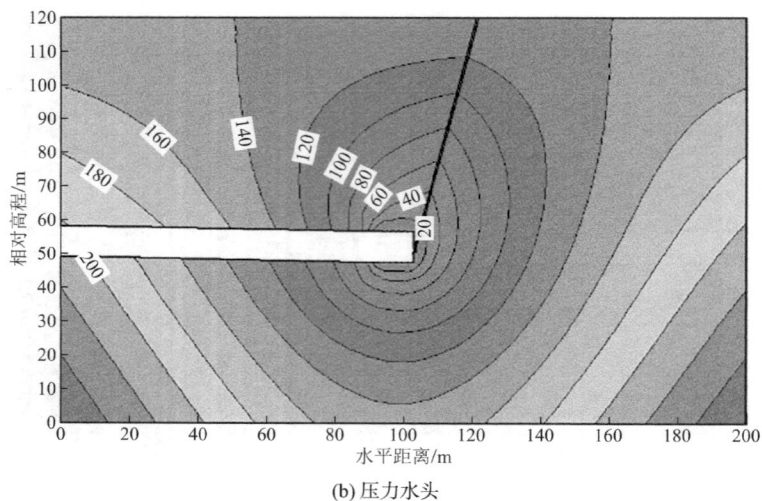

(b) 压力水头

图 6.53　120°位置②号溶洞渗流结果

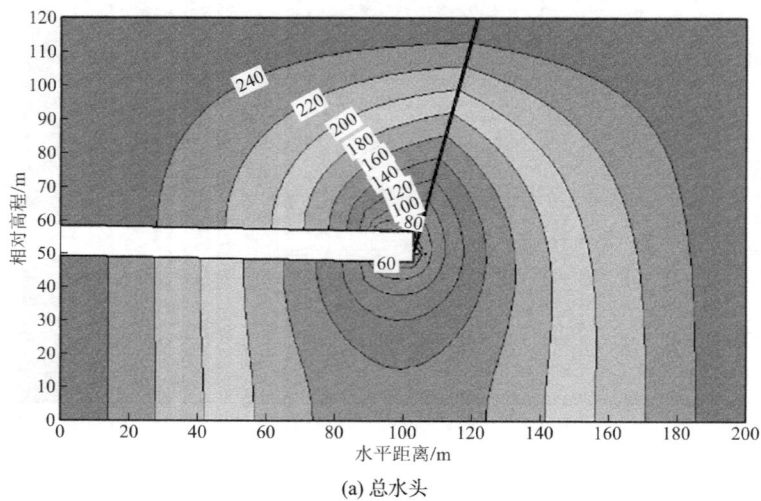

(a) 总水头

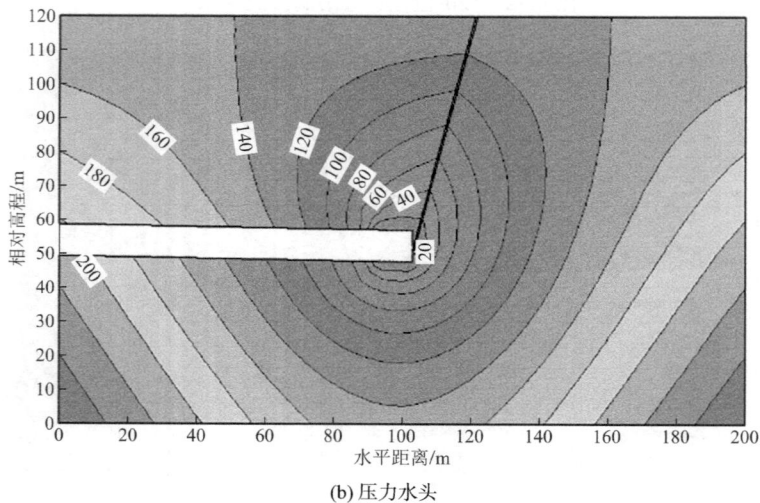

(b) 压力水头

图 6.54　120°位置③号溶洞渗流结果

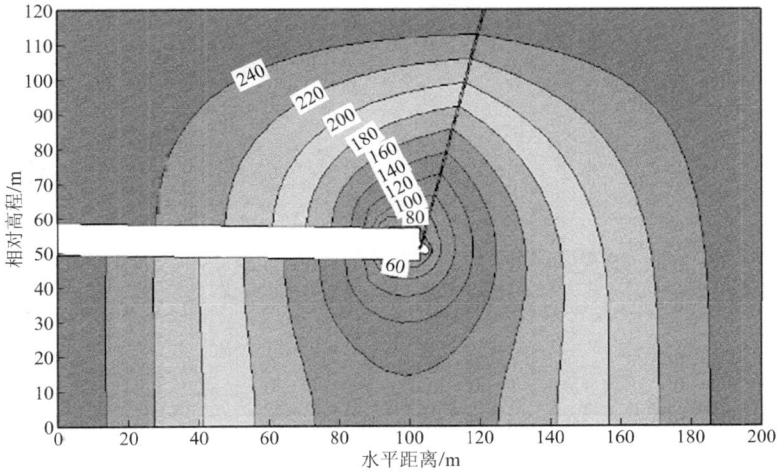

(a) 总水头

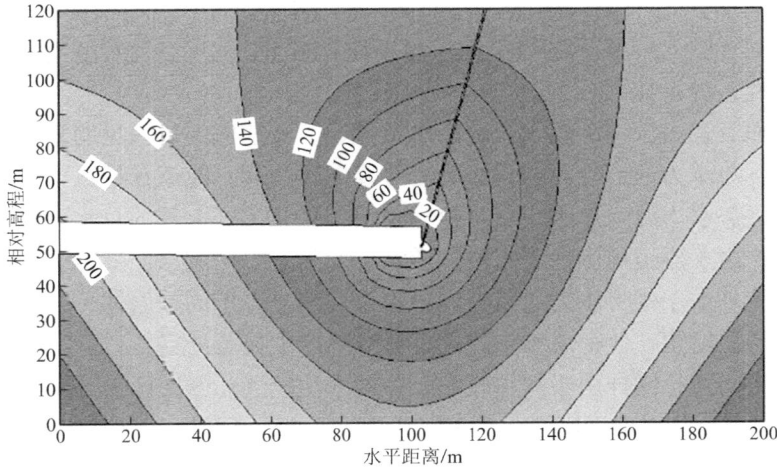

(b) 压力水头

图 6.55　120°位置④号溶洞渗流结果

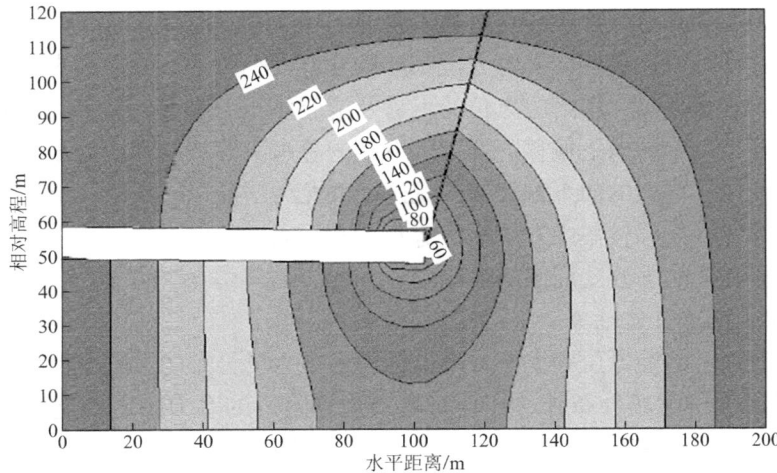

(a) 总水头

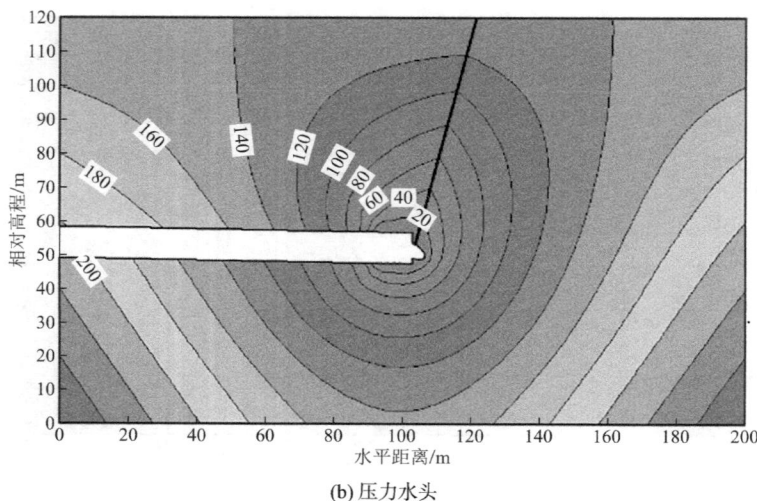

(b) 压力水头

图 6.56　120°位置⑤号溶洞渗流结果

根据图 6.32～图 6.56 所示的纵剖面渗流场计算结果，发现溶腔对隧道渗流场的影响具有很强的规律性，分析如下。

就总水头而言，由于埋深较大，距潜水位较远，开挖区上部未见明显的大范围下凹形降水漏斗，而优势水力通道位置的总水头等势线向上凸起；隧道开挖区下部水头等势线向下凹陷，表明优势水力通道总水头下降速率越快，且开挖区上部的总水头降低速率较开挖区下部略小大；由于隧道周围地下水向隧道掌子面附近方向流出，隧道周围的总水头呈近似环状降低；此外由于优势水力通道处的径流条件明显好于周围岩体，因此优势水力通道处的水头降低明显增快，使得总水头降低等势线环产生显著外突。

就压力水头而言，同样由于埋深较大，距潜水位较远，开挖区上部未见明显的大范围下凹形降水漏斗，而是表现为压力水头等势线向上凸起；开挖区下部水头等势线向下凹陷，压力水头明显降低，但降低程度与开挖区上部受优势水力通道影响较小部位接近；由于隧道周围地下水向隧道掌子面附近方向流出，隧道周围的压力水头呈近似环状降低；但由于优势水力联系通道处的径流条件明显好于周围岩体，因此优势水力通道处的水头降低明显增快，使得压力水头降低等势线环产生显著外突。

此外，通过详细对比各溶腔发育方位和溶腔发育大小条件下的总水头等势线和压力水头等势线，可以观察得出，随溶腔方位的下移及溶腔体积的增大，总水头等势线和压力水头等势线均表现出一定的向下偏移。开挖区下部的总水头等势线和压力水头等势线随溶腔方位下移及溶腔体积增大的向下偏移较开挖区上部尤为明显，而开挖区上部的总水头等势线和压力水头等势线偏移较集中发生在优势水力联系通道部位附近，这主要是由于优势水力联系通道的存在能显著改变周围的渗流场。

2）最大水力梯度计算结果

前面主要讨论了溶腔方位和大小对隧道周围水压力场分布的影响，但溶腔方位和大小除影响隧道周围水压力场分布外，还会对隧道边界附近的水力梯度变化产生显著影响，表 6.8～表 6.10 列举了在不同溶腔方位和大小条件下隧道周围、溶腔附近、优势水力联系通道部位出现的最大水力梯度变化。

隧道周围最大水力梯度统计   表 6.8

溶腔面积编号	溶腔长轴与X轴正方向夹角/°				
	90	60	30	0	−30
1	10	10	10	10	11
2	10	10	10	10	11
3	10	10	10	10	11
4	10	10	10	10	10
5	10	10	10	10	10

溶腔附近最大水力梯度统计   表 6.9

溶腔面积编号	溶腔长轴与X轴正方向夹角/°				
	90	60	30	0	−30
1	7	3	2	10	11
2	7	8	10	11	12
3	7	9	9	11	12
4	7	9	11	11	13
5	8	8	11	11	12

水力通道部位最大水力梯度统计   表 6.10

溶腔面积编号	溶腔长轴与X轴正方向夹角/°				
	90	60	30	0	−30
1	5	3	2	4	5
2	4	5	5	4	4
3	4	4	3	3	4
4	4	4	3	3	4
5	4	4	3	3	3

    根据表 6.8～表 6.10 计算结果，不考虑溶腔及优势水力联系通道，隧道的最大水力梯度出现在隧道顶部和底部两侧，且最大水力梯度基本稳定在 10 左右，受溶腔方位及大小变化的影响较小。

    由于受隧道开挖及溶腔揭露后的地下水补给渗流场的影响，溶腔附近部位的最大水力梯度受溶腔方位及大小变化的影响较为明显，且受溶腔方位变化的影响尤为明显。主要表现为随溶腔增大，溶腔附近部位产生的最大水力梯度增大，存在一定特例是因为溶洞面积较小，完全在断层范围内；而优势水力联系通道处，由于地下水的径流条件较好，此处的最大水力梯度随溶腔方位及溶腔大小的变化相对较小，基本保持在 4～5 之间。该水力梯度明显超过了断层、破碎带、软弱夹层等软弱带内可能充填的细小颗粒物质的允许水力梯度，会发生潜在的突泥等渗透破坏，在设计和开挖过程中应充分考虑优势水力联系通道的性质及充填情况，确保施工运营期间的工程安全。

6.3.2 溶腔位置敏感性分析

表 6.11 是不同溶腔规模和夹角下全截面流量。图 6.57 是溶腔规模与全截面流量关系曲线。整体趋势是全截面流量随着溶腔规模增大而增大，但溶腔长轴与 X 轴正方向夹角的不同，导致全截面流量增量不同，其中隧道掌子面正上方（0°）增大 $2.3 \times 10^{-6} \mathrm{m}^3/\mathrm{s}$、隧道掌子面上前方（30°）增大 $1.80 \times 10^{-6} \mathrm{m}^3/\mathrm{s}$、隧道掌子面上前方（60°）增大 $6.00 \times 10^{-7} \mathrm{m}^3/\mathrm{s}$、隧道掌子面下前方（90°）增大 $5.00 \times 10^{-7} \mathrm{m}^3/\mathrm{s}$、隧道掌子面右下方（120°）增大 $9.00 \times 10^{-7} \mathrm{m}^3/\mathrm{s}$。图 6.57 表明随着溶腔长轴与 X 轴正方向夹角越大，即溶腔位置越低全截面流量越小，主要原因是溶腔位置不同将影响溶洞断面的揭露长度，从而影响全截面流量。

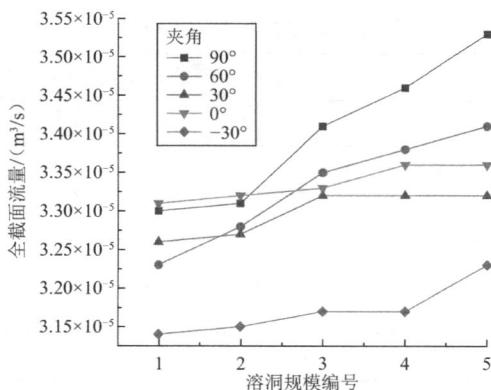

图 6.57　溶腔规模与全截面流量关系曲线

图 6.58 是夹角与全截面流量关系曲线。图 6.58 显示溶洞规模几乎不影响夹角对全截面流量的变化趋势，溶洞规模越大全截面流量越大。

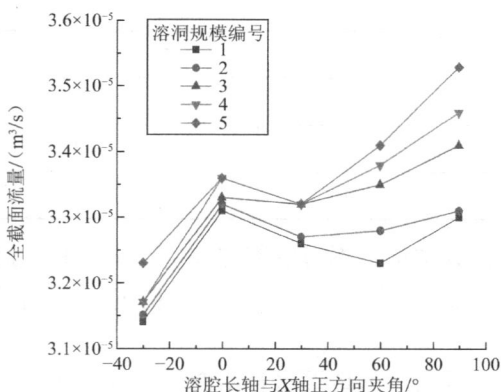

图 6.58　夹角与全截面流量关系曲线

全截面流量表（流量单位：m^3/s）　　　　　　　　表 6.11

溶腔面积编号	溶腔长轴与 X 轴正方向夹角/°				
	90	60	30	0	−30
1	3.30×10^{-5}	3.23×10^{-5}	3.26×10^{-5}	3.31×10^{-5}	3.14×10^{-5}
2	3.31×10^{-5}	3.28×10^{-5}	3.27×10^{-5}	3.32×10^{-5}	3.15×10^{-5}

溶腔面积编号	溶腔长轴与X轴正方向夹角/°				
	90	60	30	0	−30
3	3.41×10^{-5}	3.35×10^{-5}	3.32×10^{-5}	3.33×10^{-5}	3.17×10^{-5}
4	3.46×10^{-5}	3.38×10^{-5}	3.32×10^{-5}	3.36×10^{-5}	3.17×10^{-5}
5	3.53×10^{-5}	3.41×10^{-5}	3.32×10^{-5}	3.36×10^{-5}	3.23×10^{-5}

6.3.3 溶腔大小敏感性分析

表 6.12 是不同溶腔规模和夹角下溶腔截面流量。图 6.59 是溶腔规模与溶腔截面流量关系曲线。整体趋势是全截面流量随着溶腔规模增大而增大，但溶腔长轴与X轴正方向夹角的不同，导致溶腔截面流量增量不同，其中隧道掌子面正上方（0°）增大 $3.10 \times 10^{-6}\mathrm{m^3/s}$、隧道掌子面上前方（30°）增大 $5.90 \times 10^{-6}\mathrm{m^3/s}$、隧道掌子面上前方（60°）增大 $5.40 \times 10^{-6}\mathrm{m^3/s}$、隧道掌子面下前方（90°）增大 $8.50 \times 10^{-6}\mathrm{m^3/s}$、隧道掌子面右下方（120°）增大 $3.20 \times 10^{-6}\mathrm{m^3/s}$，整体均大于全截面流量增量，主要是因为溶洞大小的改变直接影响溶洞流量截面长度。图 6.59 表明不同溶洞规模的溶洞截面流量值均是在 90°溶腔位置最大。因此，工程中溶洞最不利位置是在掌子面上方。

溶洞截面流量表（流量单位：m³/s）　　　　　　　　　　　　　表 6.12

溶腔面积编号	溶腔长轴与X轴正方向夹角/°				
	90	60	30	0	−30
1	2.80×10^{-5}	2.36×10^{-5}	2.30×10^{-5}	1.92×10^{-5}	2.46×10^{-5}
2	2.80×10^{-5}	2.48×10^{-5}	2.37×10^{-5}	2.10×10^{-5}	2.51×10^{-5}
3	2.90×10^{-5}	2.82×10^{-5}	2.66×10^{-5}	2.20×10^{-5}	2.57×10^{-5}
4	2.98×10^{-5}	2.91×10^{-5}	2.68×10^{-5}	2.67×10^{-5}	2.68×10^{-5}
5	3.11×10^{-5}	2.95×10^{-5}	2.84×10^{-5}	2.77×10^{-5}	2.78×10^{-5}

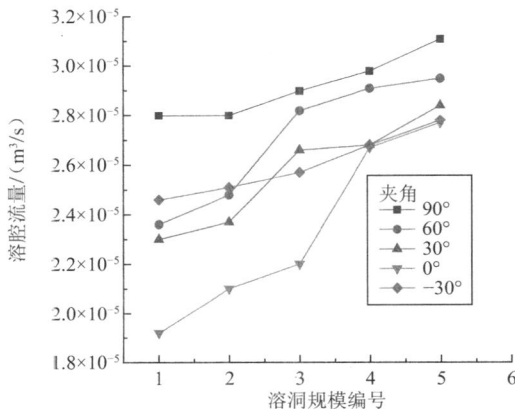

图 6.59　溶洞规模与溶腔流量关系曲线

图 6.60 是夹角与溶洞流量截面关系曲线。图 6.60 显示在不同溶洞规模下夹角与溶腔流

量关系变化曲线不尽相同，且变化规律不呈现为单调，而是先减小后增大。

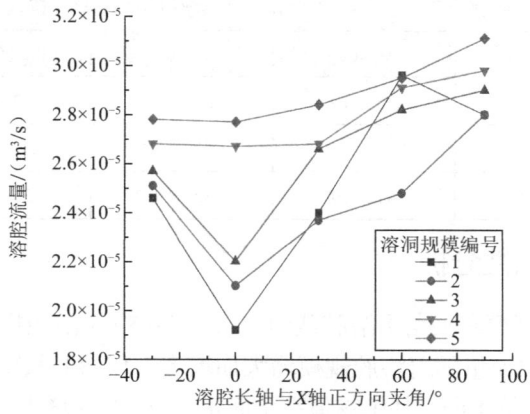

图 6.60　夹角与溶腔流量关系曲线

第 **7** 章

五指山隧道涌水突泥分析

山区岩溶隧道
涌水分析与防控

工程概况

五指山隧址区位于四川盆地西南缘向云贵高原的过渡带上，峰峦起伏，沟谷纵横，地形陡峻。隧址区内地形最高点（七星包）高程约为 1710m，最低点的中都河高程约 430m，相对高度差约为 1280m，具有山高谷深的特点，为侵蚀、溶蚀构造中低山地貌。

自然地理与地质环境

7.2.1 气象

测区具有高海拔亚热带的垂直气候类型，随着海拔的增加，从河谷至山巅，气候的垂直差异十分明显，由于地形陡峻，山高谷深，地貌多样，其小气候条件亦十分复杂。

据沐川、屏山县气象资料，多年平均降水量 1263.8～1379.0mm（永福镇多年平均降雨量为 1509mm，中都镇多年平均降雨量 802mm）。年最大降雨量为沐川县 1973 年全年降雨量达 1578.5mm，最大日降雨量为 191.3mm。

区内全年降雨日在 181～219d，主要集中在 6～9 月（表 7.1），占全年降雨量的 65%～70%，其中 7～8 月占全年降雨量的 44%～46%，沐川县统计资料显示（1971—2004 年降雨量统计表）月降雨量大于 300mm 的集中在 7～8 月占统计月份的 33%，大于 400mm 的都集中在 8 月，占统计月份的 24%，月最大降雨量为 1979 年的 8 月达 551.7mm，降雪一般在 11～12 月。

沐川县 1971—2004 年降雨量统计表　　　　表 7.1

年份/项目	月												合计
	1	2	3	4	5	6	7	8	9	10	11	12	
1971	34.9	40.6	52.7	33.9	138.3	254.4	219.8	232.2	106.0	79.1	42.7	22.1	1265.7
1972	24.2	38.4	42.6	88.9	141.1	163.3	242.4	87.4	63.8	68.4	47.4	18.6	1026.5
1973	27.3	18.2	30.6	97.9	217.4	319.1	321.0	262.7	175.6	49.0	38.2	21.5	1578.5
1974	39.2	24.1	51.8	87.0	132.7	328.2	402.2	243.7	169.4	43.8	21.9	29.1	1573.1
1975	27.2	23.4	69.7	100.3	84.2	97.9	289.7	180.4	217.1	77.4	61.5	15.4	1244.2
1976	16.2	29.5	36.8	74.0	128.5	165.9	181.8	232.9	143.0	88.5	40.1	25.5	1162.7
1977	36.0	30.5	44.8	76.3	65.5	117.0	300.7	210.8	128.9	89.7	51.4	12.1	1163.5
1978	15.4	16.2	41.8	33.1	141.0	155.3	233.4	163.1	119.7	112.8	68.9	90.0	1190.7
1979	18.8	6.4	51.5	22.2	104.1	91.4	291.2	551.7	107.4	112.2	25.3	36.1	1418.3
1980	18.1	27.9	31.4	135.0	116.8	256.3	198.4	177.1	97.0	102.5	37.8	96.0	1294.4

续表

年份/项目	月												合计
	1	2	3	4	5	6	7	8	9	10	11	12	
1981	27.9	35.2	23.2	91.2	102.2	154.8	123.0	182.3	59.6	85.0	52.6	18.9	955.9
1982	17.0	46.3	20.7	90.8	110.9	104.8	66.3	182.9	261.6	104.9	45.7	11.1	1063.0
1983	15.1	37.8	60.7	55.0	69.1	176.5	144.5	220.5	109.7	54.0	35.4	38.0	1016.3
1984	46.3	21.3	68.0	76.1	246.0	149.2	340.9	360.6	38.9	33.5	17.2	22.9	1420.9
1985	24.8	35.6	66.8	140.6	104.7	158.0	253.3	426.6	144.7	60.3	53.3	19.2	1487.8
1986	10.9	30.6	42.0	59.1	94.4	165.4	280.9	182.8	184.8	57.3	38.1	12.4	1158.7
1987	7.2	34.1	41.3	47.1	127.0	218.2	255.7	174.8	118.0	36.8	35.1	20.5	1115.8
1988	18.8	46.5	34.7	53.3	113.6	237.5	335.5	242.1	157.4	51.1	18.7	22.4	1331.6
1989	53.9	34.4	53.6	95.9	81.5	159.4	264.0	231.8	199.3	82.5	37.1	13.1	1306.5
1990	20.0	26.9	34.0	110.0	140.5	144.1	422.3	296.4	132.5	106.6	67.9	13.5	1514.7
1991	32.7	26.2	53.4	37.9	90.7	177.2	174.7	479.7	72.6	90.3	28.3	24.1	1287.8
1992	10.1	41.4	60.7	108.2	107.9	254.7	162.9	256.1	79.1	91.3	7.0	3.5	1182.9
1993	21.4	31.7	47.7	121.6	59.6	61.7	186.2	92.8	98.9	129.9	30.4	11.2	893.3
1994	8.4	23.7	60.8	62.2	45.3	139.7	345.4	229.5	147.5	85.6	49.1	28.4	1225.6
1995	21.7	59.0	36.6	43.6	228.9	218.7	244.8	274.8	102.9	47.8	41.4	35.4	1355.6
1996	15.3	21.7	50.5	88.3	114.5	142.1	329.8	174.5	99.1	35.5	42.4	12.8	1126.5
1997	23.6	56.8	60.0	115.5	75.8	197.9	167.3	241.9	177.3	41.4	24.1	31.8	1213.4
1998	29.3	27.9	41.7	91.3	89.9	136.9	269.7	447.3	121.3	45.0	28.7	27.1	1356.1
1999	12.2	4.3	14.0	122.5	160.9	149.4	122.2	409.9	258.3	74.7	42.1	16.3	1386.8
2000	40.5	51.5	43.6	105.3	45.7	228.8	215.1	222.3	167.8	66.7	30.1	11.4	1228.8
2001	16.6	19.9	31.6	165.1	67.0	205.7	189.6	397.7	134.8	76.7	47.9	32.9	1385.5
2002	22.0	23.4	33.5	63.8	137.0	323.8	170.8	359.4	61.1	66.7	67.2	24.9	1353.6
2003	15.5	8.1	32.3	84.3	70.7	158.2	301.1	201.0	66.6	32.6	22.9	22.2	1015.4
2004	27.3	21.3	82.4	110.1	224.6	84.7	279.8	413.6	110.5	42.3	49.6	32.0	1478.2
极端最高	53.9	56.8	82.4	165.1	246.0	328.2	422.3	551.7	261.6	129.9	68.9	90.0	2456.8
极端最低	7.2	4.3	14.0	22.2	45.3	61.7	66.3	92.8	38.9	32.6	7.0	3.5	395.8
平均值	23.4	30	45.5	85	117	179.3	244.9	266	130.4	71.2	39.6	31.5	1263.8

区内年平均蒸发量在五指山东北坡蒸发量小于 500mm，西南坡蒸发量为 697.51～847.7mm，多年平均气温 11.6～17.7℃，8 月份气温最高月平均气温可达 27.1℃，最高气温 35.4℃，最低气温−4℃。

7.2.2　水文

路线经过的区域河流均属长江上游一级支流的岷江水系和金沙江水系，以五指山为界，以北属岷江水系，以南属金沙江水系。岷江与金沙江在宜宾市合流始称长江。沿线属岷江水系的主要河流为通江河、芒溪河、清水溪、沐溪。路线止点附近中都河、西宁河属金沙江水系，在新市镇汇入金沙江。全区水系分布呈树枝状，支流源短量小，河床深切狭窄，坡降大，洪、枯期流量悬殊。一、四季度为枯水期，二、三季度为丰水期，地表水流表现：

（1）过境流量大，水位低。

（2）径流量分布不均。北部丘陵区面积大，地表径流量小；南部山区面积小，地表径流量大。

（3）大面积红层丘陵地区，溪沟水流源短量小，流量极不稳定，易排不易渗。

区内地表水资源丰富，水质良好，一般为中性，低矿化度水，矿化度 < 0.2g/L，多为 HCO_3-Ca·Mg 型水。

7.2.3　地形地貌

工作区位于沐川南西，屏山新市镇北东的五指山一带，五指山呈北西—南东走向，蜿蜒于其间，海拔 1000～2000m，这是凉山山原向盆地作阶梯状下降的一条中山，由于地壳的间歇性抬升，在区内发育多级夷平面，构成沐川、新市镇一带侵蚀构造中—低山地形地貌。

区内植被茂密，山峰陡峻，山高谷深，岩溶地貌发育，五指山顶一带多发育溶蚀洼地、岩溶漏斗、岩溶谷地等形态。

区内地形最高点（老君山）高程约为 2000m，最低点金沙江高程约为 300m，相对高差为 500～1000m。

工作区内五指山隧道设计标高分别为：进口标高 882.17m，出口标高 802.45m，最大埋深约 790m。

7.2.4　地层岩性

隧址区出露地层从新至老为：第四系、侏罗系、三叠系；隧址区地层主要特征见表 7.2。

五指山隧道隧址区地层特征　　　　　表 7.2

系	统	名称	代号	岩性描述
第四系	全新统	—	Q_4^{cdl}	全新统堆积物、崩坡、残坡积层，以块石二、块石黏土为主，色杂，紫色、棕黄色为主，块石成分在五指山脊地带以灰岩、白云岩为主，中等风化，块石直径不均，个别大于1.0m。主要分布于大坪子斜坡及沟谷地带，厚10～30m。隧道进口处局部可达70m
白垩系	上统	夹关组	K_2j	出露于沐川田家坝以东一带，为河湖相沉积，岩性单一，砖红色块状细-中粒长石石英砂岩，底部为含砾砂岩，假整合于侏罗系地层之上，厚308～450m
侏罗系	上统	蓬莱镇组	J_3p	出露于五指山背斜两翼，河湖相沉积，为棕红色泥岩夹紫色钙质粉砂岩，底部见黄、绿色页岩厚144～256m
		遂宁组	J_3s	棕红色泥岩、粉砂质泥岩为主，夹薄层泥灰岩，富含钙质结核，出露背斜两翼的田家坝中都一带，厚300～614m

59

系	统	名称	代号	岩性描述
侏罗系	中统	上沙溪庙组	J_{2s}^2	暗紫色泥岩，夹多层黄绿色石英砂岩、钙质较重或呈团块结核状，底部为灰绿色，厚层块状石英砂岩，见于背斜两翼，厚484～669m
		下沙溪庙组	J_{2s}^1	紫红、灰绿色长石石英砂岩与同色泥岩不等厚互层，底部为粗粒岩屑长石石英砂岩，含砾石，见于背斜两翼，厚62～118m
	中下统	自流井组与珍珠冲组	J_{1-2zl}	上段以紫红色钙质泥岩夹石英砂岩为主，下部夹泥灰岩，介壳灰岩，下段为紫红色泥岩，夹少量石英砂岩，下部为灰岩，泥岩，底为5～7m的细粒石英砂岩。 该组岩层中灰岩，泥灰岩所占比例约20%，由北东向南西比例有所减少。 出露于背斜两翼及隧道出口之陡坡，厚175～202m，整合于下伏须家河组之上
三叠系	上统	须家河组	T_{3xj}	为一套河湖沼泽相含煤建造，可划分为三个沉积旋回，总的韵律是由石英砂岩过渡到砂质黏土岩再到黏土岩，含煤层，底部为一层细砾岩，粗砂岩，假整合于垮洪洞组之上，分布于五指山西南坡中上部及局部山脊，厚670m
	上统|中统	雷口坡组与垮洪洞组	T_{21-3k}	为一套浅海相碳酸盐沉积，顶部为深灰色灰岩，泥灰岩与钙质泥岩，页岩互层，底为砾岩，厚约25m，与下伏雷口坡组为假整合，雷口坡组以白云质灰岩、白云岩为主，夹3～4层膏溶角砾岩，底部见0.3～0.6m的绿豆岩，分布于五指山东北坡及局部分水岭处，厚380m，整合于下伏嘉陵江组之上
	下统	嘉陵江组	T_{1j}	为一套浅海泻湖相碳酸盐组成，上部灰黄色白云岩为主，夹盐溶角砾岩，含膏盐，下部灰色泥质灰岩为主，夹瘤状生物碎屑灰岩，层多而薄，岩性单一，厚240m，分布于五指山东北坡中部，整合于下伏铜街子组之上
		飞仙关组铜街子组	T_{1f+t}	上段铜街子组：滨海至浅海相沉积，为一套黄灰色砂岩，页岩与泥灰岩，生物及鲕状灰岩组成，下部夹含铜砂岩，该组岩层灰岩含量由东向西逐渐减少，五指山一带，其灰岩含量为25%～30%。薄层状，厚130～150m。 下段飞仙组为紫红色砂岩，页岩夹薄层灰岩、砾岩，含钙质结核，底见砾岩，以钙质胶结为主，厚大于260m，分布于五指山背斜轴部一带及隧道进口端洞身段，假整合于二叠系宣威组之上
二叠系	上统	宣威组	P_{2x}	为一套湖沼相沉积，主要为暗紫色黏土岩，铁质黏土岩，含薄煤层，厚100～158m，埋藏分布于五指山背斜轴部茶园坡至中华嘴一线
		峨眉山玄武岩	$P_{2\beta}$	在五指山茶园坡，大阳包零星出露，为灰绿色块状，杏仁状玄武岩，柱状节理发育，底部见2m的炭质页岩，厚230～600m

注：ZK4号钻孔资料表明：T_{1t} 在孔中揭露深度为338.80～491.00m，层厚152.20m，经统计钻孔资料所标明的灰岩、角砾岩段，其厚度为39.095m，占该层厚的25.70%，考虑到岩心采取率等因素，灰岩所占比例取值至少为25%。三叠系下统飞仙关组（T_{1f}）岩性在分析研究工作区邻近区域地质调查报告（如筠连幅区域地质调查报告等）：隧址区内飞仙关组（T_{1f}）岩性为砂岩含较多薄层灰岩。

7.2.5 地质构造

1）区域地质构造特征

隧区位于马边-沐川弧形构造带内的五指山背斜南西翼。马边-沐川弧形构造由一系列大致成弧形排列的褶皱组成，断裂不发育，背、向斜相比，背斜较陡窄，向斜较开阔，分布地层主要是中生界，古生界仅在背斜核部出露。

隧道穿越的五指山背斜长 50km，宽约 10km，轴顺沐川与屏山、马边交界的五指山脊东侧和白马山、西密山脊北侧延伸，弧顶在沐川生基坪。在生基坪西侧背斜轴呈南西西向延伸，在生基坪东侧背斜轴呈南东向延伸，轴部出露上二叠统至下三叠统地层，产状平缓，倾角 2°～15°，两翼为三叠至侏罗系，产状较陡，多在 40°～70°间，北翼陡，南翼缓，在沐川红庙子一带地层发生倒转，剖面上呈倒转的"箱状"背斜（图 7.1）。

图 7.1　五指山背斜 1400m 与 800m 两级夷平面

在五指山背斜的南西侧发育有一条南东向断层，断层在侏罗系上统蓬莱镇组（J_{3p}）和白垩系（K）地层中，隧道未穿越（图 7.2、图 7.3）。

图 7.2　断层

图 7.3　二次活动的擦痕

2）场地地层产状及地质构造特征

隧道场地位于五指山背斜的南东段，处于背斜核部向南翼的过渡带上，岩层产状由五指山北东坡的飞仙关组（T_{1f}）280°～297°∠2°～5°，优势值为 293°∠3°；铜街子组（T_{1t}）282°～306°∠5°～8°，优势值为 297°∠5°；嘉陵江组（T_j）270°～305°∠5°～11°，优势值为 285°∠8°；雷口坡组（T_{2l}）、垮洪洞组（T_{3k}）243°～299°∠8°～20°，优势值为 263°∠15°。过五指山脊后的南西坡，雷口坡组（T_{2l}）、垮洪洞组（T_{3k}）237°～249°∠46°～58°，优势值为 241°∠50°；香溪群（T_3～J_{1x}）215°～238°∠40°～58°，优势值为 230°∠47°；自流井组（J_{2z}）210°～228°∠40°～50°，优势值为 218°∠44°。

场地地层产状在隧道进口处近水平，过五指山脊后岩层急剧陡倾、单斜，呈"半箱状"

形态，并且倾向由北西扭向南西。

3）场地节理特征及发育等级

（1）节理特征

场地各地层岩性差异大，岩石具薄～巨厚（厚度 > 1.0m）层状构造（图 7.4），在区域应力场和局部应力场作用下，岩层中发育有 2～6 组节理。节理产状、间距随构造部位、层厚不同而有较大变化。由节理、裂隙统计图及测绘得知（图 7.5、图 7.6），场地内节理走向以两个方向（即 L_1 和 L_2）为主，L_1：走向北东，陡倾北西或南东，隙面较平整，平面延长 5～8m，垂向切割 1～2m；L_2：走向南东，陡倾南西或北东，隙面较平整，平面延长 1～3m，垂向切割 0.5～2m。

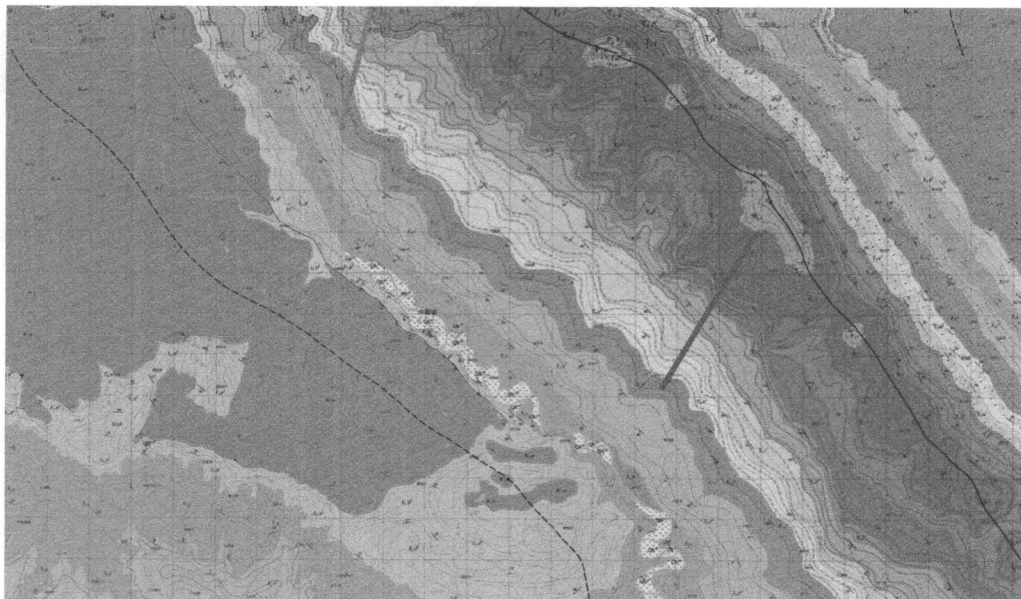

图 7.4　隧道隧址区构造图

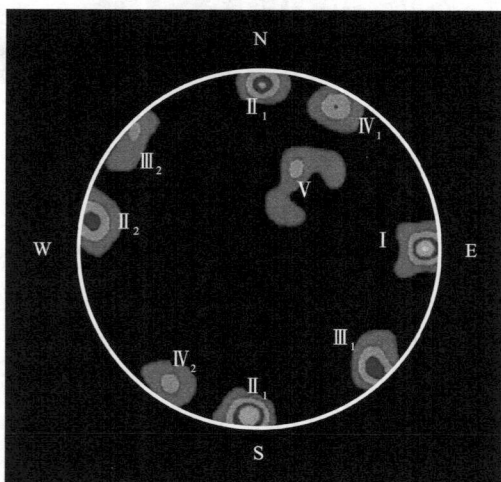

图 7.5　隧址区裂隙别尔麦柯夫网投影图

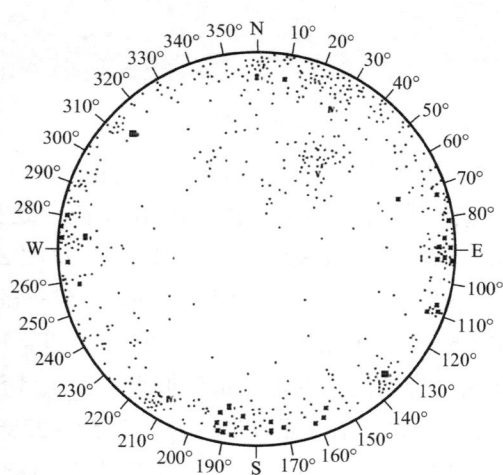

图 7.6　隧址区裂隙密度图

（2）节理发育情况（表 7.3）

节理发育情况 表 7.3

地层代号	岩石名称	岩石构造	节理组数	节理间距范围/m	节理一般间距/m	岩体体积节理数/（条/m³）	节理发育等级
J_{2z}	细砂岩夹粉砂质泥岩透镜体	中～厚层状	5	0.48～0.99	0.48～0.79	7.54	较发育～发育
T_3-J_{1x}	细砂岩	厚～巨厚层状	3	0.53～7.14	0.53～1.08	2.94	较发育
T_3-J_{1x}	碳质页岩与粉砂质泥岩互层	薄～中层状	6	0.33～4.54	0.33～1.00	5.84	较发育～发育
T_3-J_{1x}	细砂岩	厚层状	6	0.89～3.44	0.89～1.61	3.83	较发育
T_{1j}	灰岩夹泥灰岩	薄～厚层状	4	0.46～4.16	0.46～0.83	5.23	较发育～发育
T_{1t}	灰岩粉砂岩互层	薄～厚层状	6	0.33～11.11	0.33～2.56	4.32	较发育
T_{1f}	粉砂岩	中～厚层状	2	0.37～0.48	0.37～0.48	4.74	较发育

注：场地及周边地区植被茂密，地表多被崩坡积层覆盖，T_{2l} 的少量露头也岩溶发育，无法进行节理、裂隙统计；T_{3k} 在测绘、调查时均未见其露头。

各组节理发育的组数、间距受岩层的构造影响，一般在薄层状构造的岩石中发育有 4～6 组节理，间距 0.3～2.5m 不等，多以 0.3～2.0m 为主，岩体体积节理数 $J_v > 6$；在中层状构造的岩石中发育有 4～6 组，间距 0.4～5.0m 不等，多以 0.4～2.0m 为主，$J_v > 5$；在厚层状构造的岩石中发育有 2～3 组节理，间距 0.4～1.0m，局部大于 2.0m，$J_v > 3$；在巨厚层构造的岩石中发育有 2～3 组节理，间距 0.5～3.0m，$J_v < 3$。在同一岩层中，多以 2～3 组节理的发育为主，但被夹于厚层状硬质岩中的薄～中层状构造的软质岩（如粉砂质泥岩、碳质页岩、页岩等）则节理发育较密集，并可见一些其他产状的节理发育。总体上，场地节理发育的等级属较发育～发育等级。

4）场地的断裂现象及受地质构造影响程度分级

（1）构造现象

场地内植被茂密，地表多被崩坡积层覆盖，在悬崖及基岩露头未见有断层发育，但在 ZK4 的钻探和综合测井中，于孔深 263.20～273.50m、400.00～402.50m、443.55～444.30m、523.80～524.20m、529.80～530.40m、532.30～533.40m 等段揭露层间破碎带（层间错动带）或纵波低速带。钻探揭露层内构造角砾岩岩质以破碎带两侧的岩性为主，角砾粒径一般以 5～50mm 为主，含量约 50%，余为砂、粉、泥状岩屑，角砾间泥化严重，纵波波速 $V_p = 1660～2580$m/s，发育于五指山背斜转折部的飞仙关组、铜街子组、嘉陵江组地层中，其铅垂厚度可达 10.30m。

在捞林沟、冷水溪的地调和实测地质断面时，见香溪群中局部薄层状的碳质页岩、煤层裂隙密集发育，岩层中有一些扭曲、拖拉现象，岩体呈碎裂～碎屑状结构。

在场地南东侧 8km 的 213 国道上，于雷口坡组的灰岩（产状 216°～230°∠47°～50°）中间有两层间错动带发育，该错动带宽 2.5～4.5m，下层错动带宽 0.4～0.9m，层内构造角砾岩的角砾为白云质灰岩，直径一般为 0.5～10.0cm，含量约 70%，余为岩屑和钙质胶结物，岩体致密，呈弧状产出，产状 212°∠60°～230°∠35°；上层错动带宽 1.0m，层内构造角砾岩的角砾为白云质灰岩，直径一般为 0.5～2.0cm，含量约 60%，余为岩屑和钙质胶结物，岩体致密，产状 230°∠50°；两层错动带间所夹的白云质灰岩透镜体则较完整。

上述情况表明背斜转折部位硬质岩以层间错动为主要构造形迹，软质岩则多以层间挤压、扭曲、拖拉褶皱形态为主，均破坏了岩体的完整性，并降低了其强度。

（2）地质构造影响程度等级

以上情况表明，在场地地层陡倾或箱形背斜转折部位岩层中存在小型层间破碎带（错动带）。结合场地的节理发育情况、等级，可知场地岩石受地质构造影响等级属较重～很严重。

各岩石地层受地质构造影响程度等级划分见表 7.4。

各岩石地层受地质构造影响程度等级划分表　　　　　　　表 7.4

地层代号	岩石名称	岩石构造	地质构造部位	岩层产状	节理组数	发育密度/（条/m³）	节理等级	等级
T_{1f}	粉砂岩	中～厚层状	背斜核部	近水平	2	4.74	较发育	较重
T_{1t}	灰岩、粉砂岩	薄～厚层状	背斜核部	近水平	6	4.32	较发育	较重
T_{1j}	泥灰岩、泥质白云岩、灰岩、白云岩	薄～中层状	背斜核部	近水平	4	5.23	较发育	较重
T_{1j}	泥灰岩、泥质白云岩、灰岩、白云岩	中～厚层状	背斜翼部	陡倾单斜	—	—	较发育	较重
T_{2l}	灰岩、白云质灰岩	中～厚层状	背斜翼部	陡倾单斜	—	—	较发育	较重
T_3-J_{1x}	细砂岩	厚层状	背斜翼部	陡倾单斜	3～6	2.94～3.83	较发育	较重
	碳质页岩、粉砂质泥岩	薄～中层状	背斜翼部	陡倾单斜	6	5.84	较发育～发育	严重
J_{2z}	泥质粉砂岩、细砂岩	薄～厚层状	背斜翼部	陡倾单斜	5	7.54	较发育～发育	严重
T_{1f}	粉砂岩、细砂岩、粉砂质泥岩	中～厚层状	背斜转折部	近水平～陡倾单斜	—	—	较发育～发育	严重
T_{1j}	泥灰岩、泥质白云岩、灰岩、白云岩	中～厚层状	背斜转折部	近水平～陡倾单斜	—	—	较发育～发育	严重
T_{3k}	粉砂岩、页岩、泥岩、泥灰岩、灰岩	薄～中层状	背斜翼部	陡倾单斜	—	—	较发育～发育	严重
T_3-J_{1x}	细砂岩、粉砂岩、碳质页岩、粉砂质泥岩夹煤层、煤线	薄～中层状	背斜翼部	陡倾单斜	—	—	较发育～发育	严重
T_{1f}～T_{2l}-T_{3k}	层间破碎带（层间错动带、断层）	薄～厚层状	背斜转折部～翼部	近水平～陡倾单斜	—	—	密集	很严重

5）岩体结构特征和完整状态

各地层、岩体的结构特征、完整状态划分见表 7.5。

各地层、岩体的结构特征、完整状态划分表　　表7.5

地层代号	岩石名称	岩石构造	地质构造部位	岩石质量指标/%	纵波波速/(m/s)	岩体体积节理数/(条/m³)	岩体结构特征和完整状态
Q_4^{c+dl}	块石质土、低液限黏土、块石	—	—	—	200~800	—	松散~松软结构
T_{1f}	粉砂岩、细砂岩、粉砂质泥岩	中~厚层状	背斜核部	22~100	3290~5280	4.74	块碎状镶嵌结构~巨块状整体结构
			背斜转折部	0~76	2050~4650	—	块碎状镶嵌结构为主
T_{1t}	粉砂岩、粉砂质泥岩夹灰岩	薄~厚层状	背斜转折部	0~95	2530~4470	4.32（背斜核部）	块碎状镶嵌结构为主
T_{1j}	泥灰岩、泥质白云岩、灰岩、白云岩	中~厚层状	背斜转折部~翼部	—	2530~4470	—	块碎状镶嵌结构为主
			背斜翼部	—	3100~4460	5.23	块碎状镶嵌结构~大块状砌体结构
T_{2l}	灰岩、白云质灰岩	中~厚层状	背斜翼部	—	—	—	大块状砌体结构~巨块状整体结构
	泥灰岩、泥质白云岩、灰岩	薄~中层状	背斜翼部	0~75	2530~4470	—	块碎状镶嵌结构为主
T_{3k}	粉砂岩、页岩、泥岩、泥灰岩、灰岩	薄~中层状	背斜翼部	—	—	—	块碎状镶嵌结构为主
T_3-J_{1x}	细砂岩	中~厚层状	背斜翼部	9~98	—	2.94~3.83	块碎状镶嵌结构~巨块状整体结构
T_3-J_{1x}	细砂岩、粉砂岩、碳质页岩、粉砂质泥岩夹煤层、煤线	薄~中层状	背斜翼部	0~77	—	3.84~5.84	块碎状镶嵌结构为主
J_{2z}	泥岩、泥质粉砂岩、泥灰岩、细砂岩	薄~厚层状	背斜翼部	0~97	—	7.54	块碎状镶嵌结构为主
T_{1f}~T_3-J_{1x}	层间破碎带（层间错动带）、煤	薄~厚层状	背斜转折部~翼部	0	1680~2380	—	碎石状压碎结构~角碎状松散结构
T_{1f}~J_{2z}	岩石强风化带	中~厚层状	—	0~50	1400~3000	—	块碎状镶嵌结构为主

由场地的岩性、岩石构造、地质构造和受地质构造影响程度可知，岩石在节理、层面的切割和地质构造的影响下，总体上薄~中层状岩体以块碎状镶嵌结构为主，厚层状的岩体以大块状砌体结构为主，局部巨厚层状的硬质岩层则呈巨块状整体结构，层间破碎带则呈碎石状压碎结构~角碎状松软结构；松散层呈松散~松软结构。

7.2.6　新构造运动及地震

1）新构造运动

本区新构造运动以大面积抬升为主，并伴有阶段性相对稳定期，并由此形成了五级夷平面和岩溶阶十个。一至五级夷平面的高程分别是 3000m 以上，2500～2700m，1900～2300m，1400～1700m，500～700m。一至十个岩溶阶发育的一般高程分别是 3000m、2600m、2400m、2000m、1600m、1000m、600m、500m、450m、400m。新生代以来，则以间歇性缓慢抬升为主。

2）地震

隧址区位于四川盆地西南部的马边地震带北东侧。马边地震带为马湖至马边附近的狭长地带，该带地震活动频繁，为典型的震群型地震，属于浅源地震，强震的震源深度多在 15～19km。1971 年 8 月 16 日发生 5.8 级地震后，至同年 11 月 30 日为止，共发生大小震 2000 余次，其中 5 级以上 5 次，4～5 级 42 次，3～4 级 229 次。

马边地震带长约 60km，宽约 10～15km，呈北西向，距其北东侧的隧道场地约 30km。场地属马边地震带影响区，历史上也无地震的发震记录，根据《中国地震烈度区划图》（1990年），该区地震基本烈度为Ⅶ度，在《中国地震动参数区划图》GB 18306—2001 上，隧址区地震动峰值加速度定为 0.10g，地震反应谱特征周期定为 0.40s，在中国地震局地壳应力研究所《国道 213 线沐川至新市镇公路隧道工程场地地震安全性评价报告》（2003 年 10 月）中，在 50 年超越概率 10%时，场地基岩加速度峰值 0.113g，反应谱特征周期 0.40s。

3）地应力

本次勘察采用水压致裂法进行地应力测量，在 ZK4 孔深 421～593m 深度域内共取得 6 段成功压裂，获得测孔隧道部位最大水平主应力值为 11.82～18.15MPa，最小水平主应力值为 6.92～11.15MPa。最大主应力方向为 N70°W～N77°W，平均值 N74°W。岩体原地抗张强度一般为 1.90～3.00MPa。

7.2.7　不良地质现象

1）岩溶

场地植被茂密，地表多被松散层覆盖，但在石竹坪一带岩溶地貌异常发育，地表以石芽、溶沟、漏斗、洼地、峰丛、槽谷为主，地下以溶隙、落水洞、竖井、溶洞为主。现分述如下：

（1）石芽

石芽形态不规则，大小不一，一般石芽粗 0.5～2.0m，高 0.3～1.0m，个别粗者呈岩盘状，高者呈岩柱状，长者呈岩埂状，各类石芽形态多以孤立状零星出露于地表。

（2）溶沟

石芽间的溶沟多被埋藏于松散层下，而经过或发育于区内碳酸盐岩地层区的小溪、冲沟以顺横坡展布为主，舒缓弯曲，一般沟床宽 1.0～5.0m，多有块石堆积。局部碳酸盐岩裸露处，沟谷以"V"形为主，局部呈峡谷形态，具冲蚀特征。

（3）漏斗

分布于石竹坪侵蚀平台上，呈圆～椭圆形锅状，直径以 15～30m 为主，个别长轴达 60m，深 5～10m，无水，多杉树。

（4）洼地

分布于石竹坪侵蚀平台上，多呈不规则的圆～椭圆形平坦低地，长以 10～25m 为主，个别达 60 余米，深 0.5～1.0m，无水，多荒草。

166

（5）峰丛

分布于石竹坪侵蚀平台上的山包呈峰丛状，成片状分布，峰间垭口低峰顶一般为 10～20m，局部受横切溪沟影响，峰顶高谷底可达 150 余米。

（6）槽谷

场地内沟谷众多，但槽谷不甚发育，仅于 K29＋450～K30＋100 一带见有槽谷状地形，谷底横向较平坦，纵向呈缓坡状顺山坡分为二支发育，地表为含块石、角砾低液限黏土。

（7）溶隙

在碳酸盐岩地层出露的一些陡峭岩壁（如观音岩、张家沟上游支沟）上，见有少量的溶隙沿节理、层面发育，隙宽 30～150mm，其中张家沟上游左支沟见岩溶水由节理和层面溶隙中流出。

（8）落水洞

在石竹坪侵蚀平台上的一洼地侧见有一落水洞（K29＋400 R60m），洞高 1.2m，宽 1.0m，倾角约 30°，洞底堆积块碎石，无水，为暴雨时排泄斜坡、洼地地表水通道。

（9）竖井

在 K29＋700～K30＋300 左、右侧梁子（高程 1450～1600m），见有 12 个竖井，呈线状分布，竖井顶部直径大者约 6.0m，小者约 0.5m，其中小者竖井呈上小下大形式，已探知深度约 5.0～15.0m，无水，其中一洞口据当地人讲冬季可见水汽冒出。

（10）溶洞

在张家沟右侧的百丈岩崖脚，见有 3 个溶洞，高程 1070m 左右（图 7.7），洞径 1.0～3.0m，其中 2 个高出另一个溶洞 8～10m，为无水干洞，低的溶洞有泉水流出（779.06m³/d），据调查，此流水溶洞当地人往返 1h 未见底，洞径宽窄不等，多数段人可直立行走，洞底较平坦，多溶槽，流水，向 NW 向延伸。

图 7.7　五指山 1700m 夷平面上的岩溶丘峰洼地

在张家沟上游右支沟左壁，见一溶洞，高程 1260m 左右，洞径 2.0m，洞深 8.0m，洞底堆积含块石低液限黏土，为无水干洞。

在 ZK4 的孔深 283m（高程 1164.93m）以上岩石溶蚀现象发育，岩芯上常见 ϕ5～30mm 溶孔及少量缝宽 5～10mm 的陡倾溶隙，其中孔深 41.15～41.75m，46.20～56.45m，109.65～112.75m，115.65～116.50m，198.45～199.95m，217.50～221.90m 段揭露溶洞，在孔深 46.20～56.45m 段溶洞的中下部堆积有夹白云质灰岩、泥灰岩质块碎石的棕黄色的低液限黏土，217.50～221.90m 段溶洞堆积软塑状低液限粉土。

场地岩溶主要在 T_{1j}、T_{3l+3k} 地层中发育，形态多以地表的溶沟、石芽、漏斗、洼地、峰丛为主，落水洞、竖井、溶洞少量，洼地（槽谷）呈沟谷形，峰丛与槽谷高差不大，其岩溶地貌属残丘洼地型，见图 7.8～图 7.13。

T_{1t} 层中的灰岩夹层岩溶发育差，场地内仅在观音岩冲沟与水渠的交汇处见有沿节理、层面发育的少量溶隙，并见一宽 0.4m，高 0.3m，深 > 3.0m 的层面型无水溶洞。

图 7.8 撕竹坪沿裂隙发育的垂直溶洞

图 7.9 百丈崖 T_{1j} 内发育裂隙

图 7.10 段家沟沟内无水溶洞

图 7.11 龙洞坪溶洞

图 7.12　撕竹坪溶蚀小漏斗

图 7.13　撕竹坪黄土堆积层

2）煤层、瓦斯及小煤窑

香溪群为三个半韵律旋回内陆河湖沼泽相沉积，在每一半韵律旋回沉积中有若干次一级的小旋回，均有碳质页岩夹薄煤层，煤层厚度一般≤0.3m，无工业开采价值。

香溪群中具有生烃（瓦斯）能力的岩种为碳质页岩及薄煤层，该类岩层厚度薄，储量小，因而煤层及其他烃源岩形成的瓦斯有限，ZK5（孔深 343.00m）也仅揭露一些煤线和薄煤层（厚度小于 0.05m），故隧道穿越煤层与煤系地层有瓦斯危害的可能性小。

据了解，当地人于 20 世纪 80 年代在香溪群（$T_3 \sim J_{1x}$）的第一和第三半韵律旋回沉积的岩层中采煤用于生活和烤笋子，因煤质差，无商业用途，早已停挖多年。

据本次调查、测绘，在 K30+300 右侧 200m 的斜坡上（高程约 1640m），K30+700左侧 290m 的斜坡上（高程约 1408m），K31+840 左侧 14m 的斜坡上（高程约 1020m）各见有一个煤窑。

各煤窑洞径一般 1.0～1.5m，顺煤层（岩层走向）挖掘，最大水平开采长度约 100～150m，挖深 2～3m，遇到最大煤厚 0.4m。煤窑一般采用原木支撑，无专用设备或开天眼方式通风，洞内有少量地下水渗入，顺巷坡排水，水量很小，无需专用设备抽水。

7.3

隧址区岩溶水文地质特征

国道 213 线沐新路五指山隧道设计全长 3911m，其中岩溶段总长 2262m，占隧道总长58%，为单向下坡隧道。开工至 2005 年 8 月份，隧道进口掘进总长 1024m，出口掘进总长1429m，由于中段发生大量涌水，致使施工进度受阻长达一年有余。

7.3.1　水文地质调查

水文地质调查包括对隧址区影响范围内进行了 1∶50000 水文地质勘查，重点核实了富水地层、断层的分布情况；查明了隧址区的地形地貌、地层岩性、地质构造、岩溶发育特征、井泉分布、含水层、隔水层等工程地质条件；查明了地下河发育特征、发育规模、延伸方向；判明地下水类型、补给、径流、排泄条件；最后对五指山隧道建设进行了水文地质和工程地质评价。

确定地下暗河系统展布特征，隧址区地下暗河发育高程，评价在隧道施工及运营对地

159

质环境、隧道上方居民生产生活用水及景区的影响。调查范围为隧址区所涉及的各个地下水系统，水文地质调查面积 755km²。为了评价含水层的富水性，查明含水层水文地质参数，确定隧道的水文地质评价参数，还采用压水试验、钻孔回次水位及班前水位观测等水文地质试验手段。水文调查主要包括泉（井）水点、暗河、岩溶落水洞、漏斗、溶洞、岩溶洼地等内容。

7.3.2 五指山背斜岩溶发育基本规律

1）地层岩性的控制作用与岩溶含水层类型

五指山背斜出露的地层，轴部向两翼由老至新依次为上二叠系峨眉山玄武岩、宣威组碎屑岩类；下三叠系飞仙关组钙质砂岩，夹泥岩与泥灰岩、薄层灰岩、灰岩角砾岩不等厚互层；下三叠系铜街子组灰岩夹钙质砂岩、灰岩角砾岩；下三叠系嘉陵江组灰岩白云质灰岩、盐溶角砾岩夹泥灰岩与石膏；中三叠系雷口坡组灰岩、白云质灰岩夹泥灰岩、钙质砂岩、盐溶角砾岩与石膏；上三叠系垮洪洞组灰岩、泥灰岩、泥岩；上三叠系须家河组砂岩夹页岩含薄煤层、煤线；侏罗系自流井组、沙溪庙组、遂宁组、蓬莱镇组、白垩系夹关组均属红层碎屑岩类。其中下三叠系飞仙关组与铜街子组、嘉陵江组、中三叠系雷口坡组、上三叠系垮洪洞组的灰岩、白云质灰岩、具备易受溶蚀岩溶发育条件，特别是嘉陵江组、铜街子组、雷口坡组与垮洪洞组的灰岩，层厚质纯、岩溶发育强烈。另在碳酸盐岩系列中，还包含古风化壳储水层和盐溶角砾岩洞穴水。盐溶角砾岩为富含盐类矿物成分的岩层、三叠系中、下统地层中有所分布。在地下水作用下，盐类矿物被大量溶解流失造成岩层塌陷、崩解、碎裂，并经重新胶结成为具有角砾状结构或巨厚层块状构造的岩层。常见有石膏被溶滤后形成的晶孔和孔洞。根据岩石成分、胶结物等物性差异，本区可分为钙质盐溶角砾岩和砂、泥质盐溶角砾岩。根据五指山各级夷平面上嘉陵江组灰岩分布区的初步统计，岩溶洼地，漏斗的密度达到 64 个/km²、面岩溶率为 2.9%。在质纯层厚的灰岩、白云岩中，发育有由溶洞、溶裂构成的岩溶管道水系统，在灰岩、泥灰岩、灰岩角砾岩与钙质胶结的碎屑岩中，发育有溶孔、溶隙为主，偶见小型溶洞的岩溶管网水系统。根据《五指山隧道工程地质详勘报告》ZK4 号钻孔资料统计：溶洞、角砾岩、溶孔等岩溶现象较普遍出现。T_{1j} 与 T_{2l+3k} 层中，溶洞与溶孔溶隙极为发育，溶洞分别位于高程 1397m 洞高 3.75m；高程 1335m 洞高 3.1m；高程 1331m 洞高 1.0m；高程 1283m 洞高 2.7m；高程 1278m 洞高 1.0m；高程 1249m 洞高 1.0m；高程 1227m 洞高 6.2m。在该层钻进 338.8m 孔段中溶洞共 18.75m，占 5.6%。角砾岩在 T_{1j}、T_{1t}、T_{1f} 层中均有分布，分别位于高程 914~1174m 之间。其中 T_{1j} 层中位于高程 1174m，厚达 10m；T_{1t} 层中揭露两层，分别位于高程 1043m 厚 2.2m，高程 1003m 厚 0.75m；T_{1f} 层中揭露 3 层，分别位于高程 923.73m 厚 0.4m，高程 917.53m 厚 0.6m，高程 914.53m 厚 1.1m。各层溶孔分布广泛，其中 T_{1f} 层在高程 889.43m 以下仍有所发育。按照填图单元，将五指山背斜的岩溶含水层划分为：$T_{1f}+T_{1t}$ 为碎屑岩夹碳酸盐岩岩溶裂隙孔洞水，含水层的富水性级别为中等级，岩溶水单个出水点排泄量 5~50L/s（0.0432~0.432 万 m³/d）。T_{1j} 与 T_{2l+3k} 或 T_{1t} 为碳酸盐岩岩溶裂隙溶洞水，含水层的富水性级别为强、较强级，岩溶水单个出水点排泄量 >100L/s（>0.864 万 m³/d）。

2）地貌的控制作用与区域水文网对岩溶水的影响

五指山位于四川盆地的西南边缘，属凉山山地向盆地延伸的余脉，区内山脉走向以北西为主，为切割深度 500～1000m 的中低山。五指山系由不对称背斜形成的构造隆起山体。南西侧是 T_{3xj} 碎屑岩构成的缓倾单斜山，岭脊海拔 1700～2000m 地带，在局部地没为 T_{2l}-T_{3k} 碳酸盐岩分布；轴部地势较平缓，由三叠系下统及部分二叠系上统形成台状、脊状山与深切沟谷层状岩溶地貌，海拔 700～1500m；北东侧为 T_{3xj} 碎屑岩构成的锯齿状山脊，海拔 900～1300m。背斜山体的两侧均为红层深切丘陵与低山，海拔 500～1000m。

本区在不同高程上，展布着四级起伏不大的剥夷面，其各级剥夷面的岩溶组合形态特征与相应的区域地文期对比如下：

鄂西期：分布标高 1700～2000m，定型于早第三纪末，与下界面呈陡坡过渡相接，典型地段有老君山、五指山等岭脊部位，岩溶地貌组合形态有残存的波状高台原，面上散布着洼地、峰峦，比高 100～200m，谷坡与谷底残积土堆积，森林植被广布。

山原期：分布标高 1300～1500m，定型于晚第三纪末至早更新世，与下界面呈陡坡过渡相连，典型地段如石竹坪等，岩溶地貌组合形态主要是台状丘峰洼地，落水洞遍布，垂直或陡斜岩溶管道发育。

山盆期：分布标高 700～900m，定型于中更新世晚期，与低级界面呈陡坡过渡，广泛分布于五指山北东翼 T_{1j}-T_{2l} 山地，为山间纵向谷地貌，以水平管道为主，屏山县龙华镇金鱼溪一带还有明流与伏流交替出现的景观。

嘉陵江期：分布标高 300m，属现代区域侵蚀基准面，金沙江在五指山南端横切而过，为本区岩溶水的最低排泄区。

五指山是金沙江及其支流中都河、屏山河与岷江水系马边河、沐川河、龙华河等支流的分水岭。除金沙江横切五指山外，其余次级水系均沿背斜两侧呈纵向分布、羽状发育的支沟横向发育于背斜山体两侧，并成为众多的当地侵蚀基准面。重要的支流有沐川建和乡的俞家坪沟，屏山县太平乡的大堰沟，屏山县龙华镇的金鱼溪等，它们大多成为五指山岩溶水的排泄中心。

3）地质构造对岩溶发育的控制作用

五指山背斜位于四川盆地南西侧，属四川台拗川中台拱的马边斜坡Ⅳ级构造单元。四川台拗指晚三叠世陆相地层的大型盆地阶段。继泥盆-石炭系全区隆起为陆，二叠-中三叠世再次海侵，此时川中台拱的马边斜坡，由深海过渡为滨海，造就了大量碳酸盐岩堆积，其沉积相与厚度相对稳定，成层性与沉积韵律均较清楚。印支运动晚幕后四川盆地开始形成，历经喜山运动、陆相地层褶皱，尤其是二叠-中三叠系地层遭受进一步变形破坏，通常出露于背斜核部。五指山背斜为一 NEE 折向 SE 方向的弧形不对称背斜构造，隧址地区主要涉及呈 NW—SE 展布的背斜核部与 SW 翼的碳酸盐岩分布段。两侧为含水性较差的碎屑岩为其边界。对于浅循环岩溶水系统，岩溶的导水空间发育与分布受碳酸盐岩的成层性控制明显。五指山背斜核部呈箱形构造，沿轴向形成若干高点，自北向南有菜园坡高点、河口高点、合面山高点、楠木坪高点等。受这些隆起影响，碳酸盐岩系的分布埋藏具有起伏的特征，并由此形成了裸露型、裸露-覆盖型与裸露埋藏型岩溶水系统，各种系统岩溶水均有其垂直和水平分带特征，地下水运动和赋存主要受地质构造控制。此外，背斜核部埋藏有二叠系宣威组碎屑岩与峨眉山玄武岩作为相对阻水底界，使其上部三叠系岩溶水富集与积聚。箱形构造转折部，受力集中，变形破坏大，横张与纵张节理发育，切层贯通，造成岩溶水越层补给。

7.3.3 岩溶水动力分带与岩溶水文地质单元

岩溶水动力分带与隧道涌水量预测有密切关系。根据五指山地区的地形、地质条件、气候特征、植被涵盖等因素，将岩溶的垂直与水平分带模式特征综述如下：

1）岩溶水动力垂直分带

表生岩溶带：五指山岩溶山地表层岩溶带水储存于可溶岩地表至浅部溶隙溶孔中，其下界面是溶蚀相对微弱、完整性较好的可溶岩面，一般厚度 5～20m，部分地段可达 50m。此带形成的储水体受地形起伏影响互不相续，表层岩溶泉流量较小，一般＜1L/s，属淡水化学类型。本区森林植被好，降水充沛，表层岩溶带有很好的水源涵养作用。此类泉水流量相对稳定，成为山区人畜用水的重要水源。表层岩溶泉与饱水带之间一般没有直接水力联系，但与饱气带关系较密切。

饱气带：指垂直下渗带，位于表层岩溶带以下，丰水期区域地下水位以上的地带。本带通过可溶岩体发育不均一的溶隙、溶蚀管道、竖井与地面的洼地、漏斗、槽谷相通，将大气降水与地表径流导入地下，暴雨期间更甚。本带在切割较深的五指山岩溶山地厚度很大，据 4 号勘探孔资料达 215m（标高 1232.93m）此带水流在时空方面是不连续的，一般不具静水压力，是隧道岩溶涌水的补给空间。

季节交替带：由季节变化而引起的地下水位升降波动地带，位于饱气带与饱水带之间，因本隧道勘探孔缺乏地下水监测资料，据其他岩溶区有关资料，本带厚度可达数十米，属淡水化学类型。

浅饱水带：本带位于枯水期地下水位以下，地下水排泄口影响带以上的饱水含水带，水平管道比较发育，处于岩溶含水层上部的循环带，岩溶发育强烈。导水系统主要是平卧洞穴，地下河主管道，充水溶洞，宽大的充水溶隙等形态，对隧道涌水的威胁极大，一般具有压突水、突泥、沙。本带厚度逾百余米，此带岩层中如含有膏盐成分，水的溶滤作用可能出现 SO_4-Ca 型微咸水。

压力饱水带：位于地下水排泄口以下，当地主要河流排泄基准面影响带以上的含水层。受当地主要河流侵蚀基准面控制的岩溶水循环带，岩溶发育不如饱水带，但沿构造破碎带和各种结构面（包括古风化壳、古岩溶等），岩溶发育较深较强，由于水头高、压力大，对隧道涌水威胁仍然很大，西南地区许多位于本带的隧道，突水、突泥灾害均较严重。本隧道南侧的金沙江水面平均高程为 300m，相距约 30km，成为本区最低侵蚀基准面。河谷地段岩溶地下水水力坡度很大，水化学类型为 HCO_3-Ca 型淡水或 SO_4-Ca 型的微咸水。

深部缓流带：位于压力饱水带以下，受岩溶水排泄基准面影响比较弱的含水层。一般情况下岩溶水循环缓慢，岩溶发育较弱，岩溶形态规模小，水的矿化度较高，但在构造破碎带；有膏溶作用；混合溶蚀作用；也可形成深部岩溶富水地段，水化学类型 SO_4-Ca 或 SO_4-Ca·Na、Cl-Na 型的微咸水-咸水。

2）岩溶水动力水平分带与水文地质单元

岩溶水系统的水平分带对隧道涌水量的大小有重要控制作用。主要指隧址所在的岩溶山体岩溶含水层在纵向分布上可划分为补给区、补给径流区和排泄区，彼此构成多个水文地质单元。

五指山隧道处于沐川建和与屏山龙华两个岩溶水文地质单元之间。

沐川建和水文地质单元位于隧道北侧相距 17km，受水面积 26km²，主要由俞家坪沟与赵家坪沟切割三叠系岩溶含水层并成为浅层岩溶水的当地排泄基准面，其中俞家坪沟切割较深，侵蚀基准面高程 840m。岩溶地下水排泄量达 2600 万 m³/a。

屏山龙华金鱼溪水文地质单元，位于隧道南侧，相距 14.5km，受水面积 19km²。处于五指山背斜 T_{1j} 与 T_{2l-3k} 的倾没端，岩溶层分布面积比较集中，切割山原期与山盆期剥夷面形成 700m 高程的侵蚀基准面，岩溶地下水排泄量为 3300 万 m³/a。本次对建和水文地质单元和龙华水文地质单元地表溪流的测量数据进行换算，本区碳酸盐岩溶水的年平均地下径流模数为 33.81～35.40L/(s·km²)；碎屑岩夹碳酸盐岩岩溶水的年均地下径流模数为 12.36L/(s·km²)。

隧道影响带位于屏山龙华金鱼溪水文地质单元与沐川建和水文地质单元之间的补给径流区，控制面积 55km²，该区按天然水位 1232.93m 换算，海拔 827m 以上岩溶水的储存量为 1.72 亿 m³。

7.4

隧道涌水突泥分析

7.4.1 隧道已开挖段岩溶涌水量及评价

沐新路五指山隧道（K28＋418～K32＋329）全长 3911m，最大埋深 790m，为单向下坡隧道，设计纵坡 −1.9%～2.23%，进出口高差 78.29m。该隧道 T_{1f+1t}、T_{1j}、T_{2l+3k} 层组成岩溶含水段，由 K28＋570～K30＋832，总长达 2262m。综述如下：

1）C 合同段

C 合同段（隧道进口段）隧道进口端里程 K28＋418，设计全长 1862m。C 合同段与 D 合同段（隧道出口段）衔接里程为 K30＋280。C 合同段隧道围岩地质分层与涌水情况如下：

K28＋418～K28＋570（洞深 0～152m）：第四系块石质土及 T_{1f} 粉砂岩、细砂岩，属强风化带极软岩。呈滴水或淋雨状渗出。

K28＋570～K29＋940（洞深 152～1370m）：T_{1f} 粉砂岩夹细砂岩及少量粉砂质泥岩。本段于 2005 年 7 月 27 日调查记载表明洞深 1111m（K29＋529）掌子面右侧上部有股状水流，流量 $Q=0.75$L/s（2.7～64.8m³/h）。根据 C 合同段项目经理部《关于五指山隧道进口端掌子面涌水的情况汇报》，2005 年 8 月 5 日隧道掘进至洞深 1124m（K29＋542）时，涌水量较大，流量 $Q=4.0$～5.0L/s（约 14.4～18m³/h），岩体破碎拱顶掉块，用小导管注灌加固处理小坍腔。8 月 6 日 23:30 左右，掌子面涌水突然俱增，约半小时涌水回淹至洞深 982m（K29＋400），淹没已开挖隧道 142m。根据洞身水位及回淹历时计算，当时涌水量为 3800m³/h（91200m³/d）。此后涌水量逐渐衰减，于 8 月 10 日 4:00 后，涌水量为 800m³/h（19200m³/d）。另据记载 8 月 9 日 19:00 涌水回淹隧道达最大值，即洞深 213m（K28＋635），淹没隧道开挖段总长 907m。在投入五台功率 37～45kW 设计流量 900m³/h 的潜水泵排水后，水位得以控制并缓慢下降。

K29＋940～K30＋060（洞深 1370～1642m）：T_{1f} 粉砂岩夹细砂岩及少量砂质泥岩处于背斜轴部陡折段，尚未开挖。

K30＋060～K30＋125（洞深 1642～1707m）：T_{1f} 粉砂岩、砂质泥岩与灰岩处于背斜 SW 翼，岩层倾角 45°～60°尚未开挖。

K30＋125～K30＋280（洞深 1707～1862m）：T_{1t} 灰岩夹粉砂岩，粉砂质泥岩，处于背斜 SW 翼，岩层倾角 45°～60°，为本隧道岩溶水富集地段。

根据施工方《隧道地质与支护状况观察》，突水点附近地质情况如下：

（1）K29＋472～K29＋477.5 围岩以砂岩为主，夹有砂质泥岩，无明显层状、节理裂隙发育、松散破碎、局部存在完整大块状岩块，有明显渗水、左侧拱腰有一股涌水。

（2）K29＋478.5～K29＋491 围岩以砂岩为主，夹有泥质砂岩，围岩无明显层状，节理发育、松散破碎、局部区域有大量土体，左侧拱腰有一股涌水。

（3）K29＋492～K29＋503 围岩以砂岩为主，夹厚层砂质泥岩，部分明显层状，节理裂隙发育、松散破碎，开挖爆破后渣块度较小。

（4）K29＋505～K29＋509 围岩以粉砂岩为主，夹砂质泥岩，无明显层状，节理裂隙发育、松散破碎，开挖爆破后爆渣块度较小。

（5）K29＋520～K29＋529 围岩以粉砂岩和砂质泥岩为主，无明显层状，节理裂隙发育、松散破碎，爆破后块度小，以泥岩为主，初期支护有较大面积湿斑。

（6）K29＋529～K29＋536 围岩左侧以粉砂岩和砂质泥岩为主，无明显层状，节理裂隙发育、松散破碎，爆破后块度小，右侧开始出现灰白岩石，破碎、硬度一般，爆破后块度仍较小，初期支护有滴水。

根据《C 合同段 K29＋485～K29＋542 段塌方涌水情况分析汇报》（2005 年 9 月 26 日）：

（1）在现场见坍塌体主要由碎块-碎石状的紫红色粉砂岩、粉质砂岩构成，坍塌体压坏台车，堵塞隧道，有淋雨状地下水由台车上塌体渗出，有大股地下水由隧道中下部坍塌体涌出，两侧初期支护已压塌，并引起台车后面的二衬体开裂。

（2）K29＋542 涌水前弃渣为灰色粉砂岩，细砂岩和紫红色粉砂质泥岩，块径以 5～40cm 为主，部分具角砾结构（砾径 0.5～2.0cm）含量约 50%，砾间为同类岩质的岩屑充填，岩石表面密实遇水易解体。

（3）隧道内涌水已退至坍塌体堵塞隧道外，据施工方介绍隧道涌水平时 700m³/h，暴雨时 1000m³/h。

根据铁道第二勘察设计院 2005 年 9 月 24 日《超前地质预报》：

（1）塌陷变形区为隧道左侧 K29＋478～K29＋503 至隧道右侧 K29＋506～K29＋508 范围内最大高度（隧道标高以上）大约 40m；

（2）隧道左侧 K29＋556 至隧道右侧 K29＋560 处推测有裂隙存在；

（3）隧道左侧 K29＋568 至隧道右侧 K29＋574 处推测裂隙存在；

（4）其余地段围岩较破碎。

2）D 合同段

D 合同段（隧道出口段）隧道出口端里程 K32＋329，设计全长 2049m。D 合同段与 C 合同段（隧道进口段）对接里程为 K30＋280。D 合同段现施工掌子面位置是 K30＋832。

D 合同段隧道围岩地质分层与涌水情况如下：

K30 + 280～315（累计洞深 1862～1897m）：T_{1f+t} 粉砂岩、粉细砂岩夹灰岩，处于背斜 SW 翼，岩层倾角 45°～60°，本段尚未开挖。

K30 + 315～K30 + 410（累计洞深 1897～1992m）：T_{1j} 灰岩夹泥灰岩，泥质白云岩。其中 K30 + 310～K30 + 360 段可能发生大股岩溶水涌出，本段尚未开挖。

K30 + 410～K30 + 655（累计洞深 1992～2237m）：T_{1j} 泥灰岩、泥质白云岩夹白云岩、灰岩。其中 K30 + 450～K30 + 470、K30 + 520～K30 + 540、K30 + 590～K30 + 610 段可能发生岩溶涌水，本段尚未开挖。

K30 + 655～K30 + 690（累计洞深 2237～2273m）：T_{2l+3k} 泥灰岩夹粉砂岩，未开挖。

K30 + 690～K30 + 740（累计洞深 2272～2322m）：T_{2l+3k} 灰岩、白云质灰岩，未开挖。

K30 + 740～K30 + 910（累计洞深 2322～2492m）：T_{2l+3k} 泥灰岩、泥质白云岩夹白云质灰岩、灰岩、白云岩、粉砂岩。本段掘进中出现大量岩溶涌水。

根据 D 合同段项目经理部《巨大涌水专题汇报材料》：

2005 年 7 月 24 日与 25 日，隧道掌子面段涌水流量 $Q = 2700～3000 m^3/d$；7 月 26 日，K30 + 911 掌子面出现股、散状水流，流量 $Q = 12000 m^3/d$；7 月 27 日，K30 + 902 流量 $Q = 20000 m^3/d$；7 月 28 日，K30 + 900 掌子面股、帘状水流增大，流量 $Q = 32000 m^3/d$；7 月 29 日～8 月 10 日，流量 $Q = 34500～35000 m^3/d$，流量无明显增大或衰减趋势。其中 8 月 3 日在掌子面钻了 3 个直径 100mm 泄水孔，1 孔深 21m，涌水满管无水压，1 孔深 20m，涌水量小不满管，1 孔深 14m，地下水喷射状涌出，本段隧道属下坡自由排水。

K30 + 910～K31 + 035（累计洞深 2492～2617m）：T_{2l+3k} 灰岩、白云质灰岩夹少量薄层泥灰岩、白云岩。本段掘进中出现大量岩溶突水。根据《中隧集团 213 线改造工程项目部 2005 年 8 月 3 日会议纪要》，D 合同段施工现场的情况介绍为：从 K30 + 920 开始出现地下水，至 K30 + 900 时遇巨大地下涌水，经现场观测，2005 年 7 月 26 日掌子面涌水为 12000 m³/d，洞口水量为 21000 m³/d，7 月 27 日掌子面水量达 20000 m³/d，洞口水量为 29000 m³/d，7 月 29 日掌子面水量达 33000 m³/d，洞口水量为 42000 m³/d，7 月 30 日至 8 月 2 日掌子面日流量稳定在 34500～35000 m³/d，无明显的衰减和增大趋势。

K31 + 035～K31 + 175（累计洞深 2617～2757m）：T_{2l+3k} 灰岩、白云岩、局部夹少量薄层状泥灰岩。

K31 + 175～K31 + 230（累计洞深 2757～2812m）：T_{2l+3k} 粉砂岩、砂岩、泥岩、泥灰岩互层。

K31 + 230～K31 + 330（累计洞深 2812～2912m）：T_{3xj} 细砂岩、粉砂岩、碳质页岩、粉砂质泥岩互层，夹少量薄煤层或煤线，岩层倾角 47°。

K31 + 330～K32 + 250（累计洞深 2912～3787m）：T_{3xj} 砂岩、粉砂岩。中部夹少量薄煤层。

K32 + 205～K32 + 275（累计洞深 3787～3857m）：J_{1-2z} 泥岩、粉砂岩夹泥灰岩。

K32 + 275～K32 + 329（累计洞深 3857～3911m）：第四系块石夹土。

3）C 合同段 K29 + 542（洞深 1124m）掌子面突水原因分析

（1）涌水特征：根据"国道 213 线沐新路五指山隧道涌水专题汇报"附表涌水量与时间关系曲线，起始涌水量达 3800 m³/h，经 12h 水量已趋减至 1500 m³/h，此时段涌水总量约 3.18 万 m³/12h，到 8 月 12 日经 3d（72h）水量又趋减至 800m³/h，此时段涌水总量为 8.28 万 m³/72h。此后涌水量基本平稳减少。经本次勘查实测洞口涌水量为 491.4m³/h（11793.6m³/d）。2005 年 8 月 10 日到 2006 年 2 月底总计 210d 的时间段排泄量约 325 万 m³，目前隧道进口段总排泄量达 337 万 m³（214d）。就涌水量与时间历时曲线分析，当隧道开挖到主要含水带的起始阶段，在高梯度的渗透水流作用下，岩石裂缝与孔洞中的充填物被冲走，孔隙增大形成贯通岩体内部的管状渗流通道，大量水流涌向隧道，并向隧道顶部缓倾斜的结构面扩展，使拱顶围岩变形失稳坍塌，是工程造成的管涌-溃决突水型地质灾害。这与该隧道坍塌回填至 K29 + 485 的实际结果是符合的。涌水段发生在 T_{1f} 中的角砾岩孔洞含水网络带。

（2）地下水补给、径流、排泄条件分析：隧道进口开挖段 K28 + 418～K29 + 542（洞深 0～1124m），位于五指山背斜楠木坪高点的轴部偏南西翼，轴部出露宣威组碎屑岩，并埋藏于该段隧道下部成为岩溶含水层的相对隔水底板，T_{1f+t} 碎屑岩夹碳酸盐岩岩溶裂隙孔洞水，在背斜轴部，尤其是岩层褶皱的转折段，岩石破碎已产生越层补给。隧道顶山体由 T_{1j} 碳酸盐岩与 T_{1f+t} 碎屑岩夹碳酸盐类组成，处于岩溶水的饱气带，季节交替带与浅饱水带，且各岩溶含水层均已有所连通。开挖段经 210 余天的地下水排泄，流量趋向稳定，说明渗透趋向平稳，疏干漏斗初步形成并逐步拓展，目前的流量主要由补给量（动储量）组成。岩溶含水层的疏干，也必然会对影响带内地表、溪沟与岩溶泉造成流失，如水洞子泉水等已断流，邻近的张家沟、小坪桥沟水亦有一定漏失，但均未断流；如隧道进口右侧的张家沟，《五指山隧道工程地质详勘报告》中流量为 1473.34m³/d，（测量时间为 2003 年 10 月，应属平水期），本次勘查中在雨前 2006 年 2 月 8 日测流为 1296m³/d，经一次降雨过程后在 2 月 23 日流量为 4320m³/d，山区溪沟有暴涨暴落的流量过程特征。从上述数据变化说明，地表溪沟不是隧道涌水的主要水源，比较隧道进口端掌子面涌水与溪沟水的水质也有明显区别，见表 7.6。

隧道掌子面涌水与地表水水质对比表

表 7.6

检验指标	SO_4^{2-}/（mg/L）	Mg^{2+}/（mg/L）	$K^+ + Na^+$/（mg/L）	总硬度/（mg/L）	矿化度/（mg/L）
隧道进口端岩溶涌水	97.33	18.24	18.17	170.2	302.1
地表溪沟	33.44	10.94	1.38	135.1	135.1

4）D 合同段 K30 + 911（出口端始算的洞深 1418m）掌子面突水原因分析

（1）涌水特征：该合同段上坡开挖至 K30 + 832（出口端起算洞深 1497m），涌水主要发生在 K30 + 900～K30 + 832 段（即洞深 1429～1497m），由侧墙拱顶呈淋雨状、帘状水流涌出，掌子面系泥灰岩、盐溶角砾岩。2005 年 7 月 26 日涌水量由 2700～3000m³/d，渐增到 12000m³/d，至 8 月 10 日涌水量达 35000m³/d，据施工方提供的数据流量无明显增大或衰减趋势。本次勘察对隧道涌水量进行了实测，洞口流量为 50655.2m³/d，水温 25℃，矿化度 2580.7mg/L，属 SO_4-Ca 型的微咸水。在现有洞深涌水量由小渐大，逐渐趋向平稳的疏干过程说明 T_{2l} 岩溶水含水层，揭露到岩溶孔洞、溶隙储水网络系统，属于本区岩溶水垂直分带的浅饱水带与压力饱水带的过渡带。本带由于岩溶水对可溶岩，特别是盐溶角砾岩的溶滤作用地下水中富集 SO_4^{2-} 与 Ca^{2+}。出口段出现大涌水至今年 2 月底，在 217d 中总计排泄量约 1100 万 m³。

（2）岩溶含水层的补给、径流、排泄条件分析：D 合同段隧道目前已进入 T_{2l+3k} 岩溶含水层，该含水层受背斜构造控制，南西—北东方向均有碎屑岩等非岩溶层作为边界，呈条状向北西和南东两端延伸，岩溶水具有侧向补给，纵向排泄的特点，处于浅饱水带，位于建和俞家坪沟与龙华金鱼溪两个水文地质单元之间。目前由于岩溶水的大量排放，含水层逐渐疏干，降落漏斗初具规模，仍在扩展进程中。D 合同段涌水点高程为 840m，埋深 560m。在同一山体有限的开挖范围内，处于同一开采水平的 C 合同段与 D 合同段，地温场是恒温值。但 D 合同段 T_j 与 T_{2l} 岩溶层陡倾，压力饱水带与深部缓流带呈高压状态的地下水会通过各种结构面上升。由于水的热导率比岩石低，因此从深部含水体经过渗透通道运移到开采水平的温水，能最大限度保持原来的水温，如果隧道进一步开挖，揭露深部含水构造时，正常温度场将会叠加上含水构造的背景场，而使隧道正常地温发生畸变。另外，浅饱水带岩溶水对膏盐的溶滤，也会使矿化度 SO_4^{2-}、Ca^{2+} 增高，例如：《五指山隧道工程地质详勘报告》中百丈岩泉水 HSO_4^- 离子含量 146.2mg/L，Ca^{2+} 离子 72.14mg/L，矿化度 418.3mg/L，属 $HSO_4^- \cdot HCO_3$-Ca·Mg 型水也有所反映，所以我们认为目前 D 合同段与 C 合同段岩溶涌水无论在其流态、动态变化、规模、水质等都有显著差别。

7.4.2 隧道未开挖段岩溶水涌水量预测

隧道涌水量预测主要根据隧道的设计数据，合理判定与其有关的水文地质单元，建立地下水补给、径流、排泄条件的概念模型。查明岩溶发育规律，含水层类型，采用 2～3 种计算方法，比较选定建议值，提供设计部门使用。

1）原则

隧道开挖期间的涌水量是一个变量，各段涌水量大小主要决定于含水层的性质与富水性等。而岩溶含水层具有极大的不均一性，由此而发生涌水量在时空上的不确定性与多变性，尽管存在涌水量预测的种种疑难点，可以运用水动力学的理论，掌握地下水补给贮存与运动的基本规律，合理计算与评价分段涌水量。因此，隧道涌水量是指符合一般渗透定律和水均衡原理，用相对均匀进入隧道的水量来表示，其数量为该段含水层的疏干量与补给径流量的代数和。分段涌水量是用来计算隧道总涌水量的基础。施工期间的涌水量应根据标段设置、进度安排并结合水文地质条件分析厘定。隧道贯穿时的总涌水量，理论上由涉及含水层有效补给范围内的补给径流量表达，并与其保持动态平衡。

地下水补给径流量：将隧道视为排放特定水文地质单元的集水构筑物。地下水补给径流量具有季节变化特征，本次计算简化为以平水期为代表的年平均补给径流量。还计算了一次强降雨的流量增值。

含水层疏干量：隧道掘进不断疏干含水层的储存量，直至形成相对稳定的降落漏斗达到含水层内水动力平衡状态。

2）地下水补给径流量计算方法与计算公式

地下径流模数法（水力学统计法）：地下径流模数是反映地下径流特征和三度的量值，能较客观地反映岩溶地下水富集规律与富水性，起到总量控制作用。

$$Q = 86.4FM$$

式中：F——隧道开挖影响带的面积（km²）；

　　　M——地下径流模数 [L/（s·km²）]；

　　　Q——地下水补给径流量（m³/d）。

降水入渗法（运用水均衡原理的水力学统计法）：

$$Q = \frac{1000FX\lambda}{365}$$

式中：F——隧道开挖影响带的面积（km²）；

　　　X——当地多年平均降水量（mm）；

　　　λ——降水入渗系数；

　　　Q——地下水补给径流量（m³/d）。

地下水动力学法（解析计算法）：

$$Q = \frac{L \cdot KH^2}{R}$$

式中：L——隧道穿越含水层长度（m）；

　　　R——疏干影响半径（m）；

　　　H——天然水位至隧道有效动水位间的高度（m）；

　　　K——渗透系数（m/d）；

　　　Q——地下水补给径流量（m³/d）。

含水层疏干储存量计算方法与计算式：

$$Q = \mu \cdot R \cdot S \cdot \upsilon$$

式中：μ——含水层给水度；

　　　R——疏干影响半径（m）；

　　　S——天然水位至隧道有效动水位间的高度（m）；

　　　υ——隧道平均掘进速度（m/d）。

3）主要参数取值说明

F：隧道开挖影响带受相邻岩溶水排泄区控制，在 1：50000 水文地质图上量取。

K：渗透系数应由勘探试验资料计算所得，因本区缺乏必要的抽水试验资料，类比相同岩溶区的取值界于 0.3～1.855m/d 之间，本隧道 T_{1f} 碎屑岩夹碳酸岩为 0.58m/d，T_{1t} 碳酸岩夹碎屑岩为 1.71m/d，T_{1j} 与 T_{2l+3k} 碳酸岩为 2.10m/d。

S 与 H：据水力学原理，当地下水位降至隧道两底角时，其动水位必须在隧道底部以下，成为附加降深，考虑到天然水位采用 CK4 号孔的测量值 1232.93m，与隧道设计标高相差数百米，附加降深均简化采用 5m 计算，作为隧道有效动水位。

λ：入渗系数。针对本区植被率高，各级夷平面发育有岩溶洼地、漏斗等形态，T_{1f} 为 0.20，T_{1t} 为 0.30，T_{1j} 与 T_{2l+3k} 为 0.32。

μ：给水度，参考西南岩溶地区的经验值，T_{1f} 为 0.01，T_{1t}、T_{1j}、T_{2l+3k} 为 0.015。

R：疏干影响半径。据中梁山隧道等类似岩溶区越岭隧道开挖后地下水降落漏斗的形状，一般呈纵向扩展，沿隧道两侧 2～5km。五指山隧道已连续排水 7 个月，总排泄量达 1400 万 m³，与隧道开挖水平以上的影响带岩溶水储存量比较，尚未达到衡定，结合野外调查访问，本次计算中取值 1500m。

4）未开挖段岩溶水涌水量计算（表7.7）

五指山隧道未开挖段岩溶水涌水量总表 　　表7.7

段名称			C合同段（进口）T_{1f}裂隙孔洞水	C合同段（进口）T_{1t}裂隙溶洞水	D合同段（出口）T_{1j}、T_{2l+3k}裂隙溶洞水（包括T_{1t}长35m）
设计里程			K29+542～K30+125	K30+125～K30+280	K30+280～K30+832
分段长度L/m			583	155	552
疏干动水位有效值/m			842	840	827
补给径流量	降水入渗法 $Q_{径1}=\dfrac{1000 \cdot XF\lambda}{365}$	$Q_{径1}$/（m³/d）	16537	24805	46304
		λ	0.20	0.30	0.32
		F/km²	20	20	35
		X/mm	1509	1509	1509
	地下径流模数法 $Q_{径2}=86.4FM$	$Q_{径2}$/（m³/d）	21358	58424	107050
		F/km²	20	20	35
		M/[L/（s·km²）]	12.36	33.81	35.40
	地下水动力学法 $Q_{径3}=\dfrac{L \cdot K \cdot H^2}{R}$	$Q_{径3}$/（m³/d）	34464	27291	127385
		K/（m/d）	0.58	1.71	2.10
		H/m	391	393	406
		R/m	1500	1500	1500
疏干涌水量	$Q_{疏}=\mu RSv$	$Q_{疏}$/（m³/d）	29325	44212	45675
		R/m	1500	1500	1500
		μ	0.01	0.015	0.015
		S/m	391	393	406
		v/（m/d）	5	5	5
分段涌水量推荐值（年平均涌水量）		Q/（m³/d）	$Q=Q_{径3}+Q_{疏}$ 63789	$Q=Q_{径2}+Q_{疏}$ 102636	$Q=Q_{径2}+Q_{疏}$ 152725

5）未开挖段岩溶水涌水量评价

利用以上计算方法及所选参数系年平均涌水量，丰水期涌水量根据四川岩溶区地下水长期监测资料，结合工作区各气象站的多年降雨资料，降水丰平比基本为1.4∶1。另据施工方介绍：隧道涌水：平时700m³/d，暴雨时1000m³/d。（国道213线沐新路五指山隧道涌水专题汇报11页），基数大致相同，故隧道丰水期涌水量可按列表数据的1.4倍确定；枯水期则按区域资料，枯平转换系数取值为3，其涌水量可按列表数据0.33倍确定。

计算结果表明，用降水入渗法、地下径流模数法、地下水动力学法计算的地下水补给径流量，在数值上有一定差别，地下径流模数法与地下水动力学法比较接近，降水入渗法偏低，反映了岩溶水赋存的不均一性的特征，区间值提供了不同条件下的选值依据。本次工作对主要水文地质流域的径流量进行了实测。岩溶水的地下径流模数比较接近实际。可作为补给径流量计算的主要依据。疏干涌水量的理论计算，主要受天然水位值与疏干影响半径等指标控制，给水度和掘进速度取值空间变化不大。就隧道补给范围内，降落漏斗形成区，储存量为 0.57 亿 m^3，与施工期间总排泄量 0.43 亿 m^3 比较，理论预测值基本接近。故本次计算的公式与参数取值合理，计算结果可信。

隧道分段涌水量是计算隧道贯穿时总涌水量的基础，施工期间隧道的涌水量应根据标段设置、进度安排并结合隧址区的水文地质条件分析厘定。五指山隧道贯穿时的总水量应由涉及含水层有效补给范围内的补给径流量表达，并与其保持动态平衡。根据隧道分段涌水量计算结果，隧道未开挖段在施工期间及隧道贯穿时的总涌水量分析计算如下：

（1）C 合同段与 D 合同段相对掘进施工时，若同时到达标段界 K30＋280，则 C 合同段全段涌水量由目前的 11793.6m³/d 增大至 102636m³/d；D 合同段全段涌水量由目前的 50655.2m³/d 增大至 152725m³/d。若 D 合同段提前掘进至标段界 K30＋280，则 C 合同段全段涌水量将有所减小，可定为 27291m³/d＋44212m³/d＝71503m³/d。

（2）C 合同段停止施工，由 D 合同段施工至 K29＋542 时，则 D 合同段全段涌水量为 107050m³/d＋27291m³/d＋44212m³/d＝178553m³/d；C 合同段全段涌水量即目前隧道涌水量 11793.6m³/d。

（3）隧道贯通时的涌水量为 107050m³/d＋58424m³/d＝165474m³/d。

6）岩溶强涌（突水）段预测

隧址区位于五指山背斜轴部偏南西冀三叠系可溶岩中，轴部地段为 T_{1f+t} 碎屑岩夹碳酸盐岩分布，裂隙发育，上覆的 T_{1j} 等碳酸盐岩岩溶水对其有越层补给，造成进口 C 合同段产生大量涌水。C 与 D 合同段均可视为非均质层状岩溶含水介质。岩溶含水介质的不均一性，导致地下水在局部地段相对富集，从而给隧道施工带来影响和危害。根据本次调查与分析，五指山地区岩溶发育程度和地下水集中排泄水量大小，均受背斜褶皱变形程度、可溶岩与非可溶岩接触带控制，根据勘探孔分段岩性资料，预测 C 合同段（进口段）K29＋800～K29＋940 背斜轴部 T_{1f} 埋藏地段，K30＋125T_{1f} 与 T_{1t} 的过渡带，D 合同段（出口段）K29＋800～K29＋940 背斜轴部 T_{1f} 分布地段，K30＋310～K30＋360、K30＋450～K30＋470、K30＋520～K30＋540、K30＋590～K30＋610、K30＋690～K30＋720 等岩性接触带发生大涌水可能性很大。其起始涌水量（初揭涌水量）一般都超过本段的推荐值。如 C 合同段经物探提供的数据，存在坍塌变形区，高度达 40m，该段应属突水造成的溃决带，起始突水量达 3800m³/d，约延续 12h，这个数据与数月后的流量 491.4m³/d 比较，说明隧道揭露主要富水部位时，起始流量与相对稳定流量之比为 8：1。对隧道施工造成的危害极大。

隧道集中涌入水量引起的突水危害还与强降水入渗有关。根据石竹坪等岩溶洼地的面积统计资料，采用下式计算强降水瞬时的涌水增量。强降水影响带采取该隧道岩溶段两侧各 0.5km 的地面面积计算。

$$Q = \eta_1 F_1 \lambda_1 X + \eta_2 F_2 \lambda_2 X$$

式中：Q——预测强降水引起的涌水量增量（m³/d）；

F_1——洼地面积（m²），$F_1 = 5600m^2$；

F_2——统计区非洼地面积（m²），$F_2 = 1.4km^2$；

λ_1——洼地的入渗系数，$\lambda_1 = 1$；

λ_2——统计区非洼地面积的入渗系数，$\lambda_2 = 0.32$；

η——涌水系数，$\eta_1 = 0.8$，$\eta_2 = 0.5$；

X——当地极端日降水量为 191.3mm。

经计算，受强降水影响，隧道的涌水量最大瞬时增量为 43708m³/d，因该隧道埋深大，增量值出现比降水应有所滞后。

7.4.3 隧道沿线涌水量数值计算

采用有限元数值模拟分析软件，进行五指山隧道沿线重点区段的渗流场计算。五指山隧道涌水主要发生在 K30 + 900~K30 + 832 段，现以该段为例，在应用基于 non-Darcy 流与 Navier-Stoeks 流耦合理论推求的等效渗透系数基础上，进一步结合参数反分析手段，确定五指山隧道围岩体的渗透特性，为后续渗流数值分析提供依据。五指山隧道计算模型见图 7.14。

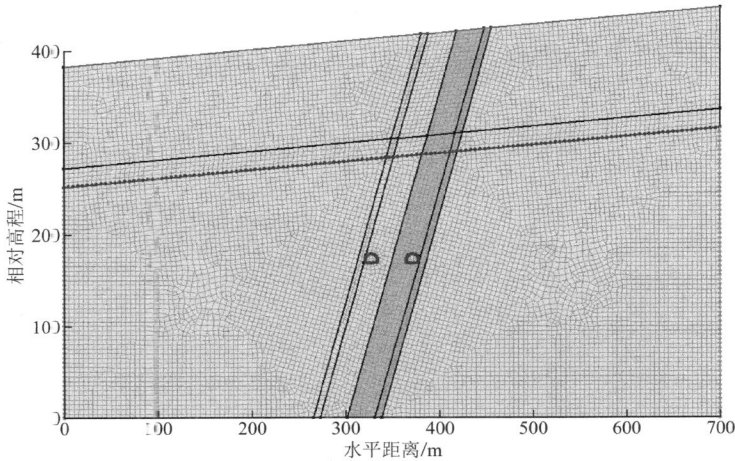

图 7.14　五指山隧道右线出口段计算模型

计算模型考虑了不同透水带（优势水力联系通道）宽度及不同性质岩体透水性差异对隧道涌水量的影响。岩体及水力通道的透水率 q 和水压力饱和传导率（渗透系数）综合参考《水文地质手册》《水文地质学原理》，类似岩土工程经验取值及实际地勘资料后，最终按不利条件考虑，取岩体透水率为 50Lu，取优势透水带透水率为 2000Lu。计算得出不同条件下的隧道渗流场分布形式如图 7.15～图 7.18 所示，不同条件下的隧道涌水量计算结果如表 7.8 所示。

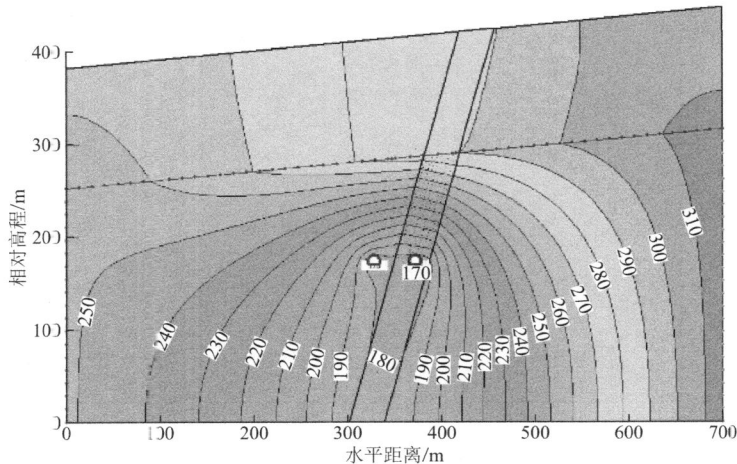

图 7.15　隧道开挖初期总水头（m）

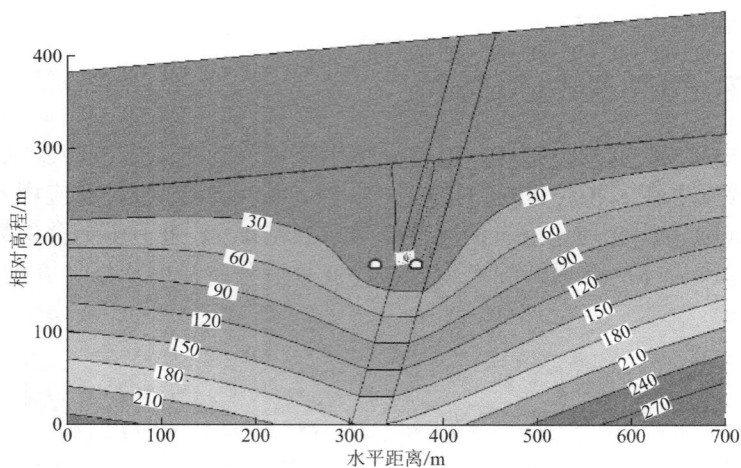

图 7.16　隧道开挖初期压力水头（kPa）

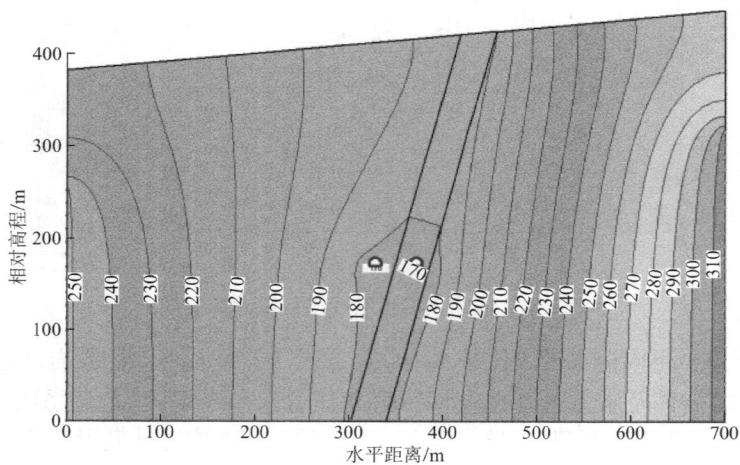

图 7.17　隧道开挖后稳定总水头（m）

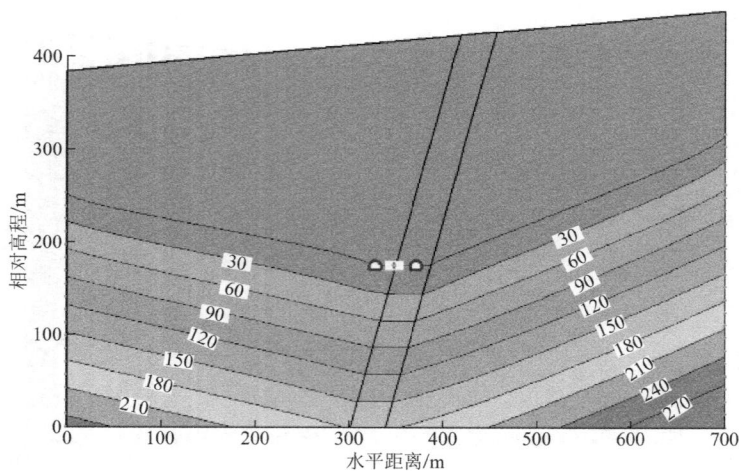

图 7.18　隧道开挖后稳定压力水头（kPa）

右线出口段涌水量计算   表 7.8

计算工况	左洞/（L/s）	右洞/（L/s）	合计/（L/s）
初始水量	0.31	9.05	9.36
稳定水量	0.12	1.34	1.46

根据图 7.15～图 7.18，隧道会造成周围的渗流场发生显著变化。开挖初期，隧道周围的总水头呈近似环状降低趋势，而压力水头等势线表明，隧道开挖后会在周围产生一定范围的降水漏斗，说明参数分析选取的参数是较为合理的，能相对准确地反映五指山隧道相关涌水段的渗流特性和涌水特征。开挖后一定时间，隧道周围渗流场形成新的稳定平衡。届时，隧道周围的总水头整体表现为受地形控制所呈现出的右侧水头高于左侧水头，但受地下水排泄影响，隧道周围水头仍显著降低，根据压力水头分布特征，随时间的延续，降水漏斗的影响范围不断扩大，由于隧道揭露的是地下水渗流通道较发育的灰岩地层，岩体渗透性好，故降水漏斗的影响范围扩散至计算模型边界，与实际情况也较为符合。

综上所述，五指山隧道隧址区地质构造发育、岩溶分布广泛、地下水系统复杂，已开展的专门水文地质勘察已经预测出大量的水文地质异常带，部分已在前期隧道施工过程中揭露验证。建议加强地表水体赋存情况和地表建筑物巡视，加强地下水空间分布特征监测与分析，做好穿越富水溶腔工程预案，以保证工程建设安全。

第 **8** 章

文山—麻栗坡高速香坪山隧道
涌水突泥分析

山区岩溶隧道
涌水分析与防控

8.1 工程背景

文山—麻栗坡高速公路（简称“文麻高速公路”）是《云南省交通运输“十三五”发展规划》中“十三五”高速公路建设重点项目之一，也是云南省会城市昆明经文山进入越南的重要通道以及滇东南片区经济建设干线。文麻高速公路的建设使文山州县县通高速的目标向前跨越一大步，对完善全省全州高速公路路网、改善区域交通条件、促进地区经济发展及旅游资源开发具有十分重要的意义。

文麻高速公路位于云南省东南部文山州境内，呈东西走向。文麻高速起于文山市西北侧甲马石，止于文山市楼梯寨，连接蒙自—文山—砚山高速公路，并与文山—马关高速、西畴—兴街高速相接，路线途经文山州文山市、西畴县和麻栗坡县。

文麻高速项目场地位于云南省文山州文山市追栗街镇天生桥村，附近有文都线，经水泥路及乡村碎石路可通往隧址区，局部扩路后大型机械可运输，交通条件一般。

2021 年 6 月下旬，文山进入雨季，香坪山隧道修建完成后，隧道内出现较大规模的高压涌水现象，涌水量受降雨影响显著，隧道涌水现场情况见图 8.1。基于此，开展水文地质调查、取样试验、渗流场及涌水评价专题研究，为隧道涌水突泥灾害防治提供决策依据。

图 8.1　隧道涌突水现场

专题研究内容包括：①对项目区进行水文地质调绘，完成水文地质填图；②分析各地层单元的岩性组合特征，查明含水岩组的空间组合信息，特别是不同岩性的接触带、断层带和富水带的位置及其分布范围；③建立隧址区主要岩石的渗透剖面，分析地下水补给—径流—排泄条件和循环交替规律；④地下水水动力场、水化学场的评价，利用泉点调查追踪以及钻孔揭示的地下水信息，水化学分析，分析地下水补给—径流—排泄条件和循环交替规律；⑤划分水文地质单元，建立渗流场水文地质模型；⑥隧道涌水突泥分段计算，通过室内资料整理，结合该区已有的研究成果，分析岩溶隧道涌水的主要控制因素，建立隧道潜在涌水区分段的标准；⑦利用经典的隧道涌水量计算公式及数值模拟，对隧道穿越的区段进行涌突水区分段评价，以实现在不同季节分段涌水量以及涌水地段的预测；⑧针对实际涌水突泥灾害，提出经济合理安全的排水措施，减小隧道涌水对工程和周围环境的影响。

8.2 自然地理与地质环境

1. 气象

文麻高速公路路线通过区域属低纬度亚热带气候区，受地形条件影响，气候垂直分带明显，随高程增加盆地区与山区气候不同，降水量、相对湿度盆地区小于山区，而蒸发量、气温大于山区，故盆地区较热，长夏无冬，山区较温凉，气候较冷。收集到的文山、麻栗坡等气象站相关气象要素，见表8.1。

各气象站气象要素统计表 表8.1

站名	年最大降水/mm	年均降水/mm	月最大降水/mm	月最小降水/mm	年均气温/℃	月最高气温/℃	月最低气温/℃	年均蒸发/mm	年均相对湿度/%	年均绝对湿度
文山	1294.0	1062.0	215.7	10.9	17.6	22.6	10.5	1699.0	78	15.9

2. 水文

文麻高速路线通过区域地表水系发育一般，属红河水系盘龙河流域。区域内的主要河流有盘龙河、布都河水库、溪沟等。

盘龙河全长253km，发源于红河州蒙自三道沟，经砚山县从西北向中南贯穿文山腹地，后流经西畴、马关、麻栗坡，出境后交泸江汇红河，最终流至海南北部湾海域，河流流域面积约6497km²。

据水文观测站资料，盘龙河支流得厚河年最大流量37.9m³/s，最小流量0.38m³/s，多年平均流量6.27m³/s；盘龙河集水面积3406.4km²，地表水年径流量25.2×10⁸m³，年径流系数0.57，年径流模数23.49L/(s·km²)；地下水年径流量12.37×10⁸m³，年径流系数0.61，年径流模数14.33L/(s·km²)；盘龙河多年平均水量由上游至下游增大，上游为(20~30)×10⁴m³/km²，下游为(50~60)×10⁴m³/km²，汛期平均流量54.3m³/s，枯水期平均流量11.5m³/s，洪峰多发生在每年7~8月份，最大洪峰流量为445m³/s（1978年9月6日），枯水期最小流量为1.35L/s（1977年6月10日）。

溪沟位于香坪山隧道出口前下，流向SW184°，沟宽2~4m，水痕0.3m，溪沟内杂草丛生。距离隧道进口0.1km，高差20m，季节性冲沟，对隧道影响小。

3. 地形地貌

香坪山隧道隧址所在区域，地貌类型为滇东南岩溶山区喀斯特地貌，植被较茂盛，香坪山隧道沿线山脊走向呈南西向，相对高差约350m。香坪山隧道轴线走向80°~110°，左线设计路面高程1246.700~1298.859m，沿线山顶高程1254.90~1569.25m，最高点位于YK36+880，高程1569.25m，隧道洞身最大埋深约315m；右线设计路面高程1247.198~1298.760m，沿线山顶高程1257.75~1569.25m，最高点位于YK36+880，高程1569.25m，洞身最大埋深约312m。

香坪山隧道进口位于一斜坡上，坡向SW262°，坡度30°~45°，坡面植被较稀少，现为耕地。局部基岩裸露，为泥盆系中统古木组（D_{2g}）灰岩，岩层产状241°∠24°。发育两组裂隙：J₁组，154°∠87°，裂隙面不平，无充填，缝宽10~30mm，延伸2~5m；J₂组，69°∠87°，裂隙面不平，缝宽20~30mm，局部泥质充填，延伸1~2m，上覆为第四系残坡积红黏土层，坡体现状稳定（图8.2）。

香坪山隧道出口位于一陡崖部位，基岩出露，为泥盆系下统芭蕉箐组（D_{1b}）灰岩、泥盆系下统翠峰山组（D_{1c}）泥质页岩，岩层产状138°∠84°。发育两组裂隙，J₁组，45°∠32°，裂隙面不平，无充填，缝宽10~30mm，延伸2~5m；J₂组，325°∠8°，裂隙面不平，缝宽20~30mm，局部泥质充填，延伸1~2m，基岩裂隙发育，上部危岩分布，坡脚为老崩塌堆积体，坡体现状稳定。坡向 123°，坡度 30～85°，坡面植被较发育，未见其他不良地质现象（图 8.3）。

图 8.2　隧道进口地形地貌

图 8.3　隧道出口地形地貌

4. 地层岩性

经地质调绘及钻探揭露（图 8.4），香坪山隧道场地覆层地层为第四系全新统残坡积（Q_4^{el+dl}）红黏土，第四系全新统坡洪积（Q_4^{dl+pl}）红黏土，第四系全新统崩坡积（Q_4^{col+cl}）块石土，下伏基岩为泥盆系中统古木组（D_{2g}）、泥盆系下统芭蕉箐组（D_{1b}）灰岩、泥盆系下统翠峰山组（D_{1c}）泥质页岩。岩土层工程地质特征及分布范围分述如下。

(a) 红黏土

(b) 灰黑色页岩

图 8.4　典型钻孔岩芯样

1）第四系全新统残坡积（Q_4^{el+dl}）

红黏土，褐红色、褐黄色，主要由黏粒组成；无摇振反应，干强度高，韧性中等，切面稍有光泽，失水干裂；可塑状，土体多呈碎块状结构，表层见植物根系；该层揭露厚度约 12.0m，主要分布于山体表层。

2）第四系全新统坡洪积（Q_4^{dl+pl}）

红黏土，褐红色、褐黄色，主要由黏粒组成，夹灰岩碎屑、角砾；无摇振反应，干强度高，韧性中等，切面稍有光泽，失水干裂；可塑状，土体多呈碎块状结构，表层见植物根系；该层揭露厚度大于 5m，主要分布于冲沟底部及溶蚀洼地区域。

3）第四系全新统崩坡积（Q_4^{col+dl}）

块石土，灰褐色、灰白色，块石成分主要由灰岩组成，粒径一般大于 200mm，最大可达 1500mm，磨圆度较差，主要分布危岩坡脚。

4）泥盆系中统古木组（D_{2g}）

灰岩，灰色～灰白色，主要矿物成分为碳酸盐矿物质，隐晶质结构，中厚层状构造，节理裂隙较发育，裂隙微张，溶洞溶缝较发育，黏性物充填其中；锤击声闷，岩芯相对破碎，岩芯多呈 30～160mm 短柱状，少量呈碎块状和柱状。较完整灰岩为次坚石，未揭穿；主要分布在隧道前半段。

5）泥盆系下统芭蕉箐组（D_{1b}）

灰岩，灰色～灰白色，主要矿物成分为碳酸盐矿物质，隐晶质结构，中厚层状构造，节理裂隙较发育，裂隙微张，溶洞溶缝较发育，黏性物充填其中；锤击声闷，岩芯相对破碎，岩芯多呈 30～160mm 短柱状，少量呈碎块状和柱状。较完整灰岩为次坚石，未揭穿；主要分布在隧道后半段。

6）泥盆系下统翠峰山组（D_{1c}）

泥质页岩，灰色～灰黑色，主要矿物成分为黏土物质，泥质结构，中厚层状构造，节理裂隙较发育，黏性物充填其中；锤击声闷，强风化岩芯相对破碎，岩芯多呈 30～160mm 短柱状，少量呈碎块状和柱状；较完整泥质页岩为软石，主要分布在隧道出口段。

5. 地质构造

根据区域地质资料显示，香坪山隧道所在区域，位于云南"山"字形与广西"山"字形构造之间，应力集中，区域地质构造现象极为复杂。根据构造形迹的组合规律和它们所反映出来的地壳运动的方式和方向，文麻高速路线通过区域的地质构造以扭动构造体系为主，主要表现为季里寨"山"字形构造及文山巨型环状旋扭构造（图 8.5）。

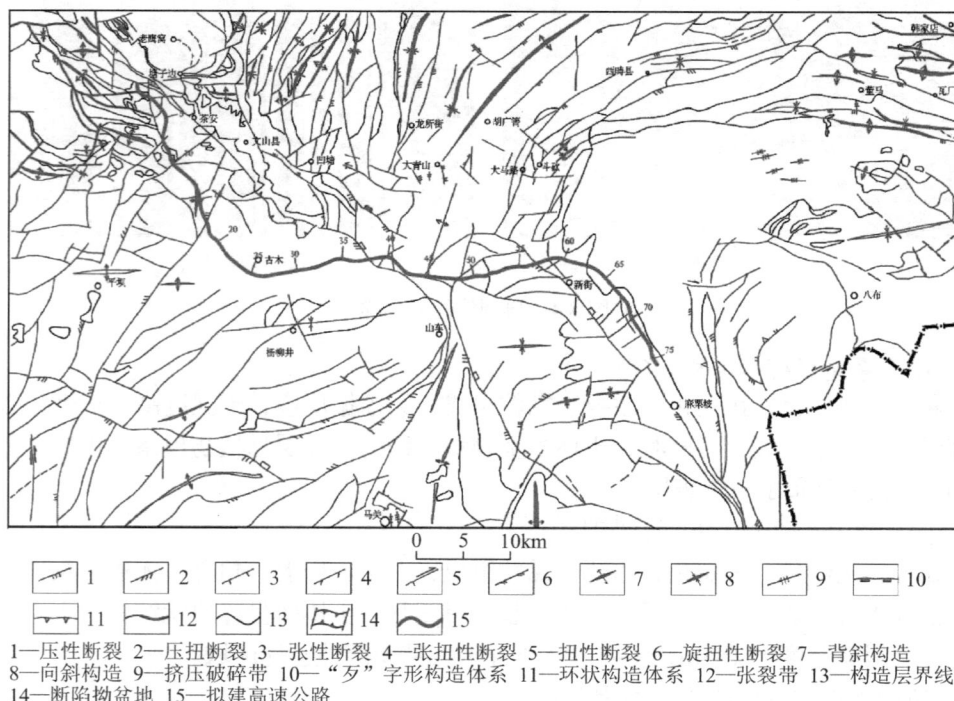

0 5 10km

1—压性断裂 2—压扭断裂 3—张性断裂 4—张扭性断裂 5—扭性断裂 6—旋扭性断裂 7—背斜构造
8—向斜构造 9—挤压破碎带 10—"歹"字形构造体系 11—环状构造体系 12—张裂带 13—构造层界线
14—断陷拗盆地 15—拟建高速公路

图 8.5　文麻高速项目区域构造纲要图

文山巨型环状旋扭构造是由一系列向北西及北突出的弧形褶皱的断裂组成，旋扭中心在马关的八布一带，整个旋扭构造带又分为四个次级旋扭层，自外而内有维摩—珠琳褶皱带、偰家邑—旧莫中生代沉降带、文山—那洒褶皱带、董马中生代沉降带。它们的组成形态主要有偰家昌—旧莫复向斜、文山—阿莫复向斜、新夸勒—那洒得背斜、维摩—脚子龙断裂、龙所—那洒断裂、斗砍—瓦厂断裂等。宏观上看，文山巨型环状旋扭构造全貌有统一的应力场和共同的旋扭中心，围绕中心形成一系列的压性及压扭性结构面，均呈弧形展布；外旋层顺时针，内旋层逆时针，各旋扭层均有向东撒开向西收敛的趋势；由一系列复式褶皱和断裂组成；弧形断裂规模较大，多在30～80km，以向南及南东倾斜的压扭性为主，南东盘地层向南西、西及北西斜冲于北西盘地层之上，并多破坏了复式褶皱的完整性；另外在旋扭弯曲较大部位及应力集中的部位产生了与旋扭成斜交或垂直的北西向、北东及南北向的张性或张扭性断裂，使弧形褶皱和断裂发生横向位移。

此外区域内新构造运动颇为活跃，迹象较多，主要表现为阶地与洪积扇发育、深切河曲与山地的抬升、地震活动频繁等；新构造运动主要表现为差异性、间歇性、不均一性、继承性及更新性等特征。

本区最主要的控制性断裂为文山—麻栗坡断裂带（简称文麻断裂），为青藏滇缅印尼"歹"字形构造体系中部的分支断裂带，位于小江断裂和红河断裂以东，由数条断裂组成复杂的断裂带，最大宽度可达10km，断裂面倾角多在60°以上，沿NW310°～320°方向延伸，属压扭性构造。其规模宏伟，对滇东南地区的构造发展具明显的控制作用。断裂北西起于南盘江边的平远街盆地，向南东经热水寨、文山、麻栗坡后，在天保附近延出国界，全长超过300km。在新生代以来的构造运动和地表剥蚀的共同作用下，文麻断裂形成了明显的地貌特征，以文山盆地南缘为界，分为南北两段。文麻断裂对地貌的控制作用明显，断裂边缘多见灰岩断崖、陡坎，最大垂直高度超过200m，断裂周边多次生断层、构造带分布。

综合收集到的相关资料分析，隧址洞身K36＋530横穿文麻断层，与线路大角度60°相交，隧道出口K38＋910横穿为文麻断层，与线路大角度75°相交，但该断层非活动断层，对隧道影响较小。

6. 物理地质现象

结合现场调查，工作区发育的主要物理地质现象包括崩塌和岩溶，简述如下。

1）崩塌

在隧道出口处基岩出露，裂隙发育，为泥盆系下统芭蕉箐组（D_{1b}）灰岩，岩层产状138°∠84°。发育两组裂隙，J_1组，45°∠32°，裂隙面不平，无充填，缝宽10～30mm，延伸2～5m；J_2组，325°∠8°，裂隙面不平，缝宽20～30mm，局部泥质充填，延伸1～2m，坡脚为老崩塌堆积体。危岩带长约100m，高约3m，厚0.5～2m，体积约450m³，危岩单体最大粒径为2m×1.5m×0.5m，为小型、倾倒式崩塌。坡向123°，坡度30～85°，危岩体崩塌方向与坡向基本一致，建议对松动的岩体进行清危并进行挂网支护。

2）岩溶

根据隧道施工揭露和勘察资料，对香坪山隧道左线和右线发育的岩溶认识如下。对于

香坪山隧道左线，推测洞身里程 ZK36＋360～ZK36＋500、ZYK37＋050～ZK37＋130、
ZYK38＋040～ZK38＋170、ZK38＋780～ZK38＋980 段对应为物探低阻异常区，推断围
岩岩体极破碎、极软弱或岩层层间结合极差；物探低阻异常区施工时应加强防范措施，在
施工过程中，存在涌水、突泥和塌方的可能。对于香坪山隧道右线，推测洞身里程 YK36＋
370～YK36＋440、YK37＋270～YK37＋350、YK37＋800～YK38＋880、YK37＋600～
YK38＋150、YK38＋780～YK38＋980 段对应为物探低阻异常区，推断围岩岩体极破碎、
极软弱或岩层层间结合极差。

根据高密度电法物探资料分析得出的主要结论如下。对于香坪山隧道进口（K36＋370）
剖面，该剖面视电阻率整体呈现低阻，推断为泥质页岩，视电阻率在 20～350Ω·m，洞口
附近岩体结构松散，开挖时拱顶易坍落，侧壁易变形，注意加强支护。对于香坪山隧道出
口（K38＋970）剖面，该剖面地表附近视电阻率呈现低阻，推断为泥质页岩，视电阻率在
20～350Ω·m。

根据地质调绘及物探测试成果，场地主要的不良地质现象为隧址区岩体存在隐伏岩溶
问题（钻探未揭露），地表岩溶洼地、溶蚀现象明显（图 8.6～图 8.8）。由于流水作用，岩
体遭侵蚀形成凹槽，水蚀明显；溶蚀洼地位于隧道进口及洞身地表，对隧道影响小。

图 8.6 溶蚀洼地

图 8.7 水蚀现象

图 8.8 红黏土堆积现象

7. 隧道主要工程问题

对于香坪山隧道涌水问题，据施工期勘察资料，隧址区主要为灰岩，区内发育地下溶
洞，岩体中节理裂隙较为发育。隧道施工完成后发生了局部涌水现象，涌水量具有季节差

异特征。2021年6~8月降雨期间,Z38+300处排水孔发生高压涌水现象(图8.9),调查期间(2021年9月16日),隧道内也有涌水,表现为自由流动,而非高压射水。

(a) 隧道高压射水现象   (b) 隧道出口排水通道

图8.9 雨季隧道内发生的高压涌水现象以及隧道洞口排水通道排水情况

通过在隧道出口处开展的涌水流量分析,无降雨时,南侧隧道涌水量约10.7L/s,北侧隧道涌水量约10.8L/s;2021年9月19日夜,文山发生持续强降雨,9月20日,再次对隧道排水孔进行调查,发现原排水孔出水量显著增加,对隧道排水通道的流量进行测定,发现隧道出水量显著增加,相较于9月16日测定的流量,9月20日测定的降雨后隧道出水量达到85.8L/s。这也反映了隧道涌水量受降雨影响显著,主要来源为大气降水。北侧发育的落水洞、天坑、峰丛洼地等岩溶汇水地貌,将大气降雨转化为地下水,向南侧低地势区排泄,进入隧道排出。

••• **8.3** •••

隧址水文地质

香坪山隧道(YK36+325~YK39+955)施工完成后,受2021年8月强降雨(最大降雨量达149mm)影响,隧道内发生了严重的涌突水,其水压高、流量大,超过了预先设计的排水能力,造成了隧道的临时关闭,对道路交通运行产生了不利影响。因此,查明雨季发生涌突水的原因,预测涌突水对隧道、行车安全和环境的影响,提出可行的、合理的、经济的排水措施,有利于减少隧道涌水对工程和周围环境的影响。

8.3.1 水文地质调查与隧道涌水调查

在收集分析1:200000区域地质报告、1:200000区域水文地质报告、隧道工程地质勘察报告、隧道出口滑坡勘察资料的基础上,2021年9月19日—26日,对香坪山隧道的水文地质、岩溶发育情况进行现场调查。重点对隧址区附近的岩性、断裂构造特征、岩溶发育情况、泉点、地表水、井水进行调查,在隧道周边17处水点进行测流分析,取样17组做水化学简分析,取样10组做同位素分析。具体取样点及测流点分布见图8.10,取样点详情及流量见表8.2,实测隧道涌水量见表8.3,现场调查及取样情况见图8.11~图8.16。

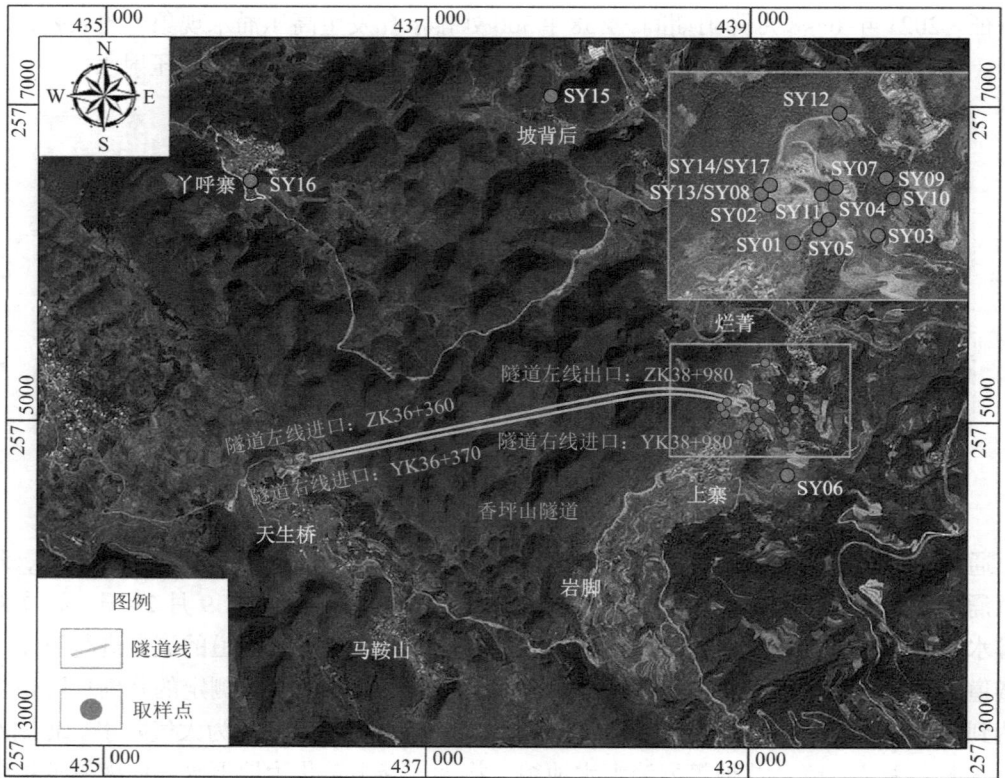

图 8.10　水样取样点分布图

香坪山隧址区取样点表　　　　　　　　　　　　　　表 8.2

取样编号	类型	出露地层	取样位置		高程/m	描述	流量/（L/s）
			经度	纬度			
SY01	泉水	D_{1C}页岩	104°24′19.88″	23°16′14.59″	1203.00	出露方向 159°，泉水清澈透明，无色无味，雨后水量增大且浑浊，枯水期水量较小	0.12
SY02	泉水	D_{1C}页岩	104°24′16.87″	23°16′18.96″	1240.00	泉水汇集于一池塘中，其长 2m、宽 1m，泉水清澈透明，无色无味，雨后水量增大且浑浊，枯水期水量较小	0.15
SY03	地下水	D_{1C}页岩	104°24′30.21″	23°16′15.41″	1257.00	地下水由边坡排水管道排出，水清澈透明，无色无味，雨后水量增大且浑浊，枯水期水量较小	0.86
SY04	地下水	D_{1C}页岩	104°24′24.23″	23°16′17.24″	1230.00	地下水沿边坡渗出，清澈透明，地表含有泥沙，无色无味	0.05
SY05	泉水	D_{1C}页岩	104°24′23.06″	23°16′16.19″	1215.00	地下水沿边坡渗出，汇集于一开挖坑洞，长 4m、宽 2m，清澈透明，无色无味，部分水量蓄积用于工程施工	0.1
SY06	泉水	D_{1C}页岩	104°24′30.42″	23°16′6.25″	1178.00	泉水沿层面渗出，流量较小，清澈透明，无色无味	0.11

续表

取样编号	类型	出露地层	取样位置		高程/m	描述	流量/（L/s）
			经度	纬度			
SY07	泉水	D_{1C}页岩	104°24′25.04″	23°16′20.96″	1264.00	泉水沿层面渗出，流量较小，清澈透明，无色无味	0.06
SY08	隧道涌水	D_{1C}页岩	104°24′16.01″	23°16′20.14″	1314.00	地下水沿边坡渗出汇集于此，长 2m、宽 2m，水中含有淤泥，部分水量蓄积后用于工程施工	0.11
SY09	地表水	D_{1C}页岩	104°24′31.14″	23°16′22.10″	1303.00	地下水沿边坡渗出，清澈透明，无色无味	0.14
SY10	泉水	D_{1C}页岩	104°24′32.05″	23°16′19.67″	1244.00	地下水沿边坡渗出汇集于此，长 6m、宽 4m，部分水量蓄积用于工程施工	0.06
SY11	地表水	D_{1C}页岩	104°24′23.28″	23°16′20.18″	1330.00	地下水沿边坡渗出汇集于此，长 3m、宽 1m，部分水量蓄积用于工程施工	0.08
SY12	地表水	D_{2g}灰岩	104°24′25.44″	23°16′29.37″	1260.00	该处水量均为隧道排水，水清澈透明，无色无味，雨后水量增大且浑浊，枯水期水量较小	10.7
SY13	隧道涌水	D_{2g}灰岩	104°24′16.01″	23°16′20.14″	1260.00	该处水量均为隧道排水，水清澈透明，无色无味，雨后水量增大且浑浊，枯水期水量较小	10.8
SY14	隧道涌水	D_{2g}灰岩	104°24′17.11″	23°16′21.18″	1427.00	该处水为居民用水管引入，井径 10m、水深 3m，用于居民生活用水，枯水季水量较小	1.22
SY15	井水	D_{2g}灰岩	104°23′40.87″	23°17′27.54″	1551.00	该处水为居民用水管引入，井口呈正方形，长 0.6m，用于居民生活用水，枯水季水量较小	1.42
SY16	井水	D_{2g}灰岩	104°22′32.89″	23°17′5.90″	1260.00	该处水量均为隧道排水，水清澈透明，无色无味，雨后水量增大且浑浊，枯水期水量较小	85.8
SY17	隧道涌水	D_{2g}灰岩	104°24′17.11″	23°16′21.18″	1260.00	该处水量均为隧道排水，水清澈透明，无色无味，雨后水量增大且浑浊，枯水期水量较小	85.9

根据调查情况，文麻高速公路香坪山隧道段在 2021 年 8 月遭受瞬时强降雨，最大降雨量达 149mm，隧道内发生了严重的涌突水，其水压高、流量大，超过了预先设计的排水能力，造成了隧道的临时关闭，对道路交通产生了影响。为避免此类事故再次发生，开展隧道涌水机制分析、隧道区域水文地质条件梳理、隧道最大涌水量预测等工作是十分必要的。

隧道涌水量实测表　　　　　　　　　　　　　　　　　表 8.3

时间	雨量/mm	隧道实测排水流量/（L/s）	日涌水量/（m³/d）
2021 年 9 月 18 日	未下雨	21.5	1857.6
2021 年 9 月 19 日	50	170.2	14705.3

图 8.11　隧址区灰岩溶蚀现象

图 8.12　隧址区灰岩溶蚀洼地

图 8.13　SY05 泉点取样

图 8.14　SY11 地表水取样

图 8.15　SY13 隧道涌水取样

图 8.16　SY16 井水取样

据现场勘查，涌水段落主要位于 K38＋300 处，左右两洞水量大致相等，根据 2021 年 9 月 18 日现场调查，在未下雨时，隧道排出水量较小。当晚出现降雨，文山气象报道的最大降雨量达 50mm，9 月 19 日现场调查隧道涌水量明显提升，约为未下雨时的 8 倍。现场调查期间，K38＋300 处出水口均已封堵，出水段修建排水管道将水引入排水渠，未出现极端降雨时，排水渠排水能力可满足日常排水需求。

8.3.2　隧址水文地质条件

1. 区域水文地质

隧址区广泛分布碳酸盐岩地层，根据 1∶200000 区域水文地质报告和现场调查，区域碳酸盐岩地层主要为石炭系、泥盆系（图 8.17）。岩溶发育受地层岩性、地貌和断层影响，空间上岩溶发育差异很大。盘龙河是当地最低侵蚀基准面，岩溶发育特征表现为，在盘龙河南西侧，岩溶极其发育，有规模较大的暗河体系，白石岩暗河体系，出口流量达 2113.75L/s，九股水暗河体系，出口流量达 3661.2L/s。在盘龙河北西侧，岩溶发育则相对较弱，从 1∶200000 区域水文地质图上，没有发现暗河体系发育，也没有流量较大的岩溶泉水。隧道穿越的香坪山位于盘龙河以北的岩溶发育相对较弱的地区。

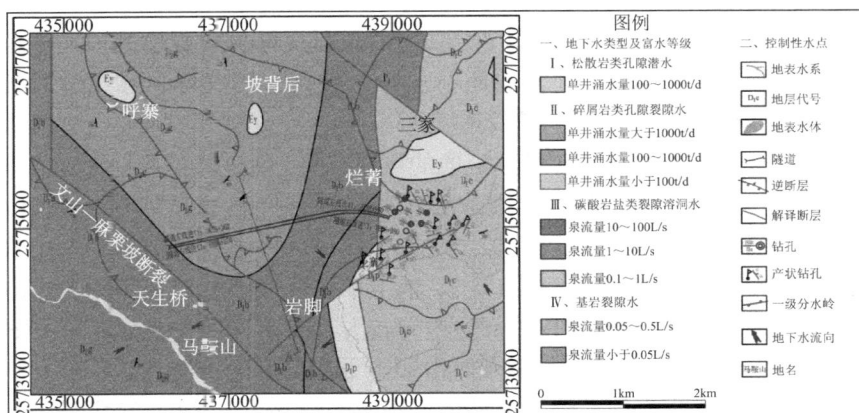

图 8.17　区域水文地质图

隧址所在的天生桥和香坪山地区，地势北东高，南西低，区域地下水总体由北东向南西运动，向盘龙河排泄。香坪山呈北西南东展布，隧道穿越香坪山，隧道区域地势井口低，出口段高，垂直隧道方向北西高，南东低。根据现场调查隧道区域地表水系不发育，香坪山一带岩溶洼地较发育，大气降水很快通过落水洞和岩溶洼地转变为地下水。

隧址区内泥盆系中统古木组（D_{2g}）、泥盆系下统芭蕉箐组（D_{1b}）和泥盆系下统翠峰山组（D_{1c}）。隧道前半段为泥盆系中统古木组（D_{2g}）灰岩，岩性为灰色～灰白色，主要矿物成分为碳酸盐矿物质，隐晶质结构，中厚层状构造，节理裂隙较发育，裂隙微张，溶洞溶缝较发育，黏性物充填其中；锤击声闷，岩芯相对破碎，岩芯多呈 30～160mm 短柱状，少量呈碎块状和柱状。进口段岩层产状 241°∠24°。隧道后半段泥盆系下统芭蕉箐组（D_{1b}），岩性为灰色～灰白色灰岩。出口段为泥盆系下统翠峰山组（D_{1c}），岩性为灰色～灰黑色泥质页岩，主要矿物成分为黏土，泥质结构，中厚层状构造，节理裂隙较发育。

根据 1∶200000 区域地质资料分析，香坪山隧道大地构造上位于文山大型环状旋扭构造带，但是隧址区构造相对简单，隧址区及附近主要发育北西向和南北向断层，隧道出口段发育有两条断层，一条在 ZK39+815、YK39+780 处与路线成 65°相交，该断层性质产状不明，为非活动性断裂，走向 249°～232°；另外一条断层在 ZK38+920、YK38+910 处与线路成近 90°相交，该断层为压扭性断裂，断层走向 306°，长约 3.2km。受断层挤压影响，有局部揉皱，岩体完整性差，节理裂隙发育，强风化基岩破碎，对出口段地下水发育和滑坡发育有较大影响。

2. 隧址地下水类型

隧址区地下水类型的划分按含水岩组不同、水理性质及水力特征，划分为松散岩类孔隙水、碳酸盐岩类岩溶水、基岩裂隙水。松散类孔隙水分布零星，水量贫乏，主要分布在

197

表层第四系覆盖土层中。碳酸盐岩裂隙岩溶水是隧址区主要地下水类型。地下水埋藏深度、地下水径流强度、岩溶水等十分明显地随地形变化而产生规律性的演变。

松散岩（土）类孔隙水主要分布于第四系松散岩（土）体的孔隙中，多以孔隙潜水形式出现。该类型的富水性、动态变化、水化学特征不稳定，季节性变化明显，径流途径一般较短；主要接受大气降水及地表水补给，透水性较弱。

碳酸盐岩类岩溶水主要分布在隧址区进口段至中后段，在区内分布极为广泛，是地下水的主要类型。含水岩组主要为泥盆系中统古木组（D_{2g}）灰色～灰白色灰岩、泥盆系下统芭蕉箐组（D_{1b}）厚层灰岩。上述可溶岩地表出露岩溶洼地、溶蚀化程度高，地下水较贫乏，洼地主要分布于隧道出口下周边，可溶岩地层岩溶发育程度高。复杂的水文地质条件背景和侵蚀环境下也可能形成较为发育的岩溶管道、通道。这些岩溶管道、通道常与断裂带、裂隙带有着密切的联系，往往是地下水汇集、流通的重要空间，隧道开挖可能揭穿岩溶管道、溶腔等而遭遇涌水突泥等灾害。本段岩溶裂隙的富水性弱～中等，断层带附近则富水性较强。

基岩裂隙水主要赋存于岩层裂隙孔隙之中，在隧址区内主要为构造裂隙孔隙水，隧址区基岩裂隙水较少，主要分布于隧道出口段。地下水主要赋存于较深部岩层的构造裂隙孔隙中。其含水性一般与所处岩性及构造部位差异较大，含水岩层主要为泥盆系下统翠峰山组（D_{1c}）灰黑色泥质页岩。该类型水能及时沿裂隙下渗向深处排泄，不易富集形成稳定的地下水位；深部中等风化带岩体总体较完整地下水主要赋存于岩体构造裂隙及风化裂隙内，表层的强风化带节理裂隙发育，岩体破碎，是良好的含水介质，富水性及导水性均较好，有利于地下水的径流及排泄。

3. 隧址地层富水性

根据香坪山隧道地层岩性以及现场地下水点出露情况等特征，将上述含水岩组富水性划分为三个等级：富水性强、富水性中等和富水性弱。相对隔水层的富水性均较弱，故其等级均划分为富水性弱；泥盆系中统古木组（D_{2g}）、泥盆系下统芭蕉箐组（D_{1b}）的灰岩及泥盆系下统翠峰山组（D_{1c}）泥质页岩，灰岩发育有岩溶裂隙，富水性较强；页岩风化程度较深，为相对隔水层，富水性差。隧址区相对含水或隔水岩层特征见表8.4。

隧址区相对含水或隔水岩层基本特征　　　　　　表8.4

地层名称	地层代号	评价依据				相对含水或隔水层
		岩性	岩溶发育程度	径流模数/[L/(s·km²)]	含水介质	
翠峰山	D_{1c}	页岩	无	3	节理、风化裂隙	隔水层
古木组	D_{2g}	灰岩	弱～中等	15	管道、节理、裂隙	含水层
芭蕉箐组	D_{1b}	灰岩	弱～中等	15	管道、节理、裂隙	含水层

4. 地下水补给—径流—排泄条件

香坪山隧道穿越北西—南东向山脊。根据现场调查，隧址区地下水主要接受大气降雨补给。在同一含水层内由地表较高处沿层间裂隙向相对低洼处运移排泄。地下水径流排泄方式因含水层类型而异，基岩浅部风化带裂隙水在岩层露头部分为补给区，接受大气降水的补给，并沿风化裂隙向冲沟排泄，流量受大气降水的控制，具有就近补给就近排泄的特点。深部中风化基岩裂隙水主要接受上部风化带裂隙水和大气降水垂直向补给，在水压力作用下沿层间裂隙向下径流，在相对地势低洼地段分散排泄汇入冲沟，灰岩段局部段深部地下水通过岩溶通道向深部排泄，地下水补给—径流—排泄条件示意见图 8.18。

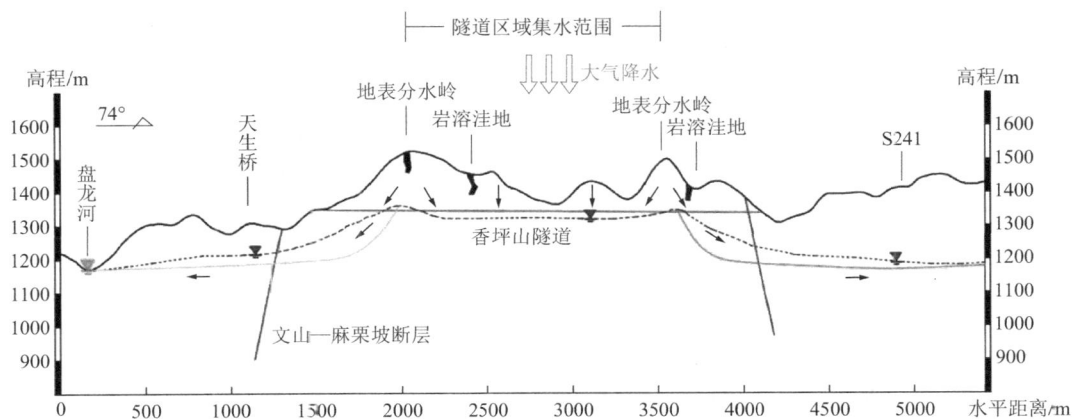

图 8.18　隧址区地下水补给—径流—排泄条件示意

8.3.3　隧址岩溶发育特征

1. 岩溶类型

在隧址区北部（补给区）可见天坑、落水洞、石柱等地表岩溶现象；隧址区南部（排泄区）可见溶洞、钟乳石、峰丛洼地等岩溶现象（图 8.19～图 8.22）。经实地访问当地居民，隧道未修建前溶洞呈季节性排水，雨后水量增幅加大；隧道修建后溶洞干涸。

图 8.19　溶洞

图 8.20　钟乳石

图 8.21　石柱

图 8.22　峰丛洼地

2. 岩溶发育程度

降雨量是形成岩溶发育强弱的外界条件，而更主要的是岩体的内在因素。易被水溶蚀的碳酸盐岩，在水的溶蚀作用下才能产生岩溶，碳酸盐岩溶蚀的难易程度和它本身的化学成分有着密切的关系。根据物探资料，隧址区岩层中泥盆系中统古木组（D_{2g}）、泥盆系下统芭蕉箐组（D_{1b}）溶蚀带发育。根据隧址区野外踏勘和钻孔揭露，区内地表岩溶形态包括钟乳石、石柱和岩溶洼地等，地下岩溶形态包括溶洞和岩溶裂隙等，隧道区域岩溶发育示意见图 8.23。

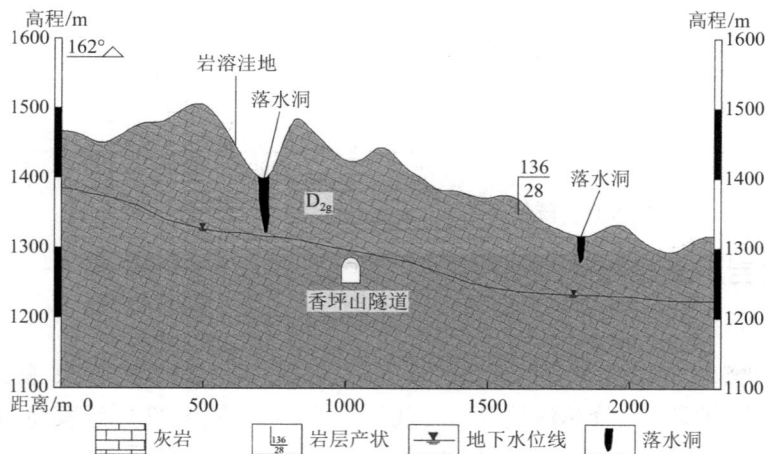

图 8.23 隧址区岩溶发育示意

8.3.4 隧址地下水化学特征

1. 水化学组成特征

区域地表水和地下水流经岩体时，岩体中的化学元素进入水体或者与水体中的化学元素发生反应，从而使水体中的水化学组成特征发生改变，不同地区有其相应的水化学特征。因此可以通过区域水化学特征判断该地区的地质条件。野外调查现场取样共采集 17 组水化学数据。其中，地下水样 8 件，隧道涌水水样 4 件，地表水样 3 件，井水水样 2 件。采样点分布图见图 8.10，各水样的水化学分析结果见表 8.5。隧址区水样 piper 三线图见图 8.24。

水化学分析结果   表 8.5

水样编号	水样类型	pH 值	$K^+ + Na^+$	Ca^{2+}	Mg^{2+}	Cl^-	SO_4^{2-}	$HCO_3^- + CO_3^{2-}$	TDS	水化学类型
			mg/L							
SY01	地下水	7.49	1.15	76.20	12.50	5.77	20.10	262	378	HCO_3-Ca
SY02	地下水	7.28	10.10	57.70	6.20	3.91	18.10	204	300	HCO_3-Ca
SY03	地下水	7.49	5.06	26.90	4.99	1.70	4.60	111	154	HCO_3-Ca
SY04	地下水	11.20	46.20	39.10	21.30	4.86	29.20	109	266	HCO_3-Ca + Mg
SY05	地下水	10.30	11.00	61.70	7.54	7.44	132.00	24	251	SO_4-Ca
SY06	地下水	6.51	0.92	12.40	3.77	5.13	5.80	43	71	HCO_3-Ca + Mg

续表

水样编号	水样类型	pH 值	K⁺ + Na⁺	Ca²⁺	Mg²⁺	Cl⁻	SO₄²⁻	HCO₃⁻ + CO₃²⁻	TDS	水化学类型
			mg/L							
SY07	地下水	7.21	3.45	51.50	8.75	10.80	17.00	136	262	HCO₃-Ca
SY08	隧道涌水	7.20	8.51	39.10	4.99	5.75	6.90	148	213	HCO₃-Ca
SY09	地表水	6.54	12.20	6.21	3.16	3.25	1.00	62	87	HCO₃-Ca + Mg
SY10	地下水	6.06	12.20	6.21	3.16	3.24	1.00	62	87	HCO₃-Ca + Mg
SY11	地表水	7.14	7.36	78.20	12.50	10.60	23.50	272	404	HCO₃-Ca
SY12	地表水	7.47	17.90	59.70	23.70	11.50	5.70	321	440	HCO₃-Ca + Mg
SY13	隧道涌水	7.40	5.06	51.50	6.20	5.04	5.30	185	258	HCO₃-Ca
SY14	隧道涌水	7.47	11.30	82.40	4.99	3.03	7.20	290	399	HCO₃-Ca
SY15	井水	6.90	7.36	6.21	2.55	0.15	1.30	49	67	HCO₃-Ca + Mg
SY16	井水	7.78	7.23	5.21	1.82	0.24	1.00	43	58	HCO₃-Ca
SY17	隧道涌水	7.41	10.10	75.20	62.00	2.96	7.50	272	374	HCO₃-Ca + Mg

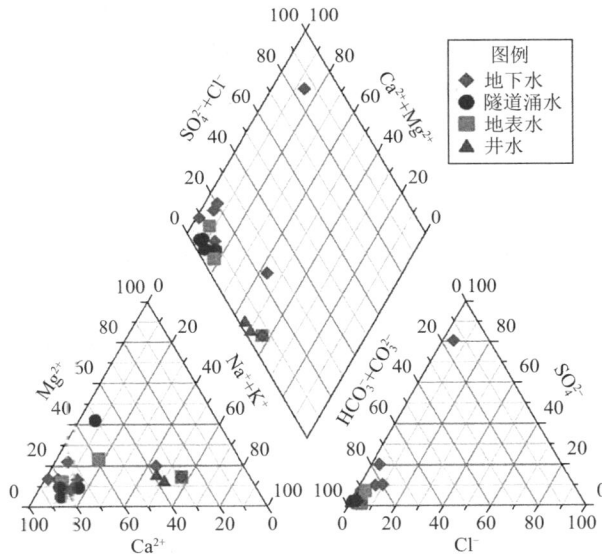

图 8.24　隧址区水样 piper 三线图

通过水化学组分分析，隧址区地表水和地下水中 Ca²⁺、Mg²⁺、HCO₃⁻、SO₄²⁻ 含量较高。除 SY05 外，区内地下水、地表水、井水、隧道涌水中主要阴离子浓度关系均为 HCO₃⁻ > SO₄²⁻ > Cl⁻；除 SY09、SY10 外，主要阳离子浓度关系均为 Ca²⁺ > Mg²⁺ > Na⁺ + K⁺。地下水和地表水中主要阴阳离子浓度关系相似，说明其补给来源密切相关。

地表水化学主要组分，阳离子以 Ca²⁺、Mg²⁺ 为主，阴离子主要为 HCO₃⁻，地下水中 Cl⁻ 含量 5.70～23.5mg/L，变化较大。地表水水样水化学类型主要有 HCO₃-Ca、HCO₃-Ca·Mg 型。水样 pH 值范围为 6.54～7.47，均值为 7.05，整体呈中性。矿化度值范围为 87～404mg/L。

地下水化学组成反映地下水在储存运移中与岩石相互作用的信息。通过分析地下水化学组成可以帮助分析地下水流特征。地下水水样主要组分，阳离子以 Ca^{2+}、Mg^{2+}为主，阴离子主要为HCO_3^-，地下水中 Cl^-含量 2.96～10.8mg/L，含量值总体较低。化学类型主要有 HCO_3-Ca、HCO_3-Ca·Mg、SO_4-Ca 型。水样 pH 值范围为 6.06～11.2mg/L，均值为 7.94，变化较大，矿化度值范围为 71～378mg/L。水化学组分特征揭示地下水主要由大气降水和地表水入渗补给，交替条件好，以近距离补给和快速交替为特征。

隧道水化学组分，阳离子以 Ca^{2+}、Mg^{2+}为主，阴离子主要为HCO_3^-，地下水中 Cl^-含量 4.99～6.20mg/L，与区域地下水相近。隧址区隧道涌水水样水化学类型主要有 HCO_3-Ca、HCO_3-Ca·Mg 型。水样 pH 值范围为 7.20～7.47，平均值为 7.37，整体呈中性。矿化度值范围为 213～399mg/L。

井水取至香坪山隧道上方岩溶洼地区域，水化学组分，阳离子以 Ca^{2+}、Mg^{2+}为主，阴离子以HCO_3^-为主，地下水中 Cl^-含量 0.15～0.24mg/L，水化学类型为 HCO_3-Ca、HCO_3-Ca·Mg 型。水样 pH 值范围为 6.90～7.78。矿化度值为 58～67mg/L，矿化度极低，可能是大气降水来源。

2. 主要离子来源分析

Gibbs 图是利用水中阳离子质量浓度比值$(K^+ + Na^+)/(K^+ + Na^+ + Ca^{2+})$和阴离子质量浓度比值 $Cl^-/(Cl^- + HCO_3^-)$与溶解性总固体含量（TDS）的关系，宏观地反映水中主要离子的控制因素的一种分析方法，直观地比较各水点的水化学组成、形成原因及彼此间的相互关系。一般将天然水组分的控制因素分为三个类型，即降雨作用控制型、岩石风化控制型与蒸发作用控制型。

图 8.25 所示 Gibbs 图中右下区域$\rho(K^+ + Na^+)/\rho(K^+ + Na^+ + Ca^{2+})$或$\rho(Cl^-)/\rho(Cl^- + HCO_3^-)$较大，TDS 质量浓度较低，反映该区域水样点的水化学特征主要受降雨作用的影响。Gibbs 图右上区域$\rho(K^+ + Na^+)/\rho(K^+ + Na^+ + Ca^{2+})$或$\rho(Cl^-)/\rho(Cl^- + HCO_3^-)$较大，同时 TDS 质量浓度值高，反映该区域水样点的水化学特征受蒸发作用影响显著。在 Gibbs 图左侧中间部分$\rho(K^+ + Na^+)/\rho(K^+ + Na^+ + Ca^{2+})$或$\rho(Cl^-)/\rho(Cl^- + HCO_3^-)$较小，TDS 质量浓度较高，在 100～1000mg/L 之间，反映该区域水样点主要受岩石风化溶滤作用控制。

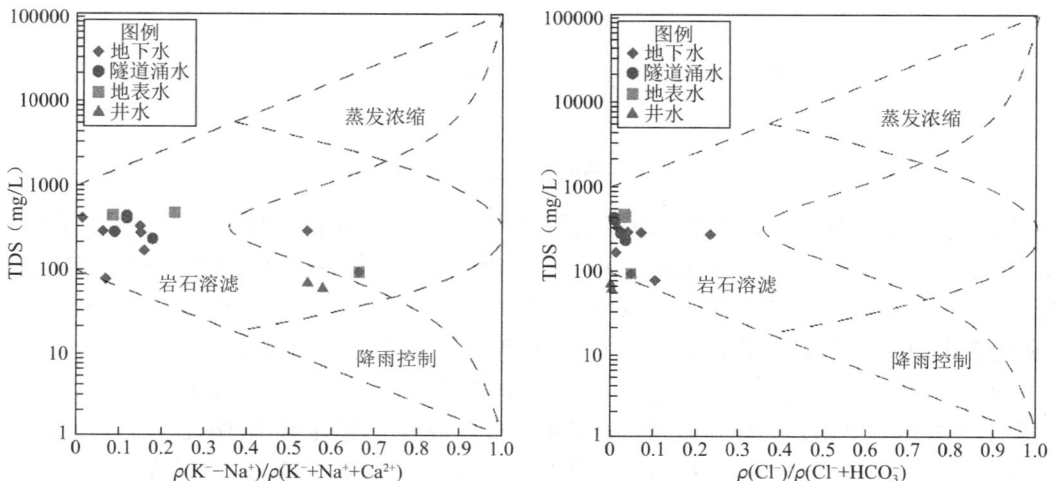

图 8.25　隧址区水化学 Gibbs 图

区内地下水的 TDS 介于 71~378mg/L 之间，阳离子质量浓度比值范围为 0.01~0.66，阴离子质量浓度比值范围为 0.015~0.23，将各水样点投绘入 Gibbs 图模型中。从阳离子 Gibbs 图中可见，大部分水样点主要分布在左侧中间部分，而从阴离子的 Gibbs 图中，所有水样点均分布于左侧中间部分，远离大气降水带和蒸发-浓缩带，可见地下水水点分布于岩石风化作用控制区。

地表水 TDS 介于 87~440mg/L 之间，阳离子质量浓度比值范围为 0.086~0.66，阴离子质量浓度比值范围为 0.03~0.05，从阳离子和阴离子的 Gibbs 图可见，所有水样点均分布在左侧中间部分，可见地表水点主要分布于岩石风化作用控制区。因此，隧址区内地表水的主要离子组成是受岩石风化作用的控制。

井水 TDS 分别为 58mg/L、67mg/L，阳离子质量浓度比值为 0.54、0.57，阴离子质量浓度比值为 0.003、0.006，从阳离子 Gibbs 图可见，水样点分布在中部偏右部分，其主要离子组成可能受到降雨影响。

隧道涌水 TDS 介于 213~399mg/L 之间，阳离子质量浓度比值范围为 0.09~0.18，阴离子质量浓度比值范围为 0.01~0.04，从阳离子和阴离子的 Gibbs 图可见，所有水样点均分布在左侧部分，即分布于岩石风化作用控制区。因此，隧道涌水的主要离子组成是受岩石风化作用的控制。

3. 主要风化过程及水化学演化过程

离子比例系数分析能反映隧址区可能存在的溶滤作用，研究地下水化学成分的来源及形成过程。$K^+ + Na^+$ 的主要来源是岩盐矿物，Ca^{2+} 和 Mg^{2+} 主要来源于碳酸盐矿物和硫酸盐矿物，Cl^- 主要来源于岩盐，SO_4^{2-} 主要来源于硫酸盐矿物，HCO_3^- 主要来源于碳酸盐矿物。当岩盐的溶滤作用主导时，$K^+ + Na^+$ 与 Cl^- 的比值应为 1:1。$K^+ + Na^+$ 与 Cl^- 的关系如图 8.26（a）所示，多数水样点位于 1:1 等量线两侧，说明该区主要是盐岩溶滤作用。$Ca^{2+} + Mg^{2+}$ 与 $SO_4^{2-} + HCO_3^-$ 含量关系如图 8.26（d）所示，绝大部分数据点位于 1:1 等量线下，表明该区除了碳酸盐和硫酸盐的溶解外还存在其他形式的来源。Ca^{2+} 与 HCO_3^- 含量关系如图 8.26（b）所示，多数数据点位于 1:1 等量线以下，表明碳酸盐溶解的同时存在硫酸盐的溶解。Mg^{2+} 与 SO_4^{2-} 含量关系如图 8.26（c）所示，多数据点接近 1:1 等量线，部分点偏离 1:1 等量线且处于该线下方，表明硫酸盐矿物风化溶解的同时还存在其他来源。

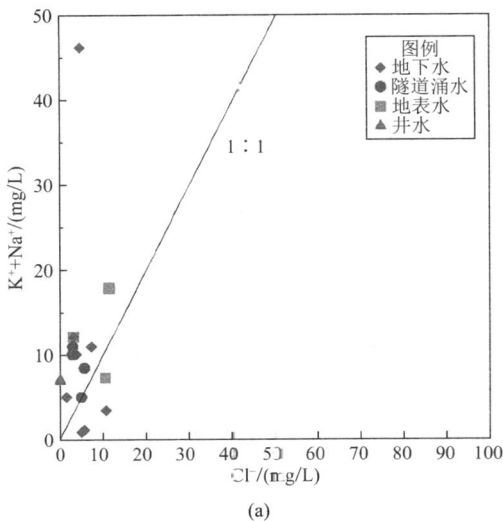

(a)

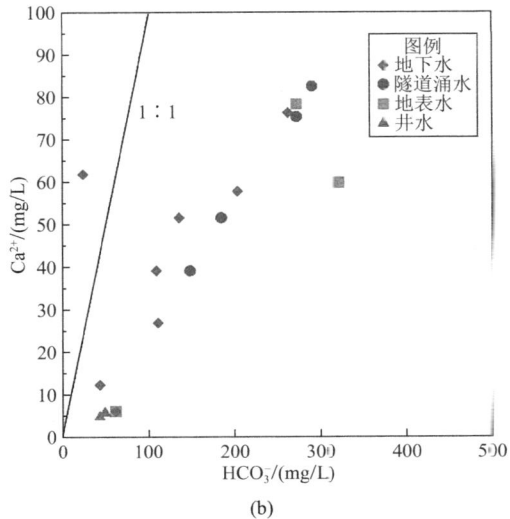

(b)

(c)

(d)

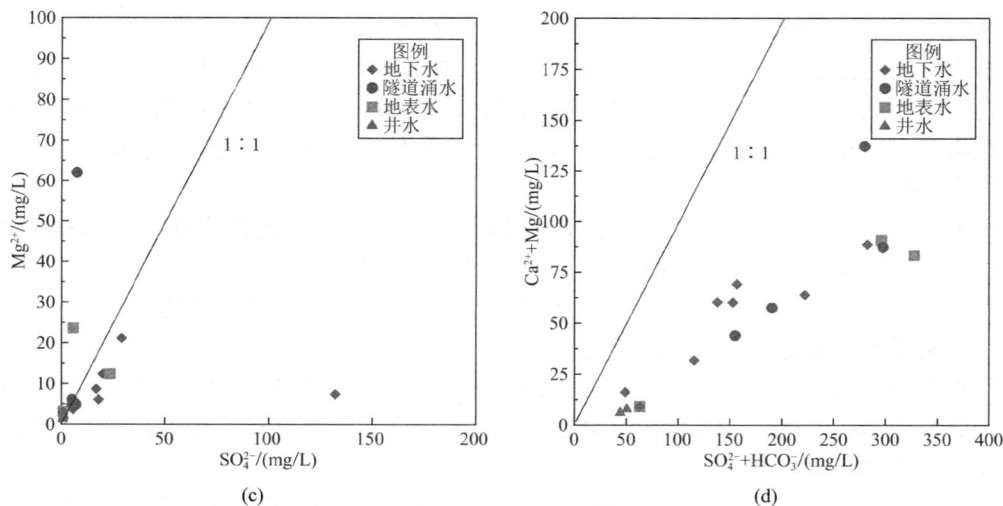

图 8.26　隧址区水化学离子比例关系图

4. 同位素组成特征

地下水形成演化过程中，会形成一般的物理化学踪迹，以及大量的同位素踪迹，这些踪迹是微观的，记录着地下水的起源和历史进程。同位素水文地球化学研究的是地下水中溶解的同位素化学组分及这些组分在时间和空间上的演化规律。同位素可分为稳定同位素和放射性同位素。稳定同位素化学性质比较稳定，在地下水运移过程中不易受物理化学过程的影响，且对于水岩相互作用、温度变化和各种来源水的混合作用十分敏感，易被仪器检测到，适于作标记或示踪剂。利用稳定同位素对地下水的标记作用，可以获取地下水系统信息，说明地下水的起源，研究地下水的水质、水岩相互作用等（霍冬雪，2019）。

（1）补给来源

研究补给来源是地下水循环研究中的一个重要环节。地下水中δD和$\delta^{18}O$的含量和分布特征可以用来分析地下水的起源。1961 年，Craig 发现大气降水中的氢、氧同位素组成之间存在线性相关关系，提出了全球大气降水线方程$\delta D = 8\delta^{18}O + 10$（又称 Craig 方程），$\delta D$-$\delta^{18}O$关系图上的直线称为全球大气降水线，水样的$\delta D$和$\delta^{18}O$数据点在$\delta D$-$\delta^{18}O$关系图上的不同位置，反映水样不同的来源或形成（索志强和王裕玮，1985）。

隧址区水样δD介于$-92.68\sim-62.41$ 之间，均值为-69.51‰；$\delta^{18}O$介于$-13.33\sim-9.40$ 之间，均值-10.201‰。绘制隧址区水样的δD-$\delta^{18}O$关系见图 8.27。根据图 8.27 所绘制的δD-$\delta^{18}O$关系，可以看出，水样的δD和$\delta^{18}O$数据点整体都落在大气降水线附近，表明隧址区水样来源均为大气降水。隧道涌水、井水与地下水氢氧同位素差异均较小，表明三者之间存在较密切的水力联系。水样 ^{18}O 漂移度均较小，表明水与围岩之间的同位素交换并不强烈，径流途径较短。

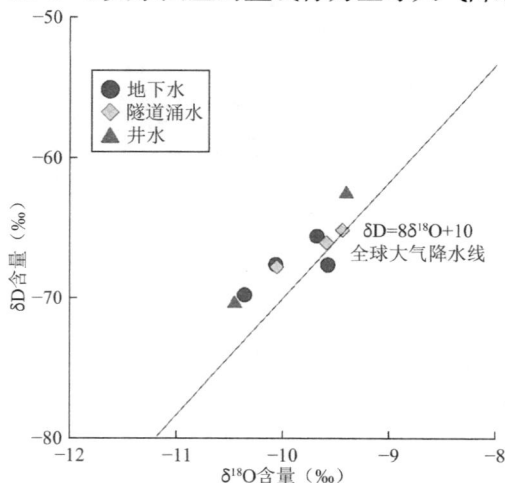

图 8.27　隧址区水样δD-$\delta^{18}O$关系图

（2）补给高程

隧址区水样均为大气降水补给，可以利用大气降水的δD和δ¹⁸O值的高程效应来估算隧址区水样的补给区高程，其δD和δ¹⁸O值随地形高程增加而降低。选用的方法 1 是王东升（1993）给出的中国大气降水中δD值的高程效应公式：$\delta D = -0.03H - 27$；选用的方法 2 是 Yu 等（1984）给出的中国西部降水的δD和δ¹⁸O值与高程的关系：$\delta D = -0.026H - 30.2$，$\delta^{18}O = -0.0031H - 6.2$；$H$ 为补给区高程（m）。利用这两种方法计算隧址区水样的补给高程，结果列于表 8.6。

隧址区水样补给高程计算结果　　　　　　　　　　　　　表 8.6

样品编号	水样类型	取样高程/m	δD/‰	δ¹⁸O/‰	补给高程/m			
					方法 1（δD）	方法 2（δD）	方法 3（δ¹⁸O）	均值
SY01	地下水	1203.00	−65.599	−9.682	1658.57	1123.26	1361.51	1381.12
SY02	地下水	1240.00	−67.626	−10.070	1776.66	1248.32	1439.48	1488.15
SY03	地下水	1257.00	−69.798	−10.359	1880.53	1341.63	1523.01	1581.72
SY04	地下水	1230.00	−67.648	−9.578	1767.53	1089.78	1440.31	1432.54
SY15	井水	1427.00	−70.280	−10.452	2069.81	1371.76	1541.55	1661.04
SY16	井水	1551.00	−62.414	−9.404	1879.18	1033.54	1239.02	1383.91
SY08	隧道涌水	1260.00	−92.680	−13.331	2798.81	2300.41	2403.09	2500.77
SY13	隧道涌水	1260.00	−67.798	−10.058	1803.51	1244.51	1446.05	1498.03
SY14	隧道涌水	1260.00	−65.165	−9.439	1698.21	1044.86	1344.82	1362.63
SY17	隧道涌水	1260.00	−66.070	−9.593	1734.39	1094.40	1379.60	1402.80

对计算结果表 8.6 进行分析，可以看出两种计算结果都有偏差，取平均值作为补给区高程。其中，隧道涌水水样，SY08 结果有较大偏差，可能由于取样不当或在运输中存在问题，其余三组隧道涌水水样，补给高程均在 1400.00m 左右。结合当地地形地貌特征，可以判断补给区位于隧道顶部岩溶洼地处。与水文地质单元划分结果相吻合。地下水水样补给高程结果较为接近，可以判断补给源均为边坡顶部大气降雨补给。

8.4

隧道涌水突泥分析

8.4.1　水文地质单元划分

1.地下水文地质单元划分依据

水文地质单元是指具有完整的地下水补、径、排结构的系统。影响水文地质单元划分的因素主要有区域的水文地质条件、自然地理条件、地层条件及地质构造等。水文地质单元的划分，实质是水文地质单元边界的确定。一般以自然边界为界限，所构成的水文地质单元具有统一的地下水补、径、排条件，统一的渗流场和水化学场，能够代表该区域地下水的赋存及运移规律，而边界内、外没有或很少物质和能量的交换。

2.地下水文地质单元划分

香坪山隧道隧址区水文地质单元的划分，依据现场对地形地貌、河流水系、地质构造、含水岩组、岩溶发育状况、岩溶水赋存、补径排条件的调查，结合水化学、同位素分析结果，进行隧址区水文地质单元划分。隧址区主体位于盘龙江水系东北部，区内主要河流为盘龙江和大河的分支向阳河。一级水文地质单元以盘龙江、大河分水岭为隔水边界，盘龙江为排水边界划分为三个一级水文地质单元；二级水文地质单元以区域性河流为主，主要以区域性分水岭为边界，部分区域性河流起到单元隔离作用。具体划分见图8.28。

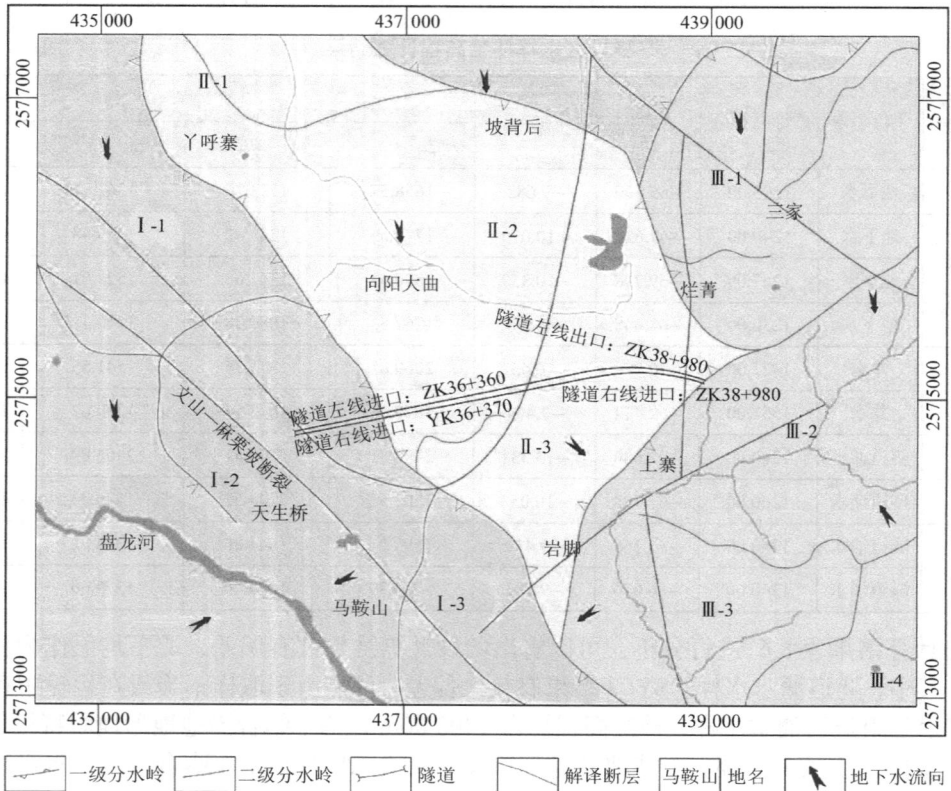

图 8.28　隧址区水文地质单元划分图

盘龙江水系所在的水文地质单元（Ⅰ），整体地势南高北低，东北以盘龙江、大河分水岭为隔水边界，该水文地质单元的排水边界为盘龙江，地下水整体流向为由北至南径流，该水文地质单元的补给来源主要是大气降水补给，单元内大面积的岩性分布为灰岩，夹有少量泥岩、泥灰岩。单元内部构造变形复杂多样，褶皱、断裂发育，主要构造为西北走向的文山—麻栗坡断裂。地下水多沿断裂构造形迹流动，以泉的形式在溪沟处排泄出地表。根据区内二级分水岭进一步划分出3个二级水文地质单元。

向阳河所在水文地质单元（Ⅱ），整体地势南高北低，以向阳河为排水边界。主要接受大气降水的补给，由南北两侧向中部向阳河的径流方向为该水文地质单元内地下水径流的大体方向。区内发育岩性与水文地质单元（Ⅰ）相近，区内有断层数条。根据单元内区域性河流，将该单元进一步划分为3个二级水文地质单元。

8.4.2　主要水文地质问题分析

（1）隧道主要段穿越泥盆系中统古木组（D_{2g}）、泥盆系下统芭蕉箐组（D_{1b}），岩性主要为灰岩，隧道顶部区域岩溶地貌为峰丛、洼地、落水洞、溶洞，没有发现规模较大的暗河系统和岩溶大泉。区域上，这一带岩溶发育一般。隧址区主要地下水类型为碳酸盐岩岩溶水。地下水主要来源于大气降水补给，补给区域受地貌控制，面积较小，限于天生桥至向阳村155.000～1600.00m的分水岭地带。从水文地质调查来看，隧址区没有发现NW-SE向的岩溶管道系统。

（2）隧址区地表水、地下水和隧道涌水主要组分，阳离子以Ca^{2+}、Mg^{2+}为主，阴离子以HCO_3^-为主，地下水中Cl^-含量相近，化学类型相似。揭示地表水、地下水和隧道涌水密切相关，大气降水通过快速补给、在地下水与岩石发生水岩相互作用。地表水、地下水和隧道涌水同位素组成相近、水中Cl^-含量低和矿化度变化不大等特征，揭示地下水主要由大气降水和地表水渗入补给，交替条件好，以近距离补给和快速交替为特征。

（3）根据物探EH-4资料，香坪山隧道左线里程ZK36+360～ZK36+500、ZYK37+050～ZK37+130、ZYK38+040～ZK38+170、ZK38+780～ZK38+980段对应为物探低阻异常区，推断围岩岩体极破碎、极软弱或岩层层间结合极差，地下水发育。香坪山隧道右线里程YK36+370～YK36+440、YK37+270～YK37+350、YK37+800～YK38+880、YK37+600～YK38+150、YK38+780～YK38+980段对应为物探低阻异常区，推断围岩岩体极破碎、极软弱或岩层层间结合极差地下水发育。物探表明，隧道顶部存在地下水发育的透水带，主要为岩溶垂直发育带的落水洞等垂向地下水系统。

（4）根据调查，隧道涌水段落主要位于K38+300处，涌突水的动态变化很大。降雨后涌突水量急剧增加，根据2021年9月18日现场调查，在未下雨时，隧道排出水量较小。当晚出现降雨，区域最大降雨量达50mm，2021年9月19日现场调查隧道涌水量明显提升，约为未下雨时的8倍。造成高压涌突水的原因可能是在瞬时强降雨的作用下，雨水通过岩溶裂隙管道直接流入隧道区域，地下水位快速升高。不同季节隧道涌突水变化特征不同，隧道区域地下水主要为大气降水，动态特征变化很大，降雨快速补给，迅速进入隧道，形成压力大、流量大的涌突水。在枯水季补给减少，涌水量急剧减少，甚至干枯。同时，结合现场的溶洞调查（溶洞出露大致位于隧道K38+300段南侧坡体下约20m，是隧址区隧道开挖前的主要天然排水通道），以及老乡走访，在隧道开挖前，该溶洞排水呈季节性变化，雨季排水量大；隧道开挖后，溶洞基本干涸（图8.29）。

图8.29　隧道内涌水点以及洞外天然排水通道位置

（5）隧道排水能力评估

隧道的排水能力根据现场调查和测量的尺寸，采用明渠均匀流公式计算流量、排水沟排水量，评估排水能力。香坪山隧道排水沟的断面为梯形断面，采用如下公式计算排水量：

$$Q = AC(Ri)^{1/2} = \frac{1}{n}AR^{2/3}i^{1/2} \tag{8.1}$$

式中：Q——排水量（m^3/s）；

　　　A——沟截面面积（m^2）；

　　　R——设计水力半径（m）；

　　　i——底坡率（无量纲）。

计算获得隧道排水沟排水能力见表 8.7。计算结果表明，目前香坪山隧道排水沟的极限排水能力为 106272m^3/d，大于隧道正常涌水量，但仍然小于遇到极端暴雨情况时的极端涌水量。为避免涌水事故的发生，还应考虑增加排水措施，缓解排水沟排水压力。

香坪山隧道排水沟排水能力计算结果　　　　　　　　　表 8.7

断面尺寸（$B \times H$）/m	0.7×0.5
底坡率	0.001
粗糙率n	0.025
水力半径R/m	0.15
排水能力Q/（m^3/s）	1.23
排水能力Q/（m^3/d）	106272

（6）香坪山隧道区域存在的主要水文地质问题是隧道区域顶部在雨季，特别是特大暴雨情况下，降雨形成的地表水会快速通过落水洞等补给进入隧道，形成高压和大流量涌突水，因此需要充分考虑极端暴雨的排水能力。

8.4.3　隧道涌水经验解析法计算

隧道涌水经验解析法计算采用地下径流模数法、大气降水入渗法、地下水动力学方法，计算理论和依据见第 4 章。涌水量预测的准确性主要取决于对隧道充水条件的正确分析及计算参数的合理选用。关于隧道涌水量的计算涉及一些参数的选取，比如地下水径流模数M、入渗系数a。这些参数的确定是涌水量计算的关键。因此，在进行涌水量预测前，需要进行参数的选取。根据前述隧道水文地质条件，香坪山隧道各段径流模数选取见表 8.8。考虑隧道区域岩溶发育程度，且香坪山隧道涌水是由灌入式补给造成，故入渗系数比经验值略大，取值见表 8.9。香坪山隧道各段渗透系数经验值见表 8.10。香坪山隧道各段集水面积取值见表 8.11。

计算参数的选择对隧道涌水量预测结果影响较大，香坪山隧道正常涌水量的预测选择的计算参数是依据水文地质资料，选取较大值进行计算。按照第 4 章的计算理论或经验公式，获得的计算结果见表 8.12。

香坪山隧道各段径流模数取值表　　　　　　　　　　　　表 8.8

起始桩号	终止桩号	岩性与构造	径流模数$M/[L/(s \cdot km^2)]$
K36 + 320	K36 + 385	灰岩	15
K36 + 385	K36 + 415	断层破碎带	18
K36 + 415	K37 + 268	灰岩	15
K37 + 268	K37 + 314	灰岩溶蚀带	16
K37 + 314	K37 + 821	灰岩	15
K37 + 821	K37 + 887	灰岩溶蚀带	16
K37 + 887	K38 + 057	灰岩	15
K38 + 057	K38 + 133	灰岩溶蚀带	16
K38 + 133	K38 + 755	灰岩	15
K38 + 755	K38 + 800	灰岩溶蚀带	16
K38 + 800	K38 + 895	灰岩	15
K38 + 895	K38 + 920	断层破碎带	18
K38 + 920	K38 + 980	页岩	3

香坪山隧道各段降水入渗系数取值表　　　　　　　　　　表 8.9

起始桩号	终止桩号	岩性与构造	降雨入渗系数α
K36 + 320	K36 + 385	灰岩	0.60
K36 + 385	K36 + 415	断层破碎带	0.70
K36 + 415	K37 + 268	灰岩	0.60
K37 + 268	K37 + 314	灰岩溶蚀带	0.65
K37 + 314	K37 + 821	灰岩	0.60
K37 + 821	K37 + 887	灰岩溶蚀带	0.65
K37 + 887	K38 + 057	灰岩	0.60
K38 + 057	K38 + 133	灰岩溶蚀带	0.65
K38 + 133	K38 + 755	灰岩	0.60
K38 + 755	K38 + 800	灰岩溶蚀带	0.65
K38 + 800	K38 + 895	灰岩	0.60
K38 + 895	K38 + 920	断层破碎带	0.70
K38 + 920	K38 + 980	页岩	0.15

香坪山隧道各段渗透系数取值表 　　　表 8.10

起始桩号	终止桩号	岩性与构造	渗透系数k/（m/d）
K36 + 320	K36 + 385	灰岩	0.03
K36 + 385	K36 + 415	断层破碎带	0.10
K36 + 415	K37 + 268	灰岩	0.03
K37 + 268	K37 + 314	灰岩溶蚀带	0.05
K37 + 314	K37 + 821	灰岩	0.03
K37 + 821	K37 + 887	灰岩溶蚀带	0.05
K37 + 887	K38 + 057	灰岩	0.03
K38 + 057	K38 + 133	灰岩溶蚀带	0.05
K38 + 133	K38 + 755	灰岩	0.03
K38 + 755	K38 + 800	灰岩溶蚀带	0.05
K38 + 800	K38 + 895	灰岩	0.03
K38 + 895	K38 + 920	断层破碎带	0.10
K38 + 920	K38 + 980	页岩	0.003

香坪山隧道各段集水面积取值表 　　　表 8.11

起始桩号	终止桩号	岩性与构造	集水面积/km²
K36 + 320	K36 + 385	灰岩	0.04
K36 + 385	K36 + 415	断层破碎带	0.02
K36 + 415	K37 + 268	灰岩	0.57
K37 + 268	K37 + 314	灰岩溶蚀带	0.03
K37 + 314	K37 + 821	灰岩	0.34
K37 + 821	K37 + 887	灰岩溶蚀带	0.04
K37 + 887	K38 + 057	灰岩	0.11
K38 + 057	K38 + 133	灰岩溶蚀带	0.05
K38 + 133	K38 + 755	灰岩	0.42
K38 + 755	K38 + 800	灰岩溶蚀带	0.03
K38 + 800	K38 + 895	灰岩	0.06
K38 + 895	K38 + 920	断层破碎带	0.02
K38 + 920	K38 + 980	页岩	0.04
总计			1.78

表 8.12

香坪山隧道正常涌水量分段计算结果

起始桩号	终止桩号	段长/m	地层与构造	埋深/m	渗透系数 k/(m/d)	给水度 μ	入渗系数 α	降深/m	影响半径 R/m	径流模数 M/[L/(s·km²)]	集水面积 A/km²	降雨量/(mm/a)	正常涌水量/(m³/d)			
													径流系数法	降雨入渗法	裘布依理论	科斯加可夫法
K36+320	K36+385	65	灰岩	30	0.03	0.02	0.60	0.64	1.21	15	0.04	1160	56.37	82.95	43.31	109.09
K36+385	K36+415	30	断层破碎带	64	0.10	0.05	0.70	4.45	22.49	18	0.02	1160	31.22	44.66	55.10	170.26
K36+415	K37+268	853	灰岩	176	0.03	0.02	0.60	3.76	17.28	15	0.57	1160	739.76	1088.55	1211.24	3285.01
K37+268	K37+314	46	灰岩溶蚀带	159	0.05	0.03	0.65	5.62	31.70	16	0.03	1160	42.55	63.59	84.45	255.36
K37+314	K37+821	507	灰岩	117	0.03	0.02	0.60	2.50	9.36	15	0.34	1160	439.69	647.00	591.54	1524.12
K37+821	K37+887	66	灰岩溶蚀带	88	0.05	0.03	0.65	3.11	13.05	16	0.04	1160	61.05	91.24	91.27	255.07
K37+887	K38+057	170	灰岩	202	0.03	0.02	0.60	4.31	21.25	15	0.11	1160	147.43	216.94	258.17	715.18
K38+057	K38+133	76	灰岩溶蚀带	199	0.05	0.03	0.65	7.03	44.39	16	0.05	1160	70.30	105.07	155.70	489.46
K38+133	K38+755	622	灰岩	183	0.03	0.02	0.60	3.91	18.32	15	0.42	1160	539.43	793.76	900.15	2455.54
K38+755	K38+800	45	灰岩溶蚀带	143	0.05	0.03	0.65	5.05	27.04	16	0.03	1160	41.63	62.21	78.46	233.33
K38+800	K38+895	95	灰岩	95	0.03	0.02	0.60	2.02	6.85	15	0.06	1160	82.39	121.23	100.50	254.08
K38+895	K38+920	25	断层破碎带	36	0.10	0.05	0.70	2.50	9.49	18	0.02	1160	26.02	37.22	35.73	105.64
K38+920	K38+980	60	页岩	22	0.003	0.10	0.15	0.04	0.02	3	0.04	1160	10.41	19.14	1.47	43.98
合计		2660									1.78		2288.26	3373.58	3607.11	9896.16

表 8.12 中计算值，着重考虑了隧道洞身地下水以垂直向补给为主。用地下径流模数法和大气降水入渗法两种算法计算的涌水量数值相差不大，地下径流模数法计算隧道总涌水量为 2288.26m³/d，大气降水入渗法计算隧道总涌水量为 3373.58m³/d，根据该区水文地质及气候条件等实际情况，推荐涌水量为 3373.58m³/d。

计算结果与现场实测流量相差较小，证明参数选取具有一定的可靠性，同时集水面积大致吻合，也印证了隧道涌水水量主要的补给来源是隧道上方北部岩溶洼地处的降雨补给，涌水量与降雨量成正相关关系。

在此基础上进一步对隧道可能出现的最大涌水量进行预测，由于涌水量与降雨量直接相关，采用降雨入渗法进行计算更为合理。2021 年 8 月文山州出现极端降雨情况，最大降雨量为 149mm。结合文山地区历史降雨资料及近年来极端降雨分布特征，考虑降雨带来的不利安全影响，计算时安全储备系数取 1.30 左右，即：采用 200mm/d 的降雨量来模拟极端降雨情况。计算结果表明，当遇到极端降雨情况时，隧道涌水量为 212281m³/d，约为正常降雨量的 60 倍。该涌水量已经超过目前香坪山隧道排水沟的极限排水能力（106272m³/d）。

8.4.4 重点区段隧道涌水量数值计算

采用有限元数值模拟分析软件，进行五指山隧道沿线重点区段的渗流场计算。针对隧道施工完成后隧道内发生局部涌水现象，涌水量具有季节差异特征，6～8 月降雨期间，Z38＋300 处排水孔发生高压涌水现象 2021 年 9 月 16 日再次调查期间，隧道内也有涌水，表现为自由流动，而非高压射水，通过在隧道出口处开展的涌水流量分析，无降雨时，南侧隧道涌水量约 10.7L/s，北侧隧道涌水量约 10.8L/s；9 月 19 日夜，文山发生持续强降雨，9 月 20 日，再次对隧道排水孔进行调查，发现原排水孔出水量显著增加，对隧道排水通道的流量进行测定，发现隧道出水量显著增加，相较于 9 月 16 日测定的流量，9 月 20日测定的降雨后隧道出水量达到 85.8L/s，这也反映了隧道涌水量受降雨影响显著，主要来源为大气降水。

因此，计算时分别考虑隧道在雨季、旱季施工时可能产生的最大初始涌水量，及其对应的施工后期稳定涌水量。其中雨季和旱季通过人工调整初始水位来实现，而开挖初期和开挖后期通过模型上部边界固定水头的有无来模拟补给渗流场的变化，计算参数与参数敏感性分析时的取值保持一致，建立计算模型如图 8.30 所示，计算渗流场见图 8.31～图 8.34，单洞涌水量计算结果见表 8.13。

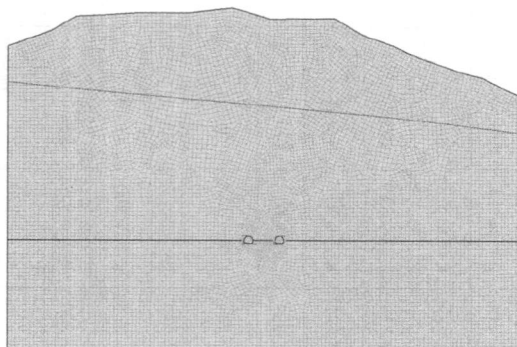

图 8.30　香坪山隧道涌水计算模型

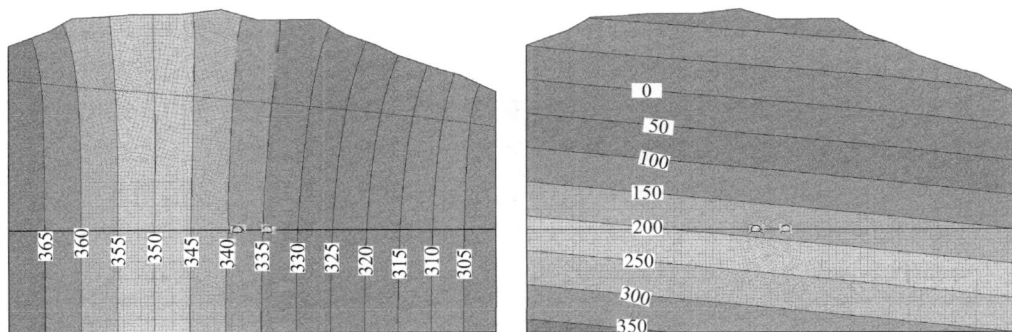

图 8.31　香坪山隧道雨季开挖初期渗流场［左：总水头（m）；右：压力水头（kPa）］

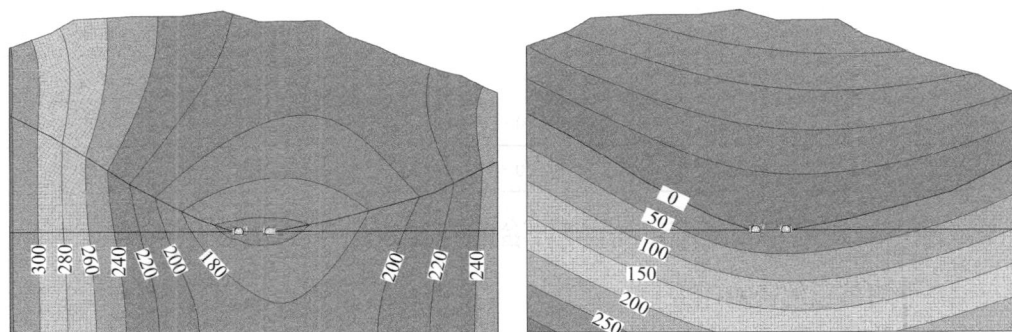

图 8.32　香坪山隧道雨季开挖后期渗流场［左：总水头（m）；右：压力水头（kPa）］

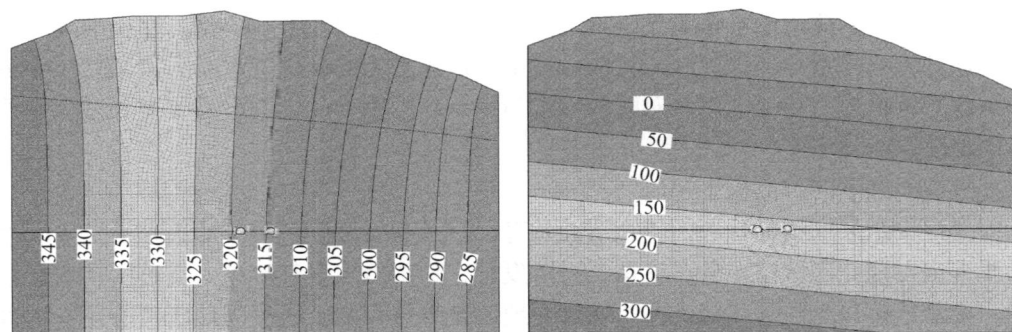

图 8.33　香坪山隧道旱季开挖初期渗流场［左：总水头（m）；右：压力水头（kPa）］

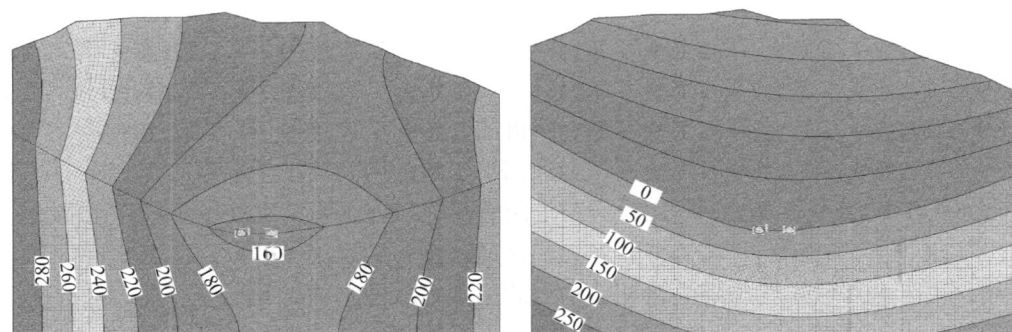

图 8.34　香坪山隧道旱季开挖后期渗流场［左：总水头（m）；右：压力水头（kPa）］

根据图 8.31～图 8.34 所示的渗流场特征，在旱季，不论是开挖初期还是后期，渗流场的总水头和压力水头分布特征除数值有所区别外，分布变化形式基本和雨季的渗流场特征保持一致，主要表现为开挖后压力水头以开挖区为中心降低，至开挖后期稳定时，可见明显的降水漏斗；由于左侧边界初始水头高于右侧边界，开挖初期及后期均表现出左侧水头降低较快的变化趋势，总水头呈现出以开挖区为中心的环状降低趋势。

根据表 8.13 可知，雨季的流量大于旱季，开挖初期的流量大于开挖后期，与实际情况一致；且单宽流量介于 $1.46 \times 10^{-5} \sim 2.04 \times 10^{-5} \mathrm{m^3/s}$，隧洞流量介于 3355～4688$\mathrm{m^3/d}$，与水文地质分析结果数量级一致，结果较为接近。

香坪山隧道单洞涌水量计算结果　　　　　　　　　　　表 8.13

工况	计算单宽流量/（m³/s）		洞长/m	隧洞出水量/（m³/d）
雨季	最大水量	2.04×10^{-5}	2660	4688
	稳定水量	1.54×10^{-5}		3539
旱季	最大水量	1.91×10^{-5}		4390
	稳定水量	1.46×10^{-5}		3355

8.4.5　地下水对隧道的影响评价与防治措施建议

1. 地下水对隧道的影响评价

地下水对香坪山隧道的影响主要在雨季，特别是特大暴雨情况下，降雨形成的地表水会快速通过落水洞等补给通道进入隧道，形成高压和大流量涌突水。模拟 200mm/d 的降雨量极端降雨情况，隧道涌水量为 212281$\mathrm{m^3/d}$，约为正常降雨量的 60 倍。在极端降雨条件下，隧道计算涌水量已经远远超过目前香坪山隧道排水沟的极限排水能力（106272$\mathrm{m^3/d}$），如不采取有效措施，隧道涌水将对隧道安全与运营产生重大的影响，需要充分考虑这种极端暴雨工况下的隧道安全问题。

2. 隧道涌突水的防治措施建议

根据评价结果可知，香坪山隧道溶蚀发育段以及断层破碎带属于涌突水易发生段落。现场调查也发现此区域洼地分布密集，岩溶发育，降雨后水量直接进入隧道所在水文地质单元，水量直接与降雨量相关。同时在水文地质调查过程中，根据当地居民所述，隧道附近区域无水源可用，当地用水为 10km 左右处接管引水。因此，结合隧道安全及水源利用等方面，提出以下防治措施。

（1）修建排水横洞。在隧道 K38＋300 附近修建一排水横洞，可将隧道进口段至中段的涌水量排出。为地势较低的隧道出口段分担排水压力，也增加了隧道整体的排水能力。

（2）修建集水井。在隧道 K38＋300 附近的几个安全连接通道，增设集水井。平时可将降雨水量收集起来供当地居民使用，增加储水水量的同时减小了隧道的排水压力；雨季隧道排水沟泄水能力受限时，利用泵送与消防软管连接方式将集水井中水排泄至洞外。

（3）出现极端暴雨时进行高速封路。当区域出现极端暴雨时，对高速公路进行临时交通管制，由于涌水量主要与降雨量相关，因此出现大量涌水的时间不会过长。进行临时交通管制，让水量有充足的时间进行疏排，同时也可以避免人员伤亡事故。

参 考 文 献

[1] 霍冬雪, 周训, 刘海生, 等. 云南祥云县王家庄碱性温泉水化学特征与成因分析[J]. 现代地质. 2019, 33(3): 680-690.

[2] 索志强, 王裕玮. 关于 Craig 法的一种新的改进方法及动力学原理[J]. 海军工程学院学报, 1985(1): 21-29.

[3] 郭清海, 王知悦. 水文地质学原理[M]. 北京: 高等教育出版社出版, 2010.

[4] 中国地质调查局. 水文地质手册[M]. 2 版. 北京: 地质出版社, 2012.

[5] Poulikakos D, Kazmierczk M. Forced convection in a duct partially filled with a porous material[J]. Journal of Heat Transfer, 1987, 109(3): 653-662.

[6] 樊立敏, 符文熹, 魏玉峰, 等. 径流条件下散粒体斜坡的颗粒冲刷启动机理[J]. 工程科学与技术, 2017, 49(S2): 128-134.

[7] 李亚军, 姚军, 黄朝琴, 等. 基于 Darcy-Stokes 耦合模型的缝洞型介质等效渗透率分析[J]. 中国石油大学学报 (自然科学版), 2011, 35(2): 91-95.

[8] 钟振, 闫金秀, 徐从强, 等. 粗糙单裂隙渗透性尺寸效应及其影响因素研究[J]. 水利水电技术 (中英文), 2021, 52(4): 192-201.

[9] 钟振, 胡云进, 刘国华. 考虑裂隙-岩块间水交换的单裂隙非饱和渗流数值模拟[J]. 工程科学与技术, 2012, 44(4): 51-56.

[10] 舒付军, 符文熹, 魏玉峰, 等. 部分充填周期性裂隙岩体渗流理论分析与试验[J]. 湖南大学学报 (自然科学版), 2018, 45(1): 114-120.

[11] 陈金刚, 张景飞. 充填物的力学响应对裂隙渗流的影响[J]. 岩土力学, 2006(4): 577-580.

[12] 王甘林, 刘卫群, 陶煜. 充填泥沙裂隙岩石渗流特性的实验研究[J]. 力学与实践, 2010, 32(5): 14-17+13.

[13] 周济福. 渗流力学研究的现状和发展趋势[J]. 力学与实践, 2007, 29(3): 1-6.

[14] 柴军瑞, 仵彦卿, 袁继国. 岩体中裂隙水流对裂隙壁的双重力学效应[J]. 岩土力学, 2003, 24(4): 514-517.

[15] 蒋良文, 许佑顶, 许模, 等. 高速铁路复杂岩溶地质勘察与灾害防治[M]. 北京: 科学出版社, 2021.

[16] 杨进良. 土力学[M]. 4 版. 北京: 中国水利水电出版社, 2009.

[17] 朱珍德, 郭海庆. 裂隙岩体水力学基础[M]. 北京: 科学出版社, 2007.

[18] 杨杨, 钱晓倩. 土木工程材料[M]. 北京: 人民交通出版社, 2020.

[19] 郝哲. 岩体裂隙注浆与渗流的关系评述[J]. 沈阳大学学报, 2007(8): 18-22.

[20] 刘擎波. 隧道地下水渗流模型研究[D]. 天津: 天津大学, 2012.

[21] Gan J K M, Fredlund D G. A new laboratory method for the measurement of unsaturated coefficients of

permeability of soils[M]. Boca Raton: CRC Press, 2020.

[22]　Arbogast T, Lehr H L. Homogenization of a Darcy-Stokes system modeling vuggy porous media[J]. Computational Geosciences, 2006, 10(3): 291-302.

[23]　林鑫, 豆中强, 陈永光. Navier-Stokes 方程的球坐标列矢量变换[J]. 江汉大学学报 (自然科学版), 2006, 34(3): 11-13.

[24]　Grosan T, Postelnicu A, Pop I. Brinkman flow of a viscous fluid through a spherical porous medium embedded in another porous medium[J]. Transport in Porous Media, 2009, 81(1): 89-103.

[25]　Yadav P K, Deo S. Stokes flow past a porous spheroid embedded in another porous medium[J]. Meccanica, 2012, 47(6): 1499-1516.

[26]　Srivastava A C, Srivastava N. Flow past a porous sphere at small Reynolds number[J]. Zeitschrift Für Angewandte Mathematik Und Physik Zamp, 2005, 56(56): 821-835.

[27]　Jaiswal B R, Gupta B R. Stokes flow over composite sphere: liquid core with permeable shell[J]. Journal of Applied Fluid Mechanics, 2015, 8(3): 339-350.

[28]　Deo S, Datta S. Slip flow past a prolate spheroid[J]. Indian Journal of Pure and Applied Mathematics, 2002, 33(6): 903-910.

[29]　Deo S, Datta S. Stokes flow past a fluid prolate spheroid[J]. Indian Journal of Pure and Applied Mathematics, 2003, 34(5): 755-764.

[30]　Deo S, Shukla P. Creeping flow past a swarm of porous spherical particles with Mehta-Morse boundary condition[J]. Indian J Biomech, 2009, 7: 123-127.

[31]　Deseri L, Zingales M. A mechanical picture of fractional-order Darcy equation[J]. Communications in Nonlinear Science and Numerical Simulation, 2015, 20(3): 940-949.

[32]　Vadlamudi R. Darcy's law[J]. Encyclopedia of Soils in the Environment, 1964, 24(6): 363-369.

[33]　孙婉. 多孔介质渗流力学理论研究现状及发展趋势[J]. 上海国土资源, 2013, 34(3): 70-72.

[34]　师文豪, 杨天鸿, 刘洪磊, 等. 矿山岩体破坏突水非达西流模型及数值求解[J]. 岩石力学与工程学报, 2016, 35(3): 446-455.

[35]　Sinha M K, Sharma R V. Natural convection in a spherical porous annulus: the Brinkman extended Darcy flow model [J]. Transport in Porous Media, 2013, 100(2): 321-335.

[36]　He J H. Approximate analytical solution for seepage flow with fractional derivatives in porous media [J]. Computer Methods in Applied Mechanics and Engineering, 1998, 167(1-2): 57-68.

[37]　Su G W, Geller J T, Pruess K, et al. Experimental studies of water seepage and intermittent flow in unsaturated, rough-walled fractures[J]. Water Resources Research, 1999, 35(4): 1019-1037.

[38]　Min K B, Jing L, Stephansson O. Determining the equivalent permeability tensor for fractured rock masses using a stochastic REV approach: Method and application to the field data from Sellafield, UK[J]. Hydrogeology Journal, 2004, 12(5): 497-510.

[39]　Tsang C, Neretnieks I. Flow channeling in heterogeneous fractured rocks[J]. Reviews of Geophysics, 1998,

36(2): 275-298.

[40] Greenkorn R A. Flow and transport in porous media and fractured rock[J]. Aiche Journal, 1996, 42(4): 1198-1199.

[41] Liang T, Feng M, Qi R. Finite element methods for coupled Stokes and Darcy problems[J]. Journal of Southwest Jiaotong University (English Edition), 2009, 17(3): 265-270.

[42] Chami F E, Mansour G, Sayah T. Error studies of the coupling Darcy-Stokes system with velocity-pressure formulation[J]. Calcolo, 2012, 49(2): 73-93.

[43] Novo S, Novotny A, Pokorny M. Steady compressible Navier-Stokes equations in domains with non-compact boundaries[J]. Mathematical Methods in the Applied Sciences, 2016, 28(12): 1445-1479.

[44] Lomize G M. Flow in Fractured Rocks[M]. Moscow: Gosemergoizdat, 1951.

[45] Ben-Reuven M. The viscous wall-layer effect in injected porous pipe flow[J]. Aiaa Journal, 2015, 24(2): 284-292.

[46] Romm E S. Flow Characteristics of Fractured Rocks[M]. Moscow: Nedra Publishing House, 1966.

[47] Louis C. Rock Hydraulics in Rock Mechanics[M]. York: Springer-New Verlag, 1974.

[48] Amadei B, Illangasekare T A. Mathematical model for flow and solute transport in nonhomogeneous rock fracture[J]. International Journal of Rock Mechanics and Mining Sciences and Geomechanics Abstracts, 1994, 18: 719-731.

[49] Witherspoon P A, Wang J S Y, Iwai K, et al. Validity of cubic law for fluid-flow in a deformable rock fracture [J]. Water Resources Research. 1980, 16(6): 1016-1024.

[50] Brown S R. Fluid flow through rock joints: the effect of surface roughness[J]. Journal of Geophysical Research, 1987, 92: 1337-1347.

[51] Barton N, Bandis S C. Strength deformation and conductivity coupling of rock joints[J]. International Journal of Rock Mechanics and Mining Sciences and Geomechanics Abstracts, 1985, 22(3): 121-140.

[52] Walsh J B, Grosenbaugh M A. A new model for analyzing the effect of fractures on compressibility[J]. Journal of Geophysical Research Solid Earth. 1979, 84(B7): 3532-3536.

[53] Walsh J B. Effect of pore pressure and confining pressure on fracture permeability[J]. International Journal of Rock Mechanics and Mining Sciences and Geomechanics Abstracts, 1981, 18(5): 429-435.

[54] 张文杰, 周创兵, 李俊平, 等. 裂隙岩体渗流特性物模试验研究进展[J]. 岩土力学, 2005, 26(9): 1517-1524.

[55] 李新平, 米健, 张成良, 等. 三维应力作用下岩体单个裂隙的渗流特性分析[J]. 岩土力学, 2006, 27(S1): 13-16.

[56] Yang J U, Zhang Q G, Yang Y M, et al. An experimental investigation on the mechanism of fluid flow through single rough fracture of rock[J]. Science China (Technological Sciences), 2013, 56(8): 2070-2080.

[57] Catherine T Wang, Roland N Horne. Boiling flow in a horizontal fracture[J]. Geothermics, 2000, 29: 759-772.

[58] 王如宾, 柴军瑞, 陈兴周, 等. 单裂隙水流稳定温度场理论分析[J]. 人民黄河, 2006(5): 19-21.

[59] 徐维生, 周创兵. 岩体裂隙网络渗流变水温影响分析[J]. 岩土力学, 2014, 35(1): 204-210.

[60] 许增光, 杨雪敏, 柴军瑞. 考虑水流温度影响的三维岩体裂隙网络非稳定渗流场数值分析[J]. 水资源与水工程学报, 2014, 25(2): 42-45.

[61] 盛金昌, 速宝玉. 裂隙岩体渗流应力耦合研究综述[J]. 岩土力学, 1998, 19(2): 92-98.

[62] Kranz R L, Frankel A D, Engelder T, et al. The permeability of whole and jointed Barre granite[J]. International Journal of Rock Mechanics and Mining Sciences and Geomechanics Abstracts, 1979, 16(2): 225-234.

[63] Jones F O. A laboratory study of the effects of confining pressure on fracture flow and storage capacity in carbonate rocks[J]. Journal of Petrol Technology, 1975, 9(2): 21-27.

[64] Nelson. Fracture permeabily in porous reservoirs: experimental and field approach[D]. Texas: Department of Geology, Texas A and M University, 1975.

[65] 谢妮, 徐礼华, 邵建富, 等. 法向应力和水压力作用下岩石单裂隙水力耦合模型[J]. 岩石力学与工程学报, 2011(S2): 3796-3803.

[66] 郑少河, 赵阳升, 段康廉. 三维应力作用下天然裂隙渗流规律的实验研究[J]. 岩石力学与工程学报, 1999, 18(2): 133-136.

[67] 刘才华, 陈从新, 付少兰. 二维应力作用下岩石单裂隙渗流规律的实验研究[J]. 岩石力学与工程学报, 2002, 21(8): 1194-1198.

[68] 申林方, 冯夏庭, 潘鹏志, 等. 单裂隙花岗岩在应力-渗流-化学耦合作用下的试验研究[J]. 岩石力学与工程学报, 2010(7): 1379-1388.

[69] 许孝臣, 盛金昌. 渗流-应力-化学耦合作用下单裂隙渗透特性[J]. 辽宁工程技术大学学报 (自然科学版), 2009(S1): 270-272.

[70] 黄涛. 裂隙岩体渗流-应力-温度耦合作用研究[J]. 岩石力学与工程学报, 2002, 21(1): 77-82.

[71] 杨立中, 黄涛. 初论环境地质中裂隙岩体渗流-应力-温度耦合作用研究[J]. 水文地质工程地质, 2000, 27(2): 33-35.

[72] 黄涛, 杨立中, 陈一立. 工程岩体地下水渗流-应力-温度耦合作用数学模型的研究[J]. 西南交通大学学报, 1999(1): 13-17.

[73] 赵延林, 曹平, 赵阳升, 等. 双重介质温度场-渗流场-应力场耦合模型及三维数值研究[J]. 岩石力学与工程学报, 2007(S2): 4024-4031.

[74] 速宝玉, 詹美礼, 张祝添. 充填裂隙渗流特性实验研究[J]. 岩土力学, 1994, 15(4): 46-51.

[75] 于龙, 陶同康. 岩体裂隙水流的运动规律[J]. 水利水运科学研究, 1997(3): 208-218.

[76] Pommrich H, Staude G, Mai G. On the diagnosis of primary lymphosarcomas of the stomach[J]. Zentralblatt für Chirurgie, 1965, 89: 1869-1875.

[77] Pommé B, Girard J. Comparative investigations on the motoricity of the mentally deficient[J]. Revue de Neuropsychiatrie Infantile et D'hygiene Mentale de L'enfance, 1966, 14(4): 369-375.

[78] Louis C, Maini Y N. Determination of in-situ hydraulic parameters in jointed rock[J]. International Society of Rock Mechanics Proceedings, 1970, 1: 1-19.

[79] Neuman S P, Walter G R, Bentley H W, et al. Determination of horizontal aquifer anisotropy with three wells[J]. Groundwater, 2010, 22(1): 66-72.

[80] Oda M. Permeability tensor for discontinuous rock masses[J]. Geotechnique, 1985, 35(4): 483-495.

[81] 田开铭, 万力. 各向异性裂隙介质渗透性的研究与评价[M]. 北京: 学苑出版社, 1989.

[82] 周志芳. 有限分析法在反求裂隙岩体渗透张量中的应用[J]. 水利学报, 1993(5): 68-75.

[83] 王媛, 速宝玉, 徐志英. 等效连续裂隙岩体渗流与应力全耦合分析[J]. 河海大学学报, 1998(2): 26-30.

[84] 伍美华, 陈平志, 柴军瑞. 裂隙岩体三维非稳定渗流场与应力场耦合分析[J]. 水力发电学报, 2010(6): 199-204.

[85] Bear J. Dynamics of fluids in porous media[M]. Massachusetts: Courier Corporation, 2013.

[86] 肖裕行, 王泳嘉, 卢世宗, 等. 裂隙岩体水力等效连续介质存在性的评价[J]. 岩石力学与工程学报, 1999, 18(1): 75-80.

[87] Long J C S, Gilmour P, Witherspoon P A. A model for steady fluid flow in random three-dimensional networks of disc-shaped fractures[J]. Water Resources Research, 1985, 21(8): 1105-1115.

[88] 刘建军, 刘先贵, 胡雅礽, 等. 裂缝性砂岩油藏渗流的等效连续介质模型[J]. 重庆大学学报 (自然科学版), 2000(S1): 158-160+180.

[89] 徐轩, 杨正明, 祖立凯, 等. 多重介质储层渗流的等效连续介质模型及数值模拟[J]. 断块油气田, 2010, 17(6): 733-737.

[90] Dershowitz W S, Gordon B M, Kafritsas J C, et al. New three dimensional model for flow in fractured rock[R]. 1985.

[91] 万力, 李定方, 李吉庆. 三维裂隙网络的多边形单元渗流模型[J]. 水利水运科学研究, 1994(4): 347-353.

[92] 王洪涛, 李永祥. 三维随机裂隙网络非稳定渗流模型[J]. 水利水运科学研究, 1997(2) 139-146.

[93] 王恩志, 孙役, 黄远智, 等. 三维离散裂隙网络渗流模型与实验模拟[J]. 水利学报, 2002(5): 37-40.

[94] Barenblatt G I, Zheltov I P, Kochina I N. Basic concepts in the theory of seepage of homogeneous liquids in fissured rocks (strata)[J]. Journal of Applied Mathematics and Mechanics, 1960, 24(5): 1286-1303.

[95] 黎水泉, 徐秉业. 非线性双重孔隙介质渗流[J]. 岩石力学与工程学报, 2000, 19(4): 417-420.

[96] 杨栋, 赵阳升, 段康廉, 等. 广义双重介质岩体水力学模型及有限元模拟[J]. 岩石力学与工程学报, 2000(2): 182-185.

[97] Beavers G S, Joseph D D. Boundary conditions at a naturally permeable wall[J]. Journal of Fluid Mechanics, 1967, 30(1): 197-207.

[98] Neale G, Nader W. Practical significance of Brinkman's extension of Darcy's law: coupled parallel flows within a channel and a bounding porous medium[J]. The Canadian Journal of Chemical Engineering, 1974,

52(4): 475-478.

[99] Ochoa-Tapia J A, Whitaker S. Momentum transfer at the boundary between a porous medium and a homogeneous fluid—Ⅰ. Theoretical development[J]. International Journal of Heat and Mass Transfer, 1995, 38(14): 2635-2646.

[100] Ochoa-Tapia J A, Whitaker S. Momentum transfer at the boundary between a porous medium and a homogeneous fluid—Ⅱ. Comparison with experiment[J]. International Journal of Heat and Mass Transfer, 1995, 38(14): 2647-2655.

[101] 吴持恭. 水力学[M]. 4 版. 北京: 高等教育出版社, 2008.

[102] 毛昶熙. 渗流计算分析与控制[M]. 2 版. 北京: 中国水利水电出版社, 2003.

[103] 中华人民共和国水利部. 水利水电工程注水试验规程: SL 345—2007[S]. 北京: 中国水利水电出版社, 2007.

[104] 中华人民共和国住房和城乡建设部. 土工试验方法标准: GB/T 50123—2019[S]. 北京: 中国计划出版社, 2019.

[105] 中华人民共和国环境保护部. 环境影响评价技术导则 地下水环境: HJ 610—2016[S]. 北京: 中国环境科学出版社, 2016.

[106] 中华人民共和国国家铁路局. 铁路工程水文地质勘察规范: TB 10049—2014[S]. 北京: 中国铁道出版社, 2015.